国家教育部人文社科(青年)项目"21世纪中国原创服装设计师品牌以及民族元素在中国风潮牌中的运用研究",项目编号:19yjc760148

重庆市重点教改项目"基于OBE理念的视觉艺术专业'3+2+X'实践教学模式改革与探索",2019年10月立项,在研,项目编号:192043

武陵山地区非物质文化遗产的传承与保护研究

谭军　著

中国水利水电出版社
www.waterpub.com.cn
·北京·

内 容 提 要

　　武陵山地区是一个整体生态区域。武陵山地区的文化保护与传承,需要政府与各界人士共同做出努力。

　　本书对武陵山地区非物质文化遗产的传承与保护进行研究,着眼生态文化的传承,分析独特的风俗习惯、音乐舞蹈和民俗文化,探讨非物质文化遗产的传承与发展。

　　通过对本书的阅读, 读者在熟悉武陵山地区非物质文化遗产项目的基础上,了解非物质文化遗产保护与利用的基础知识。全书语言通俗易懂,结构完整合理,是一本值得学习研究的著作。

图书在版编目(CIP)数据

武陵山地区非物质文化遗产的传承与保护研究 / 谭军著. —北京:中国水利水电出版社,2019.9
　　ISBN 978-7-5170-8088-6

　　Ⅰ.①武… Ⅱ.①谭… Ⅲ.①非物质文化遗产—保护—研究—西南地区 Ⅳ.①G127.7

中国版本图书馆 CIP 数据核字(2019)第 228281 号

书　　名	武陵山地区非物质文化遗产的传承与保护研究 WULINGSHAN DIQU FEI WUZHI WENHUA YICHAN DE CHUANCHENG YU BAOHU YANJIU
作　　者	谭军　著
出版发行	中国水利水电出版社
	(北京市海淀区玉渊潭南路 1 号 D 座 100038)
	网址:www.waterpub.com.cn
	E-mail:sales@waterpub.com.cn
	电话:(010)68367658(营销中心)
经　　售	北京科水图书销售中心(零售)
	电话:(010)88383994、63202643、68545874
	全国各地新华书店和相关出版物销售网点
排　　版	北京亚吉飞数码科技有限公司
印　　刷	三河市华晨印务有限公司
规　　格	170mm×240mm　16 开本　13.75 印张　246 千字
版　　次	2020 年 1 月第 1 版　2020 年 1 月第 1 次印刷
印　　数	0001—2000 册
定　　价	67.00 元

前　言

　　武陵山地区处于云贵高原和华中平原、江汉平原的结合部。历史上这里是多民族迁徙、流动的走廊。各民族在开发武陵山的过程中,相互学习、和睦相处,创造了独具特色的民族文化和地域文化,是文化多样性保存较完整的地区,成为我国文化遗产保留比较完好的区域之一,被学者称为"文化沉积带""历史文化冰箱"和"文化聚宝盆"。

　　传承与发展民族文化,推动武陵山地区文化大繁荣大发展,不断满足各族人民的文化需求,是当前武陵山地区文化建设与发展的重要任务。武陵山地区生活着多个少数民族,民族传统文化内容十分丰富。随着现代化进程的加快、文化交流的频繁,丰富多彩的民族文化事象或已经消失,或面临消解。实践证明,在传承传统文化基础上进行创新,使其具有生机与活力,是传统文化走向新生的必由之路。

　　武陵山地区存留了大量的活态非物质文化遗产,需树立非物质文化遗产的保护传承意识。武陵山地区非物质文化遗产虽然积淀深厚,但是在社会变革,特别是在现代化、城镇化、信息化的影响下,受到较大冲击。从调查了解的情况看,目前武陵山地区非物质文化遗产处于消失、濒危、衰退、变异、复兴等几种状态。为了解决武陵山地区非物质文化遗产所面临问题,在推动社会主义文化繁荣兴盛的今天,作者撰写了《武陵山地区非物质文化遗产的传承与保护研究》一书。

　　全书一共有六章。第一章是非物质文化遗产保护的原理与机制,介绍我国非物质文化遗产的类型与保护机制等方面的内容;第二章是武陵山地区概况,介绍武陵山地区地理人文环境、民族与习俗、礼俗文化;第三章是武陵山地区的民间工艺美术,重点介绍土家织锦西兰卡普、酉阳土家族阳戏、重要的民族服饰、竹编和木雕、刺绣;第四章是武陵山地区的民间音乐,分别介绍了民间歌曲和民族器乐;第五章是武陵山地区的民间舞蹈,主要分析少数民族舞蹈——土家摆手舞和汉族舞蹈两个方面;第六章是武陵山地区非物质文化遗产的传承与发展,主要论述非物质文化遗产的价值、武陵山地区的民族产业和旅游资源开发。

　　本书内容清晰、结构合理,对武陵山地区非物质文化遗产进行了系统论述,分析其传承、保护的现状与特征,提出要重视优秀的传统文化的传承与保护,以避免非物质文化遗产的濒危、衰退和消失。

全书内容丰富,理论与实例相结合。书中以非物质文化遗产的视角来对武陵山地区的文化进行论述,在了解这一背景的同时,对武陵山地区的地理、历史等因素进行阐述,分析其民间工艺美术、民间音乐、舞蹈等内容,展现武陵山地区文化作为民族文化遗产的重要珍宝之一的论据。

笔者在撰写时参考和借鉴了大量的相关理论著作,得益于许多同仁前辈的研究成果,既受益匪浅,也深感自身水平有限,难免还存在一些问题。希望读者阅读本书之后,对于书中出现的问题和不足,提出宝贵意见。

作　者
2019 年 6 月

目　录

第一章　非物质文化遗产保护的
原理与机制

非物质文化遗产是世界各国人民的宝贵财富,是先民们劳动与智慧的结晶。中国的非物质文化遗产,对我们了解中国历史,了解不同群体的生活方式,具有非常重要的作用。因此,非物质文化遗产需要得到我们的高度重视和保护。本章论述的是非物质文化遗产保护的原理与机制,主要包括三个部分的内容,即非物质文化遗产的类型、非物质文化遗产的保护与机制、我国"非遗"现行保护与开发理念解析与研究。

第一节　非物质文化遗产的类型

一、非物质文化遗产的类型分类

(一)国际对"非遗"类型的分类

非物质文化遗产,简称"非遗"。根据不同实践需要,"非遗"的类别有不同的划分标准。

"非遗"概念在全世界范围的正式确定较晚,此前有一些相近概念及其分类具有一定的借鉴意义。世界知识产权组织制定的《示范法条》指出:"民间文学艺术表达形式是指由传统艺术遗产的特有因素构成的、由某国的某居民团体(或反映该团体的传统艺术发展的个人)所发展和保持的产品,尤指以下内容:(1)口头表达形式,诸如民间故事、民间诗歌及民间谜语;(2)音乐表达形式,诸如民歌及器乐;(3)活动表达形式,诸如民间舞蹈、民间游戏、民间宗教仪式;(4)有形表达形式,诸如民间艺术品、乐器、建筑艺术形式等。"非洲知识产权组织认为,受版权保护的"民间文学""包括一切由非洲的居民团体所创作的,构成非洲文化遗产基础的、世代相传的文学、艺术、科学、宗教、技术等领域的传统表现形式与产品"。

联合国教科文组织在《保护传统文化与民间文化建议案》中,将"民间文化"(或"传统文化")定义为:"文化社团以传统为基础进行的创造的总和,它由个人或团体来加以表现,并且就其反映的文化和社会本体而言,它是一个社会团体愿望的反映;其标准和价值通过模仿或其他方式口传心授。其形式包含在语言、文学、音乐、舞蹈、游戏、神话、礼仪、习俗、工艺美术、建筑及其他艺术之中。"对"口头和非物质遗产"的定义是:"人们学习的过程及在学习过程中被告知和自创的知识、技术和创造力,还有他们在这一过程中创造的产品以及他们持续发展所必需的资源、空间和其他社会及自然构造,这些过程给现存的社区提供了一种与先辈们相连续的感觉,对文化认定很重要,对人类文化多样性和创造性保护也有着重要意义。"该组织在《人类口头和非物质文化遗产代表作名录》申报规定中指出:"列入《名录》作品必须是代表性的传统杰出工艺,有代表性的非文字形式的艺术、文学,突出代表民族文化认同,又因种种原因濒于失传或正在失传的文化表现形式。这些文化表现形式包括各类戏曲和相关的面具、服装制作工艺;舞蹈,如民族民间节日舞蹈、祭祀舞蹈、礼仪;音乐,如各类民族民间音乐以及乐器制作工艺;口传文学,如神话、传说、史诗、游戏和故事;各种精湛杰出的工艺、手工艺,如针织、织染、刺绣、雕刻、竹藤编织、面人制作、玩具制作和剪纸等。"

联合国教科文组织《公约》中,也对"非遗"进行了划分,共分出五类:(1)口头传说和表述,包括作为非物质文化遗产媒介的语言,即诗歌、史诗、神话、传说及对文化群体具有重要意义的其他叙事的表演和公开表述。(2)表演艺术,即在文化群体的节庆或礼仪活动中的表演艺术,其中包括肢体语言、音乐、戏剧、木偶、歌舞等表现形式。(3)社会风俗、礼仪、节庆及人一生中的各种仪式(出生、成长、结婚、离婚和殡葬等仪式),游戏和体育活动,亲族关系与亲族关系的仪式,定居模式,烹调技术;确定身份和长幼尊卑的仪式,有关四季的仪式,不同性别的社会习俗,打猎、捕鱼和收获习俗,源于地名的姓名和源于父名的姓名,丝绸文化和工艺(生产、纺织、缝纫、染色、图案设计),木雕,纺织品,人体艺术(文身、穿孔、人体绘画)。(4)有关自然界的知识和实践,即有关大自然,如时间和空间的观念,农业活动和知识,生态知识与实践,药典和治疗方法,宇宙观,航海知识,预言与神谕,有关大自然、海洋、火山、环境保护和实践、天文和气象的具有神秘色彩的、精神上的、预言式的、宏观宇宙的和宗教方面的信仰和实践,冶金知识,计数和计算方法,畜牧业,水产,食物的保存、制作、加工和发酵,花木艺术,纺织知识和艺术。(5)传统的手工艺技能。

意大利学者乔凡尼·皮纳(Giovanni Pinna)将"非遗"分为三类:第一类主要是基于物质形式所表现的。如某一个社区的传统文化方式、传统生活方式、宗教仪式、传统社会模式、人们的文化活动场所等。联合国教科文组织所公布出来的"人类口头和无形遗产代表作"昆曲艺术、西西里岛提线木偶戏、摩洛哥杰马·埃尔法纳文化广场以及立陶宛的木制十字架等工艺,就属于这类遗产形式。这些非物质文化遗产都保持了属于他们社区(会)的典型文化或者社会的传统价值,并且还充满了典型的生命活力。第二类往往都不需要以物质的形式表现出来,例如:语言、记忆、口头传统(表演)、歌曲与非曲谱传统音乐等。其中一些已获得了联合国教科文组织的"代表作"称号,例如,厄瓜多尔与秘鲁的扎帕拉语言以及格鲁吉亚地区的复调歌唱法遗产等。第三类无形的遗产主要包括在构成有形的遗产文物中,即文物所表达的象征与内涵意义。

由于非物质文化遗产所表现出来的各国文化艺术特色,日本、韩国等一些国家对于本国的非物质文化遗产同样也有着各自完全不同的分类标准与方法。但总体来看,各国对本国的"非遗"分类理念大体一致,其分类的内容也相差无几。

(二)国内对"非遗"类型的分类

国内学者对"非遗"的分类也有多种看法。王文章在其作品《非物质文化遗产概论》一书中把"非遗"分成 13 类,主要包括:语言(民族语言,方言);民间文学;传统音乐;传统舞蹈;传统戏剧;曲艺;杂技;传统武术、体育与竞技;民间美术、工艺美术;传统手工艺及其工艺技术;传统医学和药学;民俗;文化空间。①　向云驹在作品《人类口头与非物质文化遗产》一书中,认为口头和非物质文化遗产都属于同一种比较典型的人体文化,它具体的形态通常都能够分成四大类:口头文化(主要为口头表达与嗓音表现);体形文化(主要是以人的身体、行为、姿态、动作作为表现形式与表现对象的文化与艺术形式);综合文化(口头和形体之间相互综合的艺术形式,主要为视听、时空的综合艺术);当下造型文化(人的、即时的、当下的、活的创造以及创造物,主要表现为空间艺术、视觉艺术)。在每一类别之下同样也分别包含了多种小的类型。马自树认为"非物质遗产可分为两类:一类是技艺类,另一类是文化类。技艺类多半是生产和创造财富的,用来维系社会的物质生活需要;文化类是传承和发展精神财富的,满足社会的文化生活需要。这两类遗产越是丰富多样,社会的物质文化生活就越丰富多彩"②。汪培梓基于"非遗"对传承人的载体依赖度以及对中国文化的影响度存在的极大不同,

---

①　玫章. 非物质文化遗产概论[M]. 北京:文化艺术出版社,2006.
②　马自树. 认识非物质遗产尊重非物质遗产[J]. 中国博物馆,2004(3).

从传承延续性的视角分析,将"非遗"划分成两大类,即技艺类与习俗类。他进一步指出,技艺类无形的遗产主要包括了戏剧、音乐、舞蹈、各种工艺、技术等类型,这类型的无形遗产通常都和个体存在的喜好与特长存在着十分密切的关系,同群体的依赖与结合往往都会相对较为弱些,它们在外来的文化产生的冲击之下最是脆弱,在全球工业化、经济一体化发展的进程之中最容易遭受削弱而逐渐走向消亡。习俗类的遗产主要包括了社会风俗、语言文字等多种形式,这一类型的遗产对社区中的所有民众产生的影响比较强,对个体则能产生一种典型的约束力,并且还表现出一定的自发性,通常而言,对民族的心理与民族性格的形成都具有非常深刻的影响。除非是因为大规模的种族灭绝出现,习俗类的遗产形式消亡通常都是十分隐性与渐进的。

这些完全不同的分类标准,主要是学者基于各种不同的研究目的,从不同的理论视角对"非遗"进行的分类行为,对完整地去解读与认识"非遗"的概念,具有十分重要的参考价值以及典型的借鉴意义。国务院在 2006 年下发的文件《关于公布第一批国家级非物质文化遗产名录的通知》中,把首批已经发布的 518 项国家级"非遗"分成十大类。这是中国官方第一次对"非遗"作出的分类,分别将我国的"非遗"划分为民间文学类、民间音乐类、民间舞蹈类、传统戏剧类、曲艺类、杂技与竞技类、民间美术类、传统手工技艺类、传统医药类、民俗类。在第一批公布出来的国家级"非遗"名录中,入选项数排名在前三位的主要"非遗"类别是传统的戏剧类(92 项),传统的手工技艺类(89 项),民间音乐类(72 项)。这种分类不仅参考了国际划分的惯例,也充分考虑了中国的具体国情,获得了学术界以及相关传承群体的广泛认可。当前,全国各地区基本上沿用这一分类方法。

二、非物质文化遗产的类型

(一)口述非物质文化遗产

什么是口述非物质文化遗产呢?顾名思义,主要是以口述形式创造与传承的人类文化遗产,也就是通过人的说、吟、唱等多种表达与传承的人声文化遗产,包括口语、说书、相声、山歌等。

口述非物质文化遗产也被人们称作口述传统(oral tradition),主要可以分为广义与狭义两种类型,前者主要是指人类通过口述作出的所有传统活动与内容,后者则主要是指人类口述进行的传统艺术活动以及其内容,如神话、传说、歌谣、谚语、谜语、史诗、故事、口技、相声、评书、评话、谑语、山歌、传统声乐等多种口述与内容。

20 世纪 90 年代后期,口述传统理论成为西方学术界的显学,著述十分丰富,并影响到文学、史学、哲学、社会学、人类学、民俗学、政治学、传播学甚至自然科学史等各个领域。口述传统的研究不仅是对特定信息传播方式的研究,而且是对特定文化传统的研究。口述传统研究突显了口述传统在文化类型学上的意义,为口述非物质文化遗产类型提供了依据。

口述非物质文化遗产具有一定体系性。从口述遗产的功能看,口述非物质文化遗产体系由口头语言遗产与口述文艺遗产两部分组成。

1. 口头语言遗产

所谓口头语言遗产,是指某一民族或地区的人世代通过口述形式传承的语言,如各民族口语、方言口语等。口头语言遗产与人类在生产、生活实践中使用的手势语、旗语、拟声、仿声、信号、记号和文字等语言形态一样,是人类传情达意的手段、工具。此外,作为一种文化遗产,口头语言遗产对人类还具有一些特殊的意义。

(1)人类发生学意义。语言是人类和动物之间相互区别的一个十分重要的标志。(2003 年 2 月 14 日),《光明日报》曾经刊登过这样一则消息,断言已经寻找出了人类开口说话的起点。从事该项研究的人员为英国牛津大学的遗传学专家安东尼·玛纳克教授,包括他所领导的研究小组。他们将自己的研究成果正式公布于当时的《自然》杂志上。

(2)思维价值。语言属于思维的主要外壳,不同语言之间通常都会表现出完全不同的思维方式。口头语言遗产成为现代人们研究人类思维的一项重要资料。很多地方依旧保留大量原始口语或者原始民族口语,这些口头语言通常都表现为以人的直觉思维、形象思维、象征思维作为主要特征的语言禁忌、语言巫术、语言象征等,如在大洋洲生活的某些部族,酋长与贵族阶层都需要学习念咒语,并且还需要根据不同的场合运用不同的咒语。播种的时候则念播种的咒语,对仇人、情人也会念不同的咒语。如果念错咒语,就会"灾难临头"。

阿兰达部落有 7 种鹦鹉名称但却没有"鹦鹉"一词。爱斯基摩人使用了多达 20 个不同的词语称呼从冻结到融解不同状态的冰。印第安人使用了约 10 个不同的词去称呼处在不同成熟阶段的玉米。印第安人也会使用狮子来代表将士的勇猛,使用苍鹰比喻眼光的锐利,同时"一切的度量都是借喻。当人们说一件东西有三尺二寸长,这就是说它的长度等于三只脚和两只大拇指"。

(3)记忆价值。与人们常说的"口说无凭"不同,现代学术研究表明,口语有两个重要特征:高度发达的记忆功能,忠实于事实具体细节的信念,二者互为因果。研究古代非洲帝国和非洲文明的著名学者 A. 哈姆帕特·巴为了撰写《马西纳富拉尼帝国史》,曾耗费 15 年时间在非洲大陆广泛收集有关该帝国的历史传说,记录了至少 1000 人的讲述,最后他得出结论:"我发现,整个说来,这一千位陈述人尊重了事实真相,历史的主线处处相同。"

2. 口述文艺遗产

所谓口述文艺遗产,主要指的是人类在生产或者生活实践过程中通过口述的形式创造与传承的具有典型艺术审美特性的文化遗产。口述文艺遗产一般根据其内容和形式等方面的不同,可以分成下列几类。

(1)口头文学遗产。口头文学遗产,主要指通过口述语言形式塑造文学艺术形象来反映现实或者表达情感的一种文化遗产类型,如神话、民间传说、传统故事、传统歌谣、民族史诗等。

口头文学遗产通常都具有下列几方面的特征:一是采用纯粹的口述形式去创造与传承,即徒口去讲说与吟诵,不外带音乐、舞蹈、图像等其他的视听形式;二是通过叙事或者抒情的方式来塑造文学形象,具有典型的文学感染力;三是大多都是群体或者集体创造与世代传承的形式,具有典型的群体性、历史性特征。

(2)口头技艺遗产。口头技艺遗产,指的是人采用非常独特的发声技巧去模仿自然界或者人类社会之中的各种声音所创造、传承的人声遗产,这种遗产往往都比较侧重于展示人类利用自己的发音器官对外界的声音和技巧技能进行模仿。

口技属于口头技艺遗产最主要的代表,也叫"像生"或者"象声",主要是以口音摹仿各种人声、鸟声、市声等。

清末有个口技艺人"百鸟张"。"百鸟张"原名张昆山,辛亥年间在天桥及什刹海等处,单人独技,露天拉场。开演之时,佐以手式,或用手掌自抚其口,或用指自按其腮。观众闭目倾听,如入羽族之市。开演之先,他用白土洒字,将所学的鸟类,就地书明,以招顾客。学鸟声之外,更能效人之语声,工《醉鬼回家》《五子闹学》诸出。[①] 艺人"百鸟张"的表演充分表明了一点,清末时期的口技已经出现了分化的趋向,产生了明相声与暗相声的区别。所谓明相声,主要是揭去了围幔,面对面给观众们表演,成为视听完美结合的艺术形式之一。"隔壁戏"则发展成了"当场戏",口技象声,一变而发展成了相貌(表演)加声音(语言与仿声)的"相声"。

---

① 张次溪. 人民首都的天桥[M]. 北京:中国曲艺出版社,1988.

（3）口头文学和口头技艺双重遗产。口头文学与口头技艺双重遗产，是指既强调人声发声技艺，又重视通过口述语言塑造艺术形象的文化遗产，如相声、说话等。

相声由口技发展而来，在仿声技艺基础上融入了文学与表演成分。

"说话"是在民间故事基础上发展起来的，到唐代介入书面创作后出现了"话本"，形态也丰富起来。中唐元稹《酬翰林白学士代书一百韵》曰："翰墨题名尽，光阴听话移"，自注云："乐天每与余游从，无不书名屋壁，又尝于新昌宅，说《一枝花》话，自寅至巳，犹未毕词也。"①白居易喜欢听"说话"，一次听讲李娃故事，从凌晨到近午，六七个小时没有听完。到了宋代，"说话"形态丰富。耐得翁《都城纪胜·瓦舍众伎》说："'说话'有四家。一者小说，谓之银字儿，如烟粉、灵怪、传奇。说公案，皆是搏刀赶捧及发迹变泰之事。说铁骑儿，谓士马金鼓之事。说经，谓演说佛书。说参请，谓宾主参禅悟道等事。讲史书，讲说前代书史文传兴废争战之事。最畏小说人，盖小说能以一朝一代故事顷刻间提破。"②到了元代，"说话"又新叫"说书"。《太平乐府》卷八无名氏套曲《闺世》中说："折末道谜、续麻、合笙，折末道字、说书、打令，诸般乐艺都曾领。"③"说话"也有称为"评话""评书"的。说书艺人在表演中或者照话本、手抄本讲说，或者按提纲即兴表演。按写定本讲的叫"底事书"或"墨刻儿"；以纲目即兴发挥加口传心授或"耳剽"而来的叫"路子书"或"道儿活"。直到今天，说书界还是推崇"道儿活"，贬低"墨刻儿"。

（4）徒口音乐遗产。徒口音乐遗产，主要是指人徒口创造或传承的具有旋律的人声文化遗产，强调人声的旋律性和节奏感。

民歌是徒口音乐遗产的代表，有山歌、渔歌、花儿、号子等多种叫法，是特定民族、区域、行业的人在生产、生活或民俗活动中创造和传承的音乐性人声文化遗产。民歌按功能分，可分为劳动歌、生活歌、仪式歌等类型。

劳动歌主要是指人们在生产劳动过程中用来表情达意的歌曲，如拉纤号子、车水号子、打粮号子、伐木号子、捕鱼号子等号子，以及田歌、牧歌、渔歌、猎歌等行业歌。生活歌主要是指人们在社会生活中形成歌曲，包括相思歌、送郎歌、起誓歌类情歌和饮酒歌等。仪式歌主要是指人们在各种生产、生活、民俗仪式活动中演唱的歌曲，如祀神歌、哭嫁歌、丧葬歌等。仪式歌有几个特点：①多由一人主唱、主吟；②篇制一般较大；③多为叙事歌体。

---

① ［唐］元稹撰，冀勤点校. 元稹集［M］. 北京：中华书局，1982.

② 都城纪胜（外八种）［M］. 上海：上海古籍出版社，1993.

③ ［元］杨朝英辑，卢前点校. 朝野新声太平乐府（卷八）［M］. 北京：商务印书馆，1939.

徒口音乐遗产即无伴奏的人唱艺术,主要源头有三:一是口头语言和诗歌,它们的节奏、韵律具有音乐性;二是人体的节奏感和节奏音响,如呼吸、说话、劳动等节奏性;三是传情达意时的手势语、呼喊声、仿声等,奠定了口头歌唱的"歌唱"或"出声"的生理基础及物理条件。

(二)身传非物质文化遗产

身传非物质文化遗产,指的是人们通过自身的身体局部或者整体运动创造或者传承的一种技艺性文化遗产,如传统的舞蹈、书法、手工艺等。从某层意义上来说,口述非物质文化遗产通常也都可以归属为身传非物质文化遗产的重要形式,因为人的发音器官本身是人体的一部分,口述非物质文化遗产是通过人身体的一部分即发音器官的运动而创造和传承的。但从人体运动所产生结果即非物质文化遗产的特性来看,口述非物质文化遗产与身传非物质文化遗产的区别还是十分明显的。口述非物质文化遗产是一种人声遗产,遗产的意义是通过声音符号流动来表达和传递的,是一种时间的听觉的文化。身传非物质文化遗产则是一种人体动态遗产,遗产的文化意义蕴含在人体的运动中,是一种空间的视觉的文化。

基于身体运动的主要形式与效果来看,身传的非物质文化遗产往往都能够分成形体技艺遗产和行为技艺遗产两大类型。

1. 形体技艺遗产

形体技艺遗产通常是指人类在日常的生产、生活实践过程中逐步形成的一种以人体自身的运动形态进行创造、表达与传承的文化遗产。人类在直立行走、手动作和手势等肢体动作方面,身体的曲直扭动、体态体势语言等往往都属于形体技艺遗产形成与发展的重要基础,人类所具有的生产、生活功利性需求和娱乐、审美非功利性需求的分化方面,都属于形体技艺遗产分化为形体艺术和形体竞技内在的动力。

(1)形体艺术遗产。形体艺术遗产指的是人借助于改变自己身体的状态去叙事抒情、表达意志的,满足人类在娱乐、审美等多个层面的非功利性需求作为主要目的的身体运动技艺。形体空间的造型和艺术表达往往都属于形体艺术遗产的重要核心部分。这类遗产主要是以舞蹈、舞剧作为主要的代表。舞蹈是通过人体有节奏的动作形象进行模仿、再现现实或者抒情的一种典型空间艺术。舞剧是通过人体的动作、表情扮演角色的综合表演艺术。

(2)形体竞技遗产。形体竞技遗产指的是借改变人的身体状态来满足人类的竞技等功利性需求为目的的一种身体运动技艺。以充分展示人体的运动特技、力量、灵巧为最核心的内容。传统的杂技、传统武术以及传统体育等都属于典型的形体竞技遗产形式。

2. 行为技艺遗产

行为技艺遗产指的是人通过自身行为改变对象原有的形态所创造、表达以及传承的一种文化遗产形式。行为技艺遗产和形体技艺遗产存在着两个方面的共同点：一方面，两者都属于技艺遗产，技艺是其遗产的核心；另外一方面，两者的创造、表达以及传承和人体运动存在着十分紧密的联系，通常都属于身传遗产。两者之间的区别表现为形体技艺遗产通常都是依靠人体运动的形态去表现出来的，属于人体的空间造型与意义表达的一种；而行为技艺遗产通常是依靠人体的运动所作用对象的状态表现出来的，属于对象的空间状态与意义表达。

根据人行为技艺改变对象的目的，我们可以把行为技艺遗产分为艺术技艺遗产、生产技艺遗产、生活技艺遗产、民俗技艺遗产和其他技艺遗产五类。

（1）艺术技艺遗产。艺术技艺遗产是指人作用于对象的技艺性行为以生产艺术或者艺术产品为其主要的目的，如传统的器乐演奏方面的技艺、绘画技艺、书法技艺、工艺刺绣技艺、艺术雕刻技艺等。

（2）生产技艺遗产。生产技艺遗产指的是人作用于对象的技艺性行为采用生产农业或者工业产品为主要的目的，如农业的耕作技艺、渔业的生产技艺、纺织技艺等。

（3）生活技艺遗产。生活技艺遗产是指人作用于对象的技艺性行为，通常是以生活或者生活产品为主要的目的，如传统的烹调技艺、传统的刺绣技艺等。

（4）民俗技艺遗产。民俗技艺遗产指的是人作用于对象的一种技艺性行为，主要是以民俗活动或者民俗产品作为主要的目的，如飘色绑扎技艺、祭祀面品制作技艺、祭祀活动技艺等。

（5）其他技艺遗产。其他技艺遗产指的是人作用于对象的技艺性行为，主要是以生产、艺术与民俗以外的需求为典型的目的，如中医的针灸、推拿技艺等。

（三）心授非物质文化遗产

心授非物质文化遗产，是指主要利用人的思想观念潜移默化地去表达或者传承的一种文化遗产。心授非物质文化遗产通常都是指人的思想观念、信仰、心理等多种抽象化的精神文化，如民间信仰、民族心理、传统节日等。

心授非物质文化遗产和口述、身传非物质文化遗产通常都具有一定的联系:一方面,口述、身传非物质文化遗产等方面的创造、表达以及传承的主要过程,往往都会深深地受到心授非物质文化遗产带来的深刻影响;另外一方面,心授非物质文化遗产的表达与被感知同样不能离开口述与身传的行为。

需要注意的一点是,心授非物质文化遗产和口述、身传非物质文化遗产之间依旧存在着本质的区别。口述、身传非物质文化遗产所表达的对象往往都是人创造、表达与传承文化的一种口述和身传行为本身,而心授非物质文化遗产所表达的对象主要是人口述和身传行为背后的一种思想观念、心理等形式。

(四)综合性非物质文化遗产

综合性非物质文化遗产主要指的是人们通过两种或者两种以上的方式进行创造、表达、传承的一种非物质文化遗产形式。

依据创造、表达与传承的基本方式,综合性非物质文化遗产通常分成四种类型:一是口述和心授并重的形式,如各类讲唱表演;二是口述和身传并重的形式,如人们常见的说演表演、伴乐演唱;三是身传和心授并重的形式,如人们喜闻乐见的伴乐舞蹈、仪式舞蹈等;四是口述、身传、心授并重的形式,如我国传统的戏剧表演,传统融歌、舞、仪式等一体的典型民俗活动等。

1. 说唱表演

说唱表演属于我国传统的文化遗产形式之一,是一种十分丰富而复杂的表演形态,或者是以十分醒目的音乐伴奏、伴唱完成表达和传承;或者是以唱为主要的表演手段,成为一种人声歌唱的形式,在歌唱过程中进行叙事、抒情。它往往都是比口头艺术、说演艺术更加富有音乐化的一种表演形态。如巫术说唱、史诗讲唱、说唱表演等。

2. 说演形态

说演形态通常都是一种介于徒口表演和说唱表演之间的文化遗产形态,主要以口头讲说为典型的形式,辅以器具进行伴奏。它也是说话表演得以进一步艺术化的重要结果。说话方面,它离开了散文体的口述形式,主要借助的是韵律、格律,使语言韵体化;在伴奏方面,它主要强化的是韵律、吟诵等方面的节奏,但是又不是音乐与歌唱的形式。如数来宝、三棒鼓、莲花落、金钱板等。

3. 伴乐舞蹈

伴乐舞蹈通常是指将舞蹈和伴奏音乐结合在一起的表演形态,往往是以舞蹈为主,辅以器具进行伴奏。它也是舞蹈表演得以进一步发展的重要结果:在舞蹈方面,它相对于无伴奏的舞蹈更注重的是韵律、节奏感,使舞蹈的动作更富有艺术化;在伴奏方面,它主要强化的是舞蹈的节奏,使音乐逐渐发展成了一种重要的舞蹈表现力组成部分。如少数民族的铜鼓舞、古代宫廷的乐舞等。

4. 戏剧表演

戏剧表演是人借助各种手段扮演角色的综合表演。它的形态十分丰富,从人扮演角色方式而言,有人戏和偶戏、影戏;从扮演手段而言,有说白戏、唱戏、动作戏、综合戏等;从演剧功能而言,有仪式剧、娱乐剧、艺术剧等。

第二节　非物质文化遗产的保护与机制

一、非物质文化遗产的保护

随着时代的发展,非物质文化遗产已经深深地扎根在民间之中,人们经过心口相传等形式对其学习、传播、创新,被誉作人类生命的记忆、活态的文化基因。它在现实生活之中离我们很近,人们在衣食住行过程中有很多的部分,都深刻地蕴含了"非遗"的基本内容。

通俗而言,"非物质文化遗产"首先一定是"非物质"的,它应属于无形的资产,不表现具体的实体形式,不具有真实的物质性,例如美术、书法、音乐、舞蹈、戏剧、曲艺与杂技等传统文化,这和物质文化遗产(例如故宫、西安古城等建筑)是对应存在的。因此,这里主要是将古董属于非物质文化遗产给直接否定了。其次,非物质文化遗产重点强调的是"文化",主要是指一些可以表现出当地十分优秀的文化形式,这也是值得我们传承给后人的一种形式。非物质文化遗产和物质文化遗产二者最大的区别就在于,如果非物质文化遗产不能够被人所学习、重视与传承的话,它就会逐渐走向消亡。而对于物质文化遗产而言,只要不去进行人为的破坏,它往往就会亘古长存。

(一)保护的必要性和可能性

为什么我们要对非物质文化遗产实施保护?对这一问题需要从两个层面来认识。一是非物质文化遗产的保护对我们的意义,二是非物质文化遗产所面临的问题以及和保护者之间的关系。

在第一个层面上,实际上就是"非遗"的价值问题。需要明白的一点是,非物质文化遗产往往都会对不同范畴的保护者(人)具有各种不同的价值,进而就形成了非物质文化遗产极为丰富的价值体系。针对整个人类来说,非物质文化遗产通常都具有一些比较普遍的价值,往往也是文化多样性的一种直接体现,也属于人类文化可持续发展的重要物质基础,还是各个不同的国家、民族、地区的人相互进行理解、和谐共处的重要前提。对于具体的国家、地区、民族、族群以及个人来说,非物质文化遗产通常都具有自己十分特殊的价值。

第二个层面,主要涉及三个方面的问题:一是非物质文化遗产遇到了问题,二是非物质文化遗产所遇到的问题能否通过人类自觉的行动得以克服或者缓解,三是人类是否已经具备了这些方面的经验与条件。对这三个问题而言,答案通常都是肯定的。

任何事物的存在与发展,主要取决于内外两个方面的原因。当然,内因主要是事物存在的重要根据,外因往往也是事物存在的先决条件。就非物质文化遗产来看,它的生成、存在以及发展的根据往往都是它内部的特殊矛盾,这是它的生命力基础。除此之外,非物质文化遗产还需要一定的外部条件,这是外因。从一定意义上讲,外因也可以决定非物质文化遗产的存在和发展。非物质文化遗产的存在与发展变化通常都存在一定的规律性,主要表现为以下几点。

第一,不同形态的非物质文化遗产所形成的时间、条件虽然往往都是不同的,但是在本质层面上也都和人类的生产、生活实践需要存在着十分密切的联系,属于人类社会实践发展的重要产物。例如,口传语言往往都属于人类在生产与生活实践过程中信息交流需要与人脑不断得以发展的产物;民间礼仪、信仰往往都属于和人类在农牧时期绵延不断地渴望丰收、安全、秩序等精神需要的产物;各种形式的表演艺术在最初阶段往往也是和人类的生产实践存在紧密关联的;各种不同的生产技艺、工艺等,很明显会和特定的生产实践存在紧密关联。

第二,和生成是一样的,非物质文化遗产在传承与发展方面,同样都和人类的社会实践存在着紧密的关系。不管具体的非物质文化遗产在传承与发展过程中具有什么样的特征,但有一点是共同的,即任何一种非物质文遗产在传承与发展方面都离不开人与人之间的实践活动。因此,人对包含特定的非物质文化遗产所做的特定实践,通常都是人们传承与发展这一非物质文化遗产以及其所依附的社会实践主要的动力与物质条件。

第三,非物质文化遗产所带来的存在与发展,和其他的任何一种事物之间的存在与发展是一样的,都存在着一个环境的问题。非物质文化遗产所依赖与发展的人的需要与生产生活实践,是否与周围人的需要与实践是相互协调的,也就是说,维持这些需求与实践的社会环境是否直接影响到非物质文化遗产的存在。

第四,从整体层面来看,非物质文化遗产通常也是伴随人类的出现而出现的,并且也必定会随着人类的消亡而逐渐走向消亡。但是对于每一个具体的非物质文化遗产形式而言,它都需要经历从无到有、从不成熟到成熟的过程,直到最后彻底消亡,这也是任何一种事物发展所必然要遵循的规律,不会受到任何人的意志所支配。因此,在人类历史发展的长河之中,有很多非物质文化都曾被当作文化遗产在一代又一代历史进程中得以传承,但是最后都逐渐消亡了,成了一种不可恢复的记忆符号;还有很多非物质文化遗产在现在也面临着消亡或者将在未来的一段时间内逐渐走向消亡。同时我们也需要看到,在今天与未来不断形成的新非物质文化,未来同样也许会变成遗产而被人们所传承与发展。这也属于非物质文化遗产得以生存与发展的重要规律。

从宏观层面来看,非物质文化遗产与人类相始终,只要人类是存在的,非物质文化遗产通常都不会彻底走向消亡。因此,从宏观层面上来谈非物质文化遗产的保护没有任何意义。从微观层面看,每一个具体的非物质文化遗产的生成、传承、发展直至走向消亡,都有自身的发展规律。它不仅受制于人的各种需要以及满足需要的实践存在与发展影响,即和自身的特殊矛盾存在十分紧密的关系,同时还受制于特定的社会大环境影响。因此,非物质文化遗产的保护主要是从微观角度进行的。

首先,非物质文化遗产能否被人们接受与传承,重点取决于接受者与传承者能否具有接受与传承它的深层次意愿,或者是接受者与传承者和其他人是否能被劝说进而获得这个方面的意愿;其次,非物质文化遗产是否能被人们接受与进一步传承,主要取决于非物质文化遗产对于接受者或者传承者能否具有可持续的价值满足,或者是接受者与传承者及其他人由于接受与传承而获得其他各个方面的价值满足;再次,非物质文化遗产能否被人们接受与进一步传承,主要取决于是否获得相应的物质与非物质环境条件;最后,作为执行保护的组织和个人,是否具有类似的保护经验。

(二)非物质文化遗产保护的原则

1. 生命原则

保护非物质文化遗产,最主要的是要保障它的生命力,这是由非物质文化遗产的本质决定的。非物质文化遗产通常都不会像物质文化遗产那样属于已经死去的静态物质,而更多的是一种有着鲜活生命力的活态精神。保护对于这一精神遗产而言,唯一可以发挥作用的就是要能够确保其在代际间进行传承时保持固有的生命力。这是非物质文化遗产得以保护的重要生命原则。

在理解生命的原则时,不可以将非物质文化遗产的生命和自然生命画等号,尽管在这方面我们对非物质文化遗产所具有的生命力理解,会在很大程度上受自然生命力思想观念的深刻影响。自然的生命力往往都是由许多个体生命共同构成,尽管每一个当下的个体生命都是在前一个个体生命基础上得以遗传和变异发展的直接结果,和其前代存在着一种内在的基本联系,但是其作为一种生命个体依旧具有相对比较独立的意义,特别是对人类来说,其独立性也更加明显。非物质文化遗产完全不同,它的生命力除体现在其代际间存在的关联之外,还和人类自身具有十分密切的联系,属于人类精神活动具体的呈现。因此,非物质文化遗产所具有的生命由人类代际间的精神传承与创新所体现出来,属于人类祖先的精神创造与实践活动再现和发展。

"非遗"保护的生命原则,主要是指要采取相应的措施,确保人类代际间的精神传承与创新的自然、自由,以便能够确保代际间共同的精神创造活动存在与不断得以发展,确保非物质文化遗产采用自身的方式继续生存与传承。

生命原则通常要求"非遗"保护一定要做到以下几点:第一,充分尊重非物质文化遗产自身的基本发展规律,尊重非物质文化遗产自我的发展权利;第二,允许并且大力鼓励非物质文化遗产继续传承和创新;第三,尊重并且大力保护传承人对于非物质文化遗产的宣传与传承方面的权利。

2. 系统原则

在工业革命之前,欧洲大陆对于文化遗产的保护通常是集中于有形的、单个的文物古迹层面;近代时期,逐渐扩大到对文物古迹对象周围的环境实施保护;其后则逐渐扩大到对以某一个历史建筑群为重点的历史街区、历史区域甚至某一个古城镇实施保护。这种对于物质文化遗产实施保护的原则对于非物质文化遗产保护的借鉴意义主要表现为:非物质文化遗产保护不能仅仅是针对具体的个体遗产。世界各国对于自然生物的保护过程中的生态保护原则也会对非物质文化遗产保护起到一定的借鉴意义,这方面主要表现为:非物质文化遗产的保护不应仅仅对主体作出保护,更多的是应包括对其环境实施保护。物质文化遗产保护和自然生态保护所积累下来的丰富经验在非物质文化遗产保护方面所具有的最大体现,就是系统原则。

所谓系统原则,主要是指在"非遗"保护过程中坚持系统论,即将非物质文化遗产看成一个比较完整的有机系统,不仅需要保护好本体,同时也需要保护好本体间的联系,并且也需要保护环境,让"非遗"的自我生态系统获得修复并且能持续发展下去。系统原则主要强调的是非物质文化遗产所体现出来的整体性与系统性,不但表现为自身的系统性,还表现为其与周围环境的系统性。

3. 人本原则

人本原则主要是指"非遗"的保护需要尊重传承人的基本意愿,需要重视对传承人进行保护,应该以传承人为本。

从非物质文化遗产的存在和发展来说,传承人所具有的本体意义和物质文化遗产存在极大的不同,传承人不仅仅是单纯的遗产接受者与传递者,同时也属于"非遗"的主要创造者、革新者,离开了传承人去谈非物质文化遗产的存在与发展,是没有任何意义的。从非物质文化遗产所体现出来的价值来看,非物质文化遗产的价值通常都具有典型的普遍性,同时还具有典型的特殊性,普遍性价值主要是以特殊性价值作为基础。普遍性价值往往也属于世界、国家、地区、民族等多个层面开展非物质文化遗产保护的重要依据,特殊性价值往往都属于遗产传承人自觉传承与创新非物质文化遗产重要的内在动力。因此,尊重传承人的价值诉求,保护非物质文化遗产的特殊价值,是非物质文化遗产保护的基本出发点。

人本原则是非物质文化遗产得以保护的基本法则,非物质文化遗产的主要调查、申报以及保护都需要真正尊重非物质文化遗产的传承人(所有者)基本意愿,要保护其已经拥有与自由享用和传承遗产的相关权利,需要建立有关"非遗"价值享用的分级体系。

当然,非物质文化遗产保护所需要达到的终极目的,主要是为了使人类文化在多样性与可持续发展方面做出贡献,从而推动整个人类社会可持续发展。在实现这一个终极目的的基础上,要更好地处理其和传承人、族群、民族、地区、国家等有关非物质文化遗产保护方面的阶段性目标关系,不仅需要展望未来,还需要立足于现实。

4. 优先原则

作为人类典型的精神创造,所有的人类非物质文化遗产都是比较平等的,它们通常都是人类创造权与文化认同权的具体体现,同样也属于人的基本权利直接的体现。但是从族群、民族、地区、国家以及人类文化发展的需要层面去看,也从人类的可利用资源角度去看,在对非物质文化遗产实施保护的时候,应有一定的先后次序安排,即非物质文化遗产的保护应该遵循一定的优先原则。

哪些非物质文化遗产需要对其进行优先的保护呢?

在现实的操作过程中,各民族、地区、国家都存在着不同的标准。对不同的价值主体而言,同一非物质文化遗产价值是不同的。从传承人角度和其他人的角度看,同一非物质文化遗产的价值差别很大。所以,不同的保护者,自然选择不同的非物质文化遗产作为保护对象。优先原则应该结合保护的层面来谈,不同层面的优先对象是不同的。

在优先原则执行过程中,除了考虑保护主体的价值诉求,对那些对保护主体价值大的非物质文化遗产要优先保护,还要考虑非物质文化遗产的生存状态,对那些既有一定价值且处境又比较濒危的非物质文化遗产要优先保护。

为了能够充分发挥出优先原则在非物质文化遗产保护方面所起到的作用,在确定了优先原则的标准上一定要对其做出认真的研究、实施综合的考虑,一定要充分考虑到非物质文化遗产所体现出的现实价值与未来价值。同时,还需要充分考虑到遗产保护投入与发展投入之间存在的平衡关系,应该进一步考虑到非物质文化遗产存在的现实生存状况,避免利用优先原则制造出新文化殖民以及文化霸权现象,对文化的多样性制造出新威胁。

5. 公平原则

"非遗"保护的主要目的就是要大力促进人类文化的多样性并存与人类文化得以可持续发展。为实现这个目标,在保护各种非物质文化遗产时,必须执行相关的公平原则。承认所有非物质文化遗产的时候都需要基于生存和发展方向层面的平等选择权,任何一个组织与个人都不能从自身的文化角度出发来否定其他的组织以及个人的文化选择权。这是非物质文化遗产保护在立法的时候必须要尊重的一个基础,也是开展非物质文化遗产保护时必须要遵守的基本要求。

公平原则与优先原则二者并非矛盾。公平原则重点侧重非物质文化遗产的生存权以及其发展权,优先原则主要是针对于非物质文化遗产保护方面的投入来确定。有鉴于人类可以投入的非物质文化遗产保护资源所具有的有限性,包括非物质文化遗产自身所带来的发展不平衡性,也包括人类对于非物质文化遗产价值诉求方面所具有的差异性,人类对于某些非物质文化遗产所采取的优先保护原则,并非是在非物质文化遗产间制造一种不平等性,而相反,这恰好也是非物质文化遗产的保护公平原则的一种直接体现。

6. 特色原则

非物质文化遗产通常都属于人类文化十分特殊的一种门类,不仅具有普遍性,还具有典型的特殊性。每一种非物质文化遗产之所以都存在并且在人类社会发展过程中发挥特定的作用,不只是由于其具有的非物质文化遗产所具有的共性特征,更为重要的一点是,由于它们分别都具有自身的特殊性。这种特殊性往往都是可以和其他的非物质文化遗产进行区别的标志,这也是其具有一定独立价值的重要基础。

"非遗"保护所体现出来的特色原则,重点强调的是在非物质文化遗产保护过程中,不是消除了非物质文化遗产所具有的个性特征,而更多的则是保护与发展了其个性特征,使非物质文化遗产独特的特色都能够突显出来。

非物质文化遗产所表现出来的特色原则,充分体现出了非物质文化遗产所具有的个性差别,主要包括了语言差别、民族差别、地域差别、历史差别等。非物质文化遗产保护要尊重这些差别,并让这些差别能够进一步突显出来。

7. 效益原则

非物质文化遗产保护从某种意义上讲是一种投资行为。作为投资,必然涉及效益问题,即要考虑投入与产出的关系,实现效益的最大化。

非物质文化遗产的投资方面需要很大的力度,其中主要包括有人力、物力与财力等方面的硬件投资,并且也包括了社会舆论以及政策等多方面的软性投资;非物质文化遗产的投资效益主要包括社会效益(记忆、认同、凝聚力、文化生产力等)和经济效益(如文化产业和对其他的产业起到促进的作用)。

非物质文化遗产的保护在我国主要是在以政府投入为主,政府的投资一般情况下看重的是遗产所产生的社会效益,而对于经济效益则没有足够的重视。在很多的非物质文化遗产保护专家看来,追求非物质文化遗产保护方面所产生的经济效益同样也会带给非物质文化遗产一定的损害,这就进一步让人们对非物质文化遗产所具有的经济效益出现了避而不谈的局面,或者是很少去涉及这一领域。而对于企业等一些民间机构而言,对非物质文化遗产的保护进行有效的投入,通常都是看重其当下与未来产生的经济效益,这样的直接目的也被那些保守的非物质文化遗产保护者所非议。实际上,非物质文化遗产自身所体现出来的典型社会效益与经济效益,其中还包括了长远效益与近期效益、当代效益以及未来效益等。在非物质文化遗产的保护过程中,一定要坚持效益原则,只有坚持效益原则,非物质文化遗产的保护才可以最终实现并长久发展。

我国政府对民族民间文化投入大量的人力、物力、财力进行保护,并取得了显著的成就。如收集整理了"三大史诗"(包括藏族《格萨尔王传》、蒙古族《江格尔》、柯尔克孜族《玛纳斯》)和维吾尔族大型传统经典音乐套曲《十二木卡姆》;编撰、整理、出版了民族民间文艺《十大集成》;从1979年以来评选了四次共204名国家级工艺美术大师;建立了云南民族村、民族文化传习馆、大研古乐会、贵州民族文化生态博物馆;等等。

二、非物质文化遗产的机制

(一)非物质文化遗产与物质产品共处机制

1."非遗"和物质产品的区别

非物质文化遗产和物质产品是两个完全不同的概念,这在学术界已经是一个不辨自明的常识问题。但在日常生活中,社会上普遍存在着认知层面的误区,尤其是相关企业通常都基于利益进行考量,故意混淆"非遗"和物质产品之间的界限,造成较坏的社会影响。

非物质文化遗产和物质产品之间的不同深刻表明,非物质文化遗产能够生产出多种不同品牌的物质产品形式,但即便是一些比较知名的物质产品自身,也不可以简单地与非物质文化遗产相等同。物质产品在品牌方面能够归属于某个个人或者某个公司所独有,但非物质文化遗产则不能被某个企业独占而排斥其他的社会群体使用。

2."非遗"与物质产品的关联

如果是精神因素居多或者占据了主导性地位的思想、文化、意识形态,往往需要通过语言、音像、产品等多种物质的东西表达和展示出来,才可以进一步实现传承和交流。非物质文化遗产同样如此。纵观非物质文化所具有的传承性和发展性，就能够很明确地看到，但凡是某种"非遗"知名度相对比较高的，其物质产品必然会被更多的人所接受和使用。例如，茅台酒的制作技艺属于国家首批非物质文化遗产，其技艺的产生时间可以追溯到秦汉时期，已经有超过两千年的发展历史。茅台酒的生产工艺主要可以分为制曲、制酒、贮存、勾兑、检验、包装六个关键的环节。整个生产周期大概是一年的时间，端午时候踩曲，重阳时候投料，酿造期间还需要经过九次的蒸煮、八次的发酵、七次的取酒过程，经分型贮放、勾兑贮放等一系列工艺。茅台酒的酿制通常都有两次投料、固态发酵、高温制曲、高温堆积、高温摘酒等典型的工艺特征，由此形成十分独特的酿造风格。白酒界的专家们均认为贵州的茅台酒技术是属于最为独特的一种大曲酱香型酿酒工艺，是人类把微生物充分应用在酿造领域的典范之作。作为中华民族一项极为珍贵的文化遗产，茅台酒在酿制的技艺方面得到了非常好的保护与继承发扬，在中国的酒文化发展进程中占据了非常重要的地位。由于跨越了时空的历史长河，其所表现出来的独特文化地理性，决定了这种典型的民间传统技艺具有十分珍贵的历史价值、科学价值、人文价值、民俗价值、经济价值以及社会价值。由于茅台酒的品质十分优良，茅台酒也最终发展成为名满天下的名酒，并最终成为很多重大外事活动的见证者。茅台酒在新中国的政治、经济、外交、文化盛事中，更是发挥了特殊作用，意义非凡，影响深远。可以说，茅台酒优良的品质和悠久的品牌历史与知名度，为茅台酒制作技艺的传承与普及提供了良好的物质平台基础。在这一层面上来看，非物质文化遗产以及其物质产品，就是一个一体两用、相互依存的东西。如果没有非物质文化遗产的出现，也就没有了优秀的物质产品形成，而不借助物质的外壳，非物质文化遗产同样也就不能得以继续传承和发展。所以，我们一方面需要承认"非遗"的"非物质性"，同时还不能将其和"物质"彻底分开。"非遗"往往也属于以非物质的形式传承下来的一种文化遗产，它通过实践、表演、经验、知识、技能等多种层面的非物质方式充分表现出其形式的存在。

对于非物质文化遗产而言，"物质"通常都是"形"，而"非物质性"往往就是"神"。二者并没有截然分开，而更多的是存在着相互依存、共存共生的联系。因此，非物质文化遗产是和物质紧密联系的，不能脱离了物质独立存在。

(二)"非遗"及其文化的传播机制

"非遗"及其文化假如需要顺利实现其经济价值和文化价值的话，而且还能够确保自身的传承和发展顺利进行，就一定要获得社会的传播与认可。

被遗忘与摒弃掉的传统文化,因其受众变得日益萎缩,最终必定要走向消亡的道路。只有被广大人民群众充分了解与认可了的文化,才能够具有非常强大的生命力。对于"非遗"及其文化而言,要想获得更为广泛的受众,必须通过传统的传播与生产性保护传播两种方式进行的。

1. 传统传播方式的优劣

传统传播的方式主要包括两种情况。一种主要是运用各种方式以及相关的技术手段,借助有关的媒介,直接把"非遗"及其衍生文化给广大受众介绍展开,直接加深人民群众对于"非遗"的认识与了解。在国内,通常都是充分发挥遗产保护界的唯一永久机构——博物馆的作用,以此加大对非物质文化遗产方面的保护力度。另一种方式通常就是在特定文化空间之中,把"非遗"的形态特征以及功效作用在生产的实践方面和具体的活动过程中全面展现与发挥出来。因为实践与展示过程往往会在时间、空间等多个方面出现相应的限制,有机会直接参与或者直接去深入体验"非遗"生产过程的,只是当地的直接传承者、学者等一些少数的群体。与此同时,在一定的文化空间之中,实地宣传和介绍"非遗"自身的工作,往往会耗费大量的资金与人力物力而得不到相应的经济回报,在"非遗"的抢救、保护资金还没有充分满足当前的条件基础上,这很明显不属于"非遗"的宣传与保护常态模式。

2. 生产性保护传播方式的优劣

生产性保护所产生的传播方式,主要是把"非遗""物质化"以及"固化"为物质产品之后再推向市场,使民众可以通过对相关产品以及产品文化的使用与鉴赏对"非遗"进行了解。物质产品通常都会突破"非遗"的时空等多层面的限制,尤其是当物质产品进入到市场之后,通过等价的交换进入广大的使用者和消费者手里时,可以很好地扩大"非遗"的受众范围。当产品作为商品到达使用者和消费者那里时,蕴含其中的文化因素也随之传播到受众者那里,进而会对受众产生潜移默化的影响。

在当代生产性保护工作的发展进程中,在理论与实践层面同样也存在了很多问题与困难,这在很大程度上影响与极大地制约了"非遗"的生产性保护工作的顺利开展。当前,中国的"非遗"生产性保护在自身的实践进程中,面临下列几个方面的问题。

(1)"非遗"生产实践中知识产权保护的失位和矛盾。在当前法治社会发展的大背景下,"非遗"被当作一种典型的智力劳动成果,其生产性保护方面的顺利开展往往也离不开相关的法律保护,这已经成为一种不言自明的共识。当前,中国对"非遗"的生产实践进行保护,主要套用的是

"知识产权"方面的相关法律概念。知识产权往往也是人类对自身的智力成果以及经营性标记和经营性资信所应该享有的权利。随着现代社会的不断发展进步,"非遗"已经发展成为一种知识活动的过程和知识活动十分重要的成果,和知识产权同属于人类智力发展的重要成果,具有非常高的相似性。这使把知识产权保护制度进一步引入到"非遗"生产性保护范围内成为可能,并且在实践的过程之中取得了特别明显的成绩。知识产权的概念也曾经被当作一种普遍认可的保护与开发"非遗"的可靠性法律保障,但是随着现代社会的不断发展进步,套用知识产权对"非遗"进行保护也正在逐步暴露出各种各样的问题以及先天法理的困境。主要表现在下列几个方面。

1)"非遗"群体属性和知识产权所独有的性质特质是不相互兼容的。

2)"非遗"所表现出来的传承性和知识产权制度往往也与独创性、创新性保护理念不相符。

3)"非遗"群体性和现有知识产权制度的权利分割在理念方面往往是不适用的。

(2)"非遗"功利性和文化性的矛盾。纵观国内外的"非遗"特性,其在自身的生产进程之中最易出现误区的一点是倾向于"雷同化":一是把"非遗"的开发企业和普通的商品企业雷同化,有意无意地去忽视掉企业所承担的社会责任感和公益性;二是把"非遗"资源和普通的生产"原材料"加以雷同化,有意无意地忽视掉"非遗"资源所具有的精神属性和文化底蕴。这进一步导致了很多国内外的专家学者对生产开发"非遗"产品抱着一种审慎或者否定的态度,直接原因不在于生产实践的本身,更多的是生产实践过程中存在的功利主义以及经济利益至上的思想观念。

(3)开发与传播并举。在对非物质文化遗产的开发方面,需要树立一个正确的开发理念,才能够真正完善非物质文化遗产的发展和传播途径,进而能够极大地提高非物质文化遗产的影响范围及其相关的影响力。

1)生产性保护模式通常都属于一种行之有效的方式,但是绝非唯一的生产性方式,更非是万能的模式。

我国的"非遗"门类非常多,不同的"非遗"所具有的表现性与文化性千差万别,生产性保护也有自身的适用范围,并不是普遍使用。

2)保护"非遗"核心的内涵与精神特质往往都是其首要的目的。

生产性保护作为我们国家一种认可的方式,仍然是以"保护"作为其第一要义的,我们一定要充分厘清其首要的发展目标,"生产"往往都属于手段,"保护"则是其直接的目的。"非遗"并非是创造经济收入的一般性资源,而更多的则是承载了群体技艺以及民族文化基因的重要文化表现形式。一定不能单纯地为了经济利益而进行大肆开发,为了一些蝇头小利造成民族的"根"丢失的情况。在经济利益和精神特质方面形成严重的冲突时,应该把精神特质的保护方式放在首要位置。

第三节 我国"非遗"现行保护、开发理念解析与研究

一、非物质文化遗产衰微的原因

随着中国现代化发展进程的快速推进以及社会的飞速进步,中国对"非遗"的重要性认识也正在持续提高,国家与社会对"非遗"的保护工作力度同样也在持续增大。然而,一些比较珍贵的"非遗"同样也在这个时期快速地消失;很多传统的技艺已经濒临消亡;大量记录了"非遗"的实物和资料也被毁弃或者流失;"非遗"传承人或改行,或老去,"非遗"传承面临后继无人的境况。"非遗"消亡的数量越来越多,速度也变得越来越快,周期性正变得越来越短,出现了保护速度赶不上消亡速度的尴尬情形。我们不禁要反思,造成"越保护,越消亡"状况的关键原因到底是什么。笔者认为,"非遗"作为一种客观的文化存在形式,其产生、发展、兴盛、衰微都存在着一定的客观规律,要从根本层面去深度研究"非遗"堪忧的现状,就需要从"非遗"形成与发展的自身规律层面去找原因。

(一)农耕文化的崩溃和城镇化的强烈冲击

农耕文化的逐步崩溃以及现代城镇化发展进程所产生的强烈冲击是"非遗"走向衰微的根本原因。中国是一个农业大国,中国古代社会占据支配地位的是自然经济状态下形成的农耕文化(主要包括渔猎、游牧)。原始先民文化创造所形成的"非遗",在漫长的农耕文化社会环境中产生与流传,在中国的乡村社会结构以及文化结构中都遵循了自身生存与发展的规律,不仅能够反映出当时的农业社会在民俗民风、技艺技巧等多个层面的独特文化,同时还见证了长达数千年的农耕文化下农民生活生产的共同伦理道德与价值取向,逐渐发展成了农耕文化的独特性具体表现,倾注了中国宗法农民的世界观与人生观,充分反映出了农耕社会背景下的生产生活与风俗习惯,具有悠久的发展史以及十分丰富的人文思想。"非遗"和其所在的时空、周边环境及经济体制、社会制度、价值观念、宗教信仰、伦理道德、科技水

平、认知水平等多个方面的因素都是相互依存的,彼此之间产生相对的作用,共同构成了相对比较稳定的农耕文化生态系统。在很长一段时期之内,在广袤的乡村社会发展过程之中,自然经济与农耕文化都没有出现根本性改变与动摇,"非遗"同样也在这一系统之中得到持续的发展与繁荣。与此同时,"非遗"对其原创主体所在的民族、地区以及文化背景、环境等,都具有非常大的依附性,"非遗"需要获得比较好的生存,同样也需要维护农耕文化生态系统,最为理想的效果就是维持农耕文化生态系统的协调平衡稳态发展。协调系统内部的各因素之间的不同关系,让变量因素处在一种整体较为和谐的动态发展进程之中,一旦其生存的农耕文化系统环境被从根本上破坏,其自然环境与文化土壤同样就已经不能适应"非遗"的生存与发展传承,即使是"非遗"在历史发展进程中曾经出现过辉煌,也势必逃不掉消亡的命运。司马云杰曾经在其著作《文化社会学》一书中对价值观念、社会组织、经济体制、科学技术以及自然环境等因素的变化所可能产生的原有文化生态系统的裂变作了论述。当前工业文明发展所主导的现代化、全球化、城市化浪潮与农耕文明产生了十分剧烈的冲突,农耕文明在这一冲突过程中明显处于劣势,逐渐地或部分地丧失了生存与繁荣的土壤。"非遗"发生和繁荣所依存的农耕文明和宗法社会的土壤已经逐渐削弱和消失,民众的价值观和经济体制、社会制度、科学技术以及自然环境这三大因素也随之发生了巨大的变化。自然和社会生态系统必须在一定的承载阈值范围内才能保持稳态,如果超过阈值,稳态的平衡就将被破坏。随着当代社会的剧变,中国"非遗"赖以生存和发展的生态环境迅速土崩瓦解,"非遗"以往的生态系统的稳态渐次失去平衡,导致了农耕文化生态系统的迅速崩溃,孕育并传承于农耕时代的"非遗"最终也因农耕时代的终结而衰败。

　　从世界范围来看,从农耕文明到工业文明的发展转型时期,通常都是"非遗"消失最多的时期,中西方都不例外。但是,西方国家自农耕文明到工业文明的发展是自然发展和平稳过渡而来的,社会各界对于农耕文明以及传统文化都有比较充足的时间做出反思,这在客观层面上也有助于对"非遗"进行保护与研究。而中国自 1840 年鸦片战争起,就陆续经历了一系列外敌的入侵以及社会的大动荡,沦为了半殖民地半封建性质的社会,除饱受列强侵略掠夺外,还出现了一系列的内战与革命,尤其是从"五四"运动开始,中国的思想界与知识分子大多都把积弱积贫的现状归咎于沉重的历史负担以及传统文化带来的束缚,把传统文化看成现代化发展的阻碍与对立面,原本应该不断得到积累、建设与发展的文化逐渐成了"革命"的对象。直到改革开放以前,连续性的文化断裂以及意识形态的偏见都让"非遗"受到了重创,非物质文化遗产在中国没有得到应有的保护与重视。而从"文化大革命"到改革开放的突变,更是通过非线性、非渐变的形式实现的,改革开放之后,在高速发展的工业进程中,经济与社会发生了急剧的变迁,中国的农耕文化生态出现了巨大的变化,如今的中国已经迈入了以工业文明为主导的新时代。特别是近几年以来,"非遗"集中的农村地区正经历城镇化发展的浪潮,城镇化对中国的发展而言是一个必经的阶段,现代化的发展进程,就是农村人口不断向城镇流动的过程,就是工业文明不断占据更多份额的过程,随着改革开放政策逐渐深入以及经济、社会、文化的快速发展,城镇化发展呈现出一种蓬勃旺盛的发展势头。2014 年 3 月出台的《国家新型城镇化规划》(2014—2020 年)显示,1978—2013 年,中国的城镇常住人口规模已经从 1.7 亿人增加到了 7.3 亿人,城镇化率由原来的 17.9% 提升到了 53.7%;城市数量有原来的 193 个增加到了 658 个,建制镇的数量由原来的 2173 个增加到了 20113 个。预计到 2020 年,中国的常住人口城镇化率将达到 60% 左右,户籍人口城镇化率也将达到 45% 左右,将有 1 亿左右农业转移人口与其他常住人口在城镇正式落户。但是,这个过程中存在一个不可忽略的问题——在城镇化快速发展的同时,新的生产与生活方式也正在把传统文明赖以生存的土壤进一步缩小,熟人社会之间的组织和人际关系、乡土生活所培育出来的独特审美、传统生产方式所滋养出来的文化传统,包括它们所共同构成的各种非物质文化遗产等,都在高速的社会发展进程中面临十分严峻的挑战。农民离开了农村之后,与原来的土地、生产方式、生活方式、邻里关系、记忆等基本上断裂开来。而进入城镇之后,对城镇的文化环境则十分陌生,不仅如此,原有的文化同样也会和城市文化出现冲突。面对这一问题,《国家新型城镇化规划》(2014—2020 年)明确提出城镇化要"走以人为本、四化同步、优化布局、生态文明、文化传承的中国特色新型城镇化道路",将"文化传承、彰显特色"当作我国建设新型城镇化的基本原则,从而提出了基于不同地区的自然历史文化禀赋,体现出了区域的差异性,大力提倡形态的多样性特点,防止产生千城一面的现象,发展带有典型历史记忆、文化脉络、地域风貌、民族特征的美丽城镇,建设一个具有厚重历史文化底蕴、鲜明时代特色的人文城市。

但在目前主要以经济发展为目的的城镇化发展进程中,并非每一个地区都可以完整地执行中央的指导精神,通常可见在乡村消失、高楼崛起的过程中,随之而来的是传承的断裂和传统文化的逐渐消亡。城镇化往往也会让大批农田消失、原住居民流失、传统村落锐减;与此同时,农村生产生活方式产生了重大的转变,一些传统的习俗产生急剧的变化,很多文化的记忆也在无意识之中被淡化,大量青壮年农民进城务工,直接导致了乡土文化传承链条出现了断裂。整体来看,传统意义上的中国农村风貌正在逐渐远去甚至消失,非物质文化遗产赖以生存的环境也遭到了极大的破坏。这就让以往遗留下来的农耕文化还没有来得及得到总结与凝练,就已经产生了大量村落的瓦解,而全国大部分"非遗"都存在于农村地区,边远少数民族地区的"非遗"同样也都产生在农村,村落一旦出现大范围的瓦解,这些"非遗"就会逐渐丧失生存的土壤,进而逐渐消失,农耕文明所形成的"非遗"往往还来不及厘清与反思,就已经被工业文明的发展浪潮席卷而去。我们不可能阻止现代生活出现大的改变,也很难大规模地保留"非遗"的原生态环境。随着城镇化的不断发展和快速推进,"非遗"保护逐渐式微,已经成了不可躲避的现实问题。

我们需要进行深度思考的一点是,如何在现代社会快速发展变化的进程中,构建起来一个较为适合"非遗"发展的新生态环境以及文化系统,使其可以比较积极主动地融进现代人民群众生产和生活进程之中去,实现维持"非遗"健康生存与持续发展的重要目标。

(二)活态"非遗"传承的脆弱性

与物质文化遗产的传承实体依附性不同的是,"非遗"的传承由于自身不能依赖于物质世界的实物,而更多地需要依靠人有意识的文化选择和保存,它属于民族个性、民族审美习惯的一个"活"的显现。它主要是依托于人而存在,以声音、形象与技艺作为表现的重要手段,并且还以身口相传的形式得以不断发展延续,这也属于"活"的文化及其传统中最为脆弱的组成部分。所以对于"非遗"的传承过程而言,人就显得十分重要了。在比较长的一段时间内,"非遗"通常是以"师徒相承"与"口传心授"的形式,通过接力的方式继承和弘扬以获得延续。这种传承的主要方式,具体可以分成三种基本的情况:第一种就是家族式传承关系,主要表现为血缘关系层面的上一辈传承人将自身掌握到的"非遗"技艺和经验传授给家族内的下一代。第二种则属于师徒关系传承方式,这一传承方式基本上打破了家族与家庭限制,是上一代人和下一代人之间不以血缘关系进行的双向选择。第三种是非常少见的形式,是在一定的"非遗"文化氛围之内,尽管没有刻意地去学习,但是经过耳濡目染之后,无师自通。总体而言,这三种主要情形中,前两种情形是非常常见的。这种世代承袭的历史性发展传承方式,让"非遗"的保存与延续具有了很大的可能性。

(三)全球化条件下的西方文化冲击

在全球化背景下,任何一个国家都不可能脱离国际社会而生活在一个封闭的环境中,中国自然也不例外。在这种相互交流的发展进程中,文化的差异很明显是不能避免的,文化之间的相互撞击和交融,西方文化的入侵已经成了人们关注的一个焦点。从世界范围来看,文化主要的流向是从强国到弱国。随着全球化的不断发展,国际交流与合作以及跨区域的经济往来越来越频繁,逐渐缩短了世界各国间的距离。经济全球一体化发展势在必行,发达国家通常会挟自身强势的经济威力,把强势的文化或者价值观输送到欠发达国家或地区。

文化入侵的后果十分严重,它本身就是一个典型的侵略形式,它和文化的融合存在极大的不同。文化融合属于两种或者两种以上的文化之间进行相互交融、相互学习的一种交流方式,它对于文化的快速发展起到一定的促进作用。而文化入侵很明显就是一种十分强势的文化现象,它在一定程度上对受侵入者产生了一定程度的伤害,非另一种文化的自愿表现。

当前,互联网已经成为连接人与人、国与国之间的桥梁,互联网的信息渠道首选率为88.5%,在主流媒体中占据强势地位,产生的影响力非常明显。它一方面加速了不同文化之间的融合,另一方面还带来了令人担忧的强势文化入侵问题。

当前,互联网上各种语言的使用频率存在不对等的情况,其中英语为84%,法语为5%,德语为4.5%,日语为3.1%,其他语种则只有3.6%。互联网上90%的信息都是英语发布出来的,而中文信息仅为1%,这充分表明了以西方国家为主体的社交网络和信息发布,掌握了互联网信息绝对的控制权,形成了网上信息的垄断与倾销,外国对其他文化殖民与渗透的方式主要表现为:第一,大力宣扬西方文化的优越性,积极传播"普世"的价值观以及西方文化中心论的谬论。第二,大力贬低各发展中国家的文化,积极鼓动发展中国家要向西方文化不断靠拢。第三,大力宣传西方的价值观,不断向别国渗透本国的意识形态,以便最终达成不可告人的目的。这种文化的入侵基调,使网络文化之间的交流失去平等的交互性,最终发展成为单向的渗透,以便最终构建意识形态的霸权性。

面对现代社会带来的巨大的外来文化冲击,"非遗"也逐渐失去了原本赖以生存的土壤以及社会大环境,这也更进一步加重了我国"非遗"的保护负担。如今,各种各样的洋快餐、洋节日纷纷传入国内,西方的"普世"价值被某些别有用心之人当作工具进行宣扬,同时,"民族劣根性"话题也被包装起来大肆进行讨论,青少年的传统文化思想观念意识逐渐淡漠,崇洋媚外之风甚嚣尘上,这些都属于典型的文化入侵现象。我们支持国家和民族之间的正常文化交流,但是如果是单方面的文化入侵。如果任由西方文化入侵和文化霸权横行,很可能会摧毁民族的归属感与民族自信心。

二、非物质文化遗产传统保护模式

针对"非遗"所面临的艰难境遇,有关部门和学术界对"非遗"的保护进行了诸多尝试性探索,开展了大量的保护工作。当前,我国在"非遗"保护工作方面主要分成下列几种典型的模式。

(一)静态保护模式

非物质文化遗产的静态保护,主要指综合利用现在的技术,如文字、录音、录像、数字化多媒体等各种形式对非物质文化遗产做出比较真实、系统与全面的记录、收集和整理,最终形成各种形式、不同载体的历史记录。静态保护模式中的一个主要侧重点就是要将非物质文化遗产从无形转化为有形实物,优点是保存周期长、原真性突出等。

现阶段的静态保护模式常见的有博物馆形式。博物馆作为一种公益性的文化机构,无论是在藏品、文化方面,还是在其社会职能等方面,都和非物质文化遗产存在着千丝万缕的联系。2002 年 10 月在上海举办的国际博物馆协会亚太地区第七次大会就专门审议通过了以"博物馆、非物质遗产与全球化"为标题的《上海宪章》,进一步支持联合国教科文组织的非物质遗产保护工作。

(二)立体保护模式

这种保护模式重点强调的是不仅仅需要保护"非遗"自身,还需要保护好"非遗"赖以生存与发展的自然背景、人文环境、生产方式、文化人格等多种因素组合形成的立体空间,对其做出有机、全面、立体式的多层面保护。主要分为下列几种方式:

第一种是情景式。黄涛曾经提出了"非遗"的情景保护这一基本概念①,并且对其做了深入的研究。在现实实践中,江苏省常熟市在"非遗"资源的发掘和保护过程中,形成了一整套比较完善的情景复原专访办法。

第二种是活态式。高梧认为,传承人、空间与时间三部分可以很好地构成一个活态的文化场,可以在这一文化场中进行"非遗"活态的保护工作②。传统的村落是活态文化场中的核心代表,如福建省漳州市的洪坑村古村落(图 1-1),属于国家住建部公布出来的第二批"中国传统村落"。一走进洪

---

① 黄涛.论非物质文化遗产的情境保护[J].中国人民大学学报,2006(5).
② 高梧.非物质文化遗产保护中的"活态保护"[J].绵阳师范学院学报,2007(7).

坑村,面湖的古厝一字排开,坐南朝北,红砖白石,极富有闽南地区建筑的风格特色。

图 1-1　福建省漳州市洪坑村古村落

　　第三种是生态圈式。连冕认为,应该以"生态"取代所谓的"活态",让"非遗"在相对比较独立的社会环境中依循发展规律前行;允许"生态圈"中的"文化之物"出现"进""出"自由的方式。① 在现实实践中,成都市的非遗手工技艺主题街区(图 1-2),就发展成了具有典型代表性的生态文化圈。

　　第四种是文化空间式。作为"非遗"保护中的一个十分重要的概念,文化空间是演示非物质文化遗产发展过程中最集中、最典型、最生动的形态与形式。文化空间,即定期举行传统文化活动或者集中展现出传统文化的表现形式的活动场所,兼具有空间性与时间性。这一时间与自然空间的存在,往往是基于空间中的传统文化表现形式而存在的。饶箐认为,只有采取了一定保护措施的文化空间才可以确保"非遗"继续存在和发展的生命力,从而达到联合国教科文组织保护公约的目的②。

---

① 连冕. 非物质文化遗产保护的悖论和新路径[J]. 装饰,2005(1).
② 饶箐. 非物质文化遗产"文化空间"的思考[J]. 湖南农机,2008(1).

图 1-2　成都市非遗手工技艺主题街区

　　建立起文化空间的专门保护,是很多国家保护文化遗产的通行做法。国外的一些"非遗"保护经验直接表明,把文化遗产、自然景观、建筑、传统风俗等带有典型特定价值与意义的文化因素在适宜自身生存的社区以及环境中,以原状保存下来,使其发展成为"活文化"的形式,相对于博物馆式的保护而言,更具有自身的优越性特点。如摩洛哥的杰马·埃尔法纳广场文化空间,当地人与游客都会将这一文化交汇点当作聚会的中心场所。

(三)政府主导式保护模式

　　我国在相对比较长的一段时间之内,基本上已经实施了由政府所主导的"非遗"保护模式,中国的"非遗"保护相关工作机制,尤其能体现出这种保护模式的典型特征。我国的"非遗"保护相关工作机制最先是从文化部、财政部等有关部委建立联席会议制度开始的,中央与省级文化部门则设立了一个专门管理机构,各地相继也建立起了非遗保护中心。政府主导式的保护模式重点体现在立法、规划、指导以及经费的投入等多个方面,政府主导式主要强调的是保护工作应该由国家行政部门主导,以国家机器的强制力作为强有力的后盾,采取的是行政立法、财政拨款、宏观组织等多种多样的方式,由有关部门或者科研院所开展具体的保护工作,以达到抢救与保护"非遗"的主要目的。因为这种保护可以在最大程度上调动各级政府部门行动,所以见效非常快,作用十分显著,特别是对那些濒临消亡的"非遗"保护项目,政府主导式保护是最有效的一种方法。中国政府一直坚持的"非遗"保护工作方针是"政府主导,社会参与",显而易见,政府主导式保护模式在这一方针中得到了充分的体现。

我国主要是从以下几个方面开展相关的"非遗"保护工作:一是全面普查,弄清楚当前中国非物质文化遗产分布的基本情况,主要包括了数量与项目形成的渊源、发展演变过程、现状、传承人等;二是制定出相关的保护规划;三是建立起四级名录保护体系(主要是指国家级与省、市、县级)以及国家级的传承人名录公布方式。在这种思想理念的指导下,国家与政府的有关部门积极地组织力量不断推动"非遗"的保护工作,在"非遗"的普查、保护、开发、传承等多个层面,都取得了比较大的成果。

(四)法律保护模式

在传统保护模式的基础上,世界各国都在不断进行"非遗"保护方面的实践,普遍的倾向主要体现在运用法律进行保护,即制定相应的法律法规制度对"非遗"做出切实的保护工作,这种保护模式非常符合现代法制社会的发展大背景,在世界各国以及我国都产生了极大反响与共鸣。制定法律来保护非物质文化遗产可以借鉴以下几种治理模式。

1. 日本模式

日本是一个较早重视国内非物质文化遗产的国家之一,它把非物质文化遗产称作"民间文化财"。早在 1950 年,日本就已经出台了《文化财保护法》,对相关的"非遗"做出专门的保护,并且还拨专项经费用来保护非物质文化遗产,这也让日本的"非遗"保护工作出现了比较坚实的法律保障。

2. 韩国模式

韩国同样也非常重视"非遗"工作，在制定有关法律进行保护的同时，还十分注重把相关的"非遗"申请国际认可，并且以国家立法的形式，对保护非物质文化遗产所需的资金做出了制度性的保障，如韩国会对具有保护重要价值的非物质文化遗产给予 100％的经费保障；省、市所确定下的非物质文化遗产则由国家给予 50％的经费，剩余的部分则由所在的区筹集资助。同时，相关的法律还进一步规定了相关非物质文化遗产传承者应该切实履行好自身的相关责任与基本义务。对于中小学生而言，需要学习有关的民俗以及文化遗产，充分去体验传统的民俗活动等，韩国的有关法律也进一步明确规定，这种经历和考试成绩是一样重要的，也成为学生升学、考评一个十分重要的依据。

3. 法国模式

法国是世界上首个制定了专门的法律来保护历史文化遗产的国家。法国曾经在《共和二年法令》中明确规定，法国领土范围之内的任何一种艺术品都应该受到保护。法国在保护文化遗产方面的做法，不但直接保护了境内的有形文化遗产，同时还间接地保护了非物质文化遗产。

4. 知识产权模式

随着现代社会不断发展，人们对于无形资产的重要性的认知也在日益提高，借用知识产权中的版权、专利、商标、商业秘密等多种方式对非物质文化遗产开展保护工作，正日益发展为现代社会国家、企业甚至个人保护和传承非物质文化遗产十分重要的模式之一。

第二章　武陵山地区概况

　　武陵山地区具有独特的地理风貌、壮美的山川景观,旅游文化资源丰富。由于武陵山地区山势高峻,大山阻隔,交通不便,信息难通,自然环境恶劣,使当地经济社会发展远远落后于周边地区。武陵山地区的自然地理特征决定了当地山多田少,粮食种植结构决定了人们的食物结构,玉米、小麦、甘薯、马铃薯、水稻等是当地居民的主要食物。武陵山地区独特的自然地理环境孕育了当地人们勤劳节俭、团体合作的人文精神。本章将对武陵山地区概况展开论述。

第一节　武陵山地区地理人文环境

一、武陵山脉概况

　　武陵山脉覆盖的地区称武陵山地区,属于湖北、湖南、重庆、贵州四省市的交界地带。武陵山脉位于云贵高原东部与中国地形第二级、第三级阶梯过渡地带的交汇点,长度大约 420 公里,面积约 10 万平方公里。它与大娄山脉,雪峰山脉平行,呈东北—西南走向,北有南北走向的巫山、大巴山,南有东西走向的苗岭,西有四川盆地,东有江汉平原。长江一级支流澧水、沅江发源于武陵山脉,发源于乌蒙山的乌江流经大娄山和武陵山之间的岭谷地带。这一地带总的地形特点是大山横亘绵延、河流纵横交织。

　　武陵山脉北段绵延着东西走向的秦岭、米仓山—大巴山系,古人习惯上将北段称为南山老林和巴山老林。米仓山、大巴山由西向东呈北向突出的弧形,绵亘于北部边缘,为川陕之界山。武陵山脉东北部与巫山山脉、大巴山系相接,主峰为神农架“大窝坑”,海拔 3032 米。南北走向的巫山山脉,将南北两大山系秦岭、米仓山—大巴山山系和武陵山脉、大娄山山系连贯一气,成为南北绵延近千公里、东西纵横几百公里的大山区。

　　武陵山脉地貌发育自北向南分为三支:北支分布于湘、渝、鄂边境的八面山、八大公山、青龙山、东山峰、壶瓶山、太清山等;中支沿澧水干流北侧,有天星山、红星山、朝天山、张家界、白云山等;南支从贵州省境延伸入湖南省,有腊尔山、羊峰山、天门山、大龙山、六台山等,为武陵山脉的主脉,是澧水与沅水的分水岭。上述三支山脉均消失于洞庭湖平原。

武陵山脉在湘西北的地势由西北向东南倾斜,西北山体高耸,海拔在800~1200 米之间,东南为低山丘陵,海拔 200~500 米,并有雪峰山为屏障。武陵山脉自西南至东北贯穿古丈、保靖、永顺、张家界等县市。北部八大公山的主峰——斗篷山,海拔 1894.4 米,浮腾于云雾之中,西部八面山与曾家界、洛塔界等大山相对峙,山上有山,山中套山,重峦叠嶂,地势险峻;西南腊尔山台地紧靠云贵高原,那里有一座云蒸霞蔚的天星山,乃是当年苗族英雄吴八月率领苗族人民与清军血战的古战场。张家界市的天门山、龙山的八面山、花垣的摩天岭皆在海拔 1000 米以上。中间地段以台地为主,间以小型盆地。湘西南的苗岭山系、雷峰山脉,地处云贵高原余脉。[1]

黔东北地处云贵高原东缘斜坡,由西北向东南倾斜,属武陵山和大娄山的东北部,境内有梵净山、凤凰山、苗王坡、六龙山等。著名的梵净山海拔高达 2493.8 米,重峦叠嶂,地势陡险,峰谷相间,起伏较大,间有丘陵,将纵横溪河分为乌江水流和沅江水流。新编《贵州省志》描述,武陵山位于贵州东北部,呈北东走向,由湖南延伸入境,是沅江水系和乌江水系的分水岭,海拔一般在 1500~2500 米,相对高度 700~1500 米。在贵州境内的一段,地势起伏绵延,主要由三大名山组成,即北部的梵净山、中部的老岭和南部的佛顶山。这些山岭海拔均在 1500 米以上,如梵净山最高峰凤凰顶 2572 米,金顶高 2493 米,佛顶山最高峰 1869 米,老岭最高峰 1523 米,这些山峰不仅显著地高出周围地区 80~2000 米,而且侵蚀切割强烈,重峦叠嶂,河谷幽深,地形崎岖,高山周围多是起伏较小、切割较浅的小山,其间有面积不大的盆地。

在黔江之东有灰青梁子,绵延至酉阳、秀山东、北,长百余公里。黔江境内最高峰黄柏垭海拔 1938.5 米。彭水境内另一余脉云顶山,亦称摩围山,相传古代僚人活动于此,僚人呼天为"围",喻山高摩天,现在彭水苗族也称天为"围"。此山雄伟挺拔,距汉葭镇两里地,面临乌江,为扼守渝东南之咽喉。地处酉阳中部的毛坝盖山将酉水流域和乌江流域截然分开,山体东北部延伸至湖北咸丰县境,毛坝盖山脉最高峰名大板云,海拔 1895 米,当地谚语说:"奇峰大板云,峰峦入云端,三伏像数九,入冬莫过关。"秀山境内山脉

---

① 李汉林,湖南少数民族史[M]. 北京:民族出版社,2001.

属武陵山二级隆起带南段部分,由东北至西南走向排列着川河盖、平阳盖、桐麻岭三座山。从贵州松桃苗族自治县延伸而来的梵净山北段,在秀山土家族苗族自治县称为太阳山,其山群峰耸立,海拔 1300 米以上的山峰有十座。

二、武陵山地区自然地理与人文特征

武陵山地区地形复杂,高山深谷绵延起伏,不仅造成当地气候垂直分布明显,也影响到人口分布。武陵山地区山岭部分人口分布稀疏,一般为每平方公里 50～100 人或 100～200 人,呈条带状分布,跟地形线相一致。在向斜谷地中人口分布相当集中,一般为每平方公里 500～600 人和 600～800 人,在本区西南部和沿长江河谷地带,每平方公里 600～800 人的分布地区相连成片。例如,巫山县境幅员辽阔,山高谷深,人口分布不均,人口多集中在长江沿岸河谷地带和南北低山丘陵地域,高山地域人口密度较小。

总体来说,武陵山地区相对封闭的生态环境构成一个相对独立的系统。其中,横亘绵延的大山系、江河纵横、交织如网是武陵山地区最基本的生态环境特点,横亘绵延的大山系造成了与外界的相对封闭,交织如网、纵横的大江小河是大山腹地与外界交换能源的动脉,是社会系统存在的基础;这样的生态环境决定了这里的生产方式,以及建立于其上的生活方式和文化精神;也影响着当地的经济社会变迁节奏。此外,生态环境及原始的生活水平,也生长或铸塑着武陵山地区人们强悍刚烈、奋勇进取的文化精神,同时也使他们更加深刻地体验到生存发展的艰辛,从而对其以生存为第一要务的务实精神的铸造发生着很大的影响。加之长期以来的群体生产方式,不断地强化着民族内部的情感联系和伦理道德意识。为此,我们虽不敢妄言地理环境对民族文化的决定作用,但至少可以说,人们的自然生存环境及其生存方式对民族文化精神的形成具有很大的影响力,是其文化精神构成的重要外因。生态环境影响着武陵山地区缓慢的社会经济变迁节奏。这种相对封闭的自然地理环境,不仅对于武陵山地区各族人民执著、强悍的文化性格的形成有着重要的影响,同时也有效地保存了其古朴优良的传统文化,致使其到今天仍鲜活如初。"中国的地形,从西到东,从高到低,大致可分为三级阶梯。长江上游与长江中游的交接地区,位于第二阶梯中段的东缘和第三阶梯中段的西缘。这里是连山叠岭和险峡急流,地僻民贫,易守难攻,历史的节拍比东面的大平原和西面的大盆地舒缓得多。若在深山最深处,此中乃如桃花源中人,说得夸张一些,'不知有汉,无论魏晋'。北起大巴山、中经巫山、南过武陵山、止于五岭,历来是遁逃的渊薮。汉藏语系的各个语族相互穿插,这里是他们交会的中心。古代的许多文化事象,在大平原和大盆地上早就被滚滚滔滔的历史大潮冲淡甚至湮灭了,在这里却还有遗踪可寻,所以称之为文化沉积带。这么长又这么宽的一条文化沉积带,在中国是绝无仅有的。时移则势异,保存在这条文化沉积带里的古代文化事象,或多或少变了形甚至变了性,但总能使人察见古代文化事象的影踪或者线索,此今彼古,‘情与貌,略相似’。"①

第二节 武陵山地区的民族与习俗

一、土家族

(一)概况

土家族是一个古老而年轻的民族,主要分布于湘鄂川黔四省区边界的武陵山地区。其中,恩施土家族苗族自治州辖恩施、利川二市、建始、巴东、鹤峰、宣恩、来凤、咸丰六县,有土家族 120 万人;湘西土家族苗族自治州辖吉首、泸溪、凤凰、古丈、花垣、保靖、永顺、龙山八县市,有土家族 100 多万人;重庆黔江开发区(原四川省黔江地区)所辖石柱、彭水、黔江、酉阳、秀山等五个少数民族自治县的土家族人口达 120 余万人;贵州土家族主要分布在贵州省东北部的铜仁地区,江口、铜仁、石阡、松桃、万山等县(自治县)也有土家族散居。另外,五峰、长阳、云阳、忠县、巫山、奉节、宣汉等县也分布着土家族。

(二)土家语

毕基语(北部土家语)和孟兹语(南部土家语)是土家族特有的民族语言,属汉藏语系藏缅语族土家语支。近代土家语传承地以龙山、永顺为中心,如龙山的坡脚、靛房、他砂,永顺的勺哈、两岔、西歧、首车、对山、和平、泽家、列夕、和平等乡镇;外延至保靖、古丈、泸溪、来凤、鹤峰、酉阳、秀山等地。总体上,湘西土家语保存较为完整,但各地语言也有方言差别。近代以来,汉语强势进入武陵山地区,使土家语等本地少数民族语言不断衰弱式微。

---

① 彭伊立,覃武陵.“桃花源与武陵蛮”文化解读之四 从文化沉积破解巴文化和桃花源文化[J].民族论坛,2006(4).

孟兹语一直便是藏缅语在苗瑶语、汉语中的语言孤岛,仅分布在湘西州泸溪县潭溪镇的9个村寨。

(三)村寨

土家族人聚族而居,数十户或者数百户结为村寨。土家山寨以本民族同姓、同宗为基础,杂有少数异姓。清代"改土归流"后,土家人同各族人密切交往,且有联姻。土家村寨地势较高,依山临水,坐南朝北,面对青山。

(四)节庆习俗

1. 过年

土家族团聚过年,有其独特的习俗:若腊月大则二十九过年,腊月小则二十八过年。即赶在汉族过年的前一天过,俗称过"赶年"。武陵山地区土家族为什么要过赶年呢?其传说各异:一种是说为了抵御侵略。传说明嘉靖年间倭寇入侵中国,永顺土司王奉命出征,他率领士兵三千,提前一日过了年奔赴前线,打败倭寇,立了"东南战功第一"。为了纪念这次征战胜利,同时,也为表达广大民众对抗倭将士的深切怀念,永顺县土家族人就定在腊月二十九(或二十八)过年,这种"过赶年"的习俗已经持续了好几百年的历史。另一种说法是为了打败异族的骚扰。由于民族战争频繁,土家族民众常常不能安全过年,于是,本民族头领便施巧计,出奇制胜。头领让民众提前一天过,而后,率领将士猝然出击,敌人过年大吃酒肉,毫无戒备,被土家族人打得落花流水,仓皇撤离。还有一种说法,土家族人祖先贫困,给财主当长工,穷得无法过年,不能合家团圆,只好提前一天"团年"。

土家族过年贴大红对联、挂上大红灯笼、燃放烟花爆竹、玩狮子、舞龙灯、请三亲六戚吃"团年饭"。过大年这天,屋里屋外插松柏、梅花,贴压岁钱(纸钱)。土家人平日用鼎罐做饭,年饭是将肉切成大块,加上作料,一层米一层肉、萝卜等合煮一锅。年饭做好了,要先祭祀祖先。祭祀时,焚香燃烛,烧钱化纸,三跪九叩,怀念祖先功德,祈求祖先护佑。中午开始吃年饭,吃年饭最重要的是一家团聚不串门。土家人说"麻雀也有三十夜",即使是在天涯海角,也必须赶回老家吃"团年饭"。年饭要有剩饭,从腊月除夕吃到新年正月上旬,寓意连年有余。饭后,给家禽家畜、果树喂米饭"过年",以求五谷丰登、六畜兴旺、瓜果丰硕。过年一定要在自家"守岁",夜晚,山寨万家灯火,火塘里大火熊熊,一家老小围着火塘取暖,"守岁"到天明。鸡叫头遍,抢先到院坝燃放烟花爆竹,名为"抢年",有的地方称之为"出天行",看谁放第一声爆竹,谁来年就会风调雨顺五谷丰登。

　　节日中最富民族特色的歌舞是"摆手舞",土家族称"舍巴日"。"摆手"有大小之分。每隔三五年举行一次的叫"大摆手"。"大摆手"规模大、套数多、时间长,历时七八天,在"摆手堂"前举行。"摆手堂"在土王祠。"小摆手"规模小,套数少,一般是一至三天,多在本氏族祠堂举行。土家人在摆手活动中,追忆祖先创业的艰辛,缅怀祖先的功绩,展示土家先民的生活场景。

　　2. 七月半

　　每年农历七月十五日是土家族人的传统节日"七月半"中元祭祖节,要设供桌,供酒馔糖果,烧纸钱,祭奠祖先。"七月半"道教称为"中元节",佛教称"盂兰盆会",民间称"鬼节"。相传农历七月初十开"鬼门关",各家的死鬼都放归各家与家人共聚,故俗称之为"冥府开禁,鬼魂过节",民间流传着"七月半,鬼乱窜"的俗语,七月十二日"迎鬼",七月十五日"送鬼",此日"鬼门"关闭。

　　土家山寨的土家人的"七月半"节日有其独特的风俗,不论贫富,都要把已出嫁的女儿一家请回娘家过节。家家户户张罗忙碌,准备好佳肴过节,煮腊肉、推河水豆花必不可少,特别要准备好纸钱,送点"中元纸币"给天国的列祖列宗享用,让他们过一个中元节,还要为无后嗣的"孤魂野鬼"烧点纸钱,泼点水饭,有条件的山寨村落还要在晚上"放河灯"。

　　土家族有着悠久的祭祖传统,"七月半"祭祖是他们不可缺少的传统节日。这天家家户户都停下手中的农活,山寨村落,炊烟袅袅,一派节日景象,因为在土家人看来,七月半是一年辛勤耕作的"分水岭",过了"七月半",只等待收获季节的到来。

　　3. 女儿会

　　被誉为"东方情人节"的土家女儿会,保存着古代巴人的原始婚俗遗风,是偏僻的土家山寨与封建传统包办婚姻相对立的一种恋爱方式,是土家族青年在追求自由婚姻的过程中,自发形成的借助集体活动形式择偶的节目盛会。女儿会的主要特征是"以歌为媒,自主择偶"。相传清雍正年间,鄂西石灰窑有一薛姓"乡士",外出经商,于七月十一日返家祭祖。薛乡士的妻女设宴为其接风洗尘。酒酣,薛对九个女儿说:"明日你姐妹可理头善妆,上街赶场,游玩一日,平时不可。"七月十二早晨,姊妹九人梳理打扮一新,上街游玩,致使赶场者惊羡不已,争相传告。由于"十个棚"(石灰窑原名)的大户人家女儿都可以上街游玩,女人们纷纷效仿。于是每年七月十二日这天女人们都来赶场(会),男人们可在这一天和女人们见面接触,以表爱慕之意。久而久之,相沿成习,形成了女儿会。

女儿会的参加者大多是未婚的青年男女,他们通过对歌的形式寻找意中人或与恋人约会,畅诉衷情。女儿会上,青年男女身着节日盛装,并佩戴自己最好的金银首饰。姑娘们把用背篓背来的土产山货摆在街道两旁,自己则坐在倒放的背篓上,等待意中人前来挑选中意的货物。小伙子们斜挎一只背篓,形如漫不经心的游子,三五成群地和姑娘搭讪。待双方话语投机,情投意合的时候,就去街外的丛林中开始通过女问男答的对歌形式,互通心曲,以定终身。

节日这天,家家都用新谷做饭,天刚破晓,人们便带上新米饭、酒、鸡、鸭、鱼、肉来到田间,祭过先人之后,宴席开始,大家围成一个圆圈,每人将手中的酒杯举到下一位的唇边,老人一声令下,大家接连欢呼三声,便互相敬酒,一饮而尽。顿时田间笑声回荡,对歌、踩塘、跳芦笙等传统的文体活动开始,直到黄昏。

4. 六月六

我国许多地方、许多民族(包括汉族)都有过六月六的习俗,名称不同,传说各异。大部分汉族地区将"六月六"称为"天赐节"。传说,唐僧历经八十一难好不容易从西天取得真经,却在归途中不慎将佛经掉落大海,唐僧只好将佛经捞出晒干。本来这只是个传说故事,但古人却偏偏认定唐僧晒经这天是农历的六月六日,还据此把这一天命名为"天赐节",意思是这一天"天赐佛经度众生"。

苗族把"六月六"作为祭祀祖先的节日。传说苗族英雄天灵,经三年苦练,一箭可射到京城皇帝的宝座上。功夫到家那天,为养精蓄锐,天灵早早就睡了,嘱咐母亲鸡叫头遍时叫醒他。谁知老母半夜簸米,不经意拍响簸具,"拍拍"之声引起鸡叫,天灵听见鸡叫后急忙爬上将军山(在贵州松桃、铜仁、湖南凤凰的交界处),弯弓对准京城方向就射。箭射中了皇帝的宝座,但皇帝尚未登殿。天灵因此被害,据说被害这天是六月六日。这个传说与《苗族文学史》中的《田螺相公》内容完全相符。于是,每逢此日,苗胞便云集凤凰山下,吹唢呐、唱苗歌、跳鼓舞,祭奠先烈,祈祷吉祥,祈祷幸福,祈祷未来和希望。

5. 过社

在原始社会的农耕时代,人们对土地十分崇拜,每年都举行祭祀土地神的活动。而"社"就是土地之神。祭祀土地神的日子就是社日,祭祀活动则统称为过社。古代社日一年两次。春天举行叫"春社",秋天举行叫"秋社"。春社祈谷,祈求社神赐福、五谷丰登。秋社报神,在丰收之后,报告社神丰收喜讯,答谢社神。社日在民间俗称"土地公公生日"。宋代以立春后第五个戊日为社日,并流传至今。

武陵山地区各民族过社节都有吃社饭的习俗。戊日属土,土是人们的衣食之本,为了尊敬社神,素有"戊不动土"之俗,男禁锄犁,女停针线。古代过春社,在过节前,姑娘们要上山采来蒿菜、野葱洗净剁碎,挤去苦汁,配上腊肉丁、血豆腐丁、炸花生、炸黄豆、蒜苗等,和糯米同一锅蒸成香糯米饭,俗称"社饭",同时还要酿制"社酒"。节日那天,邀请亲戚朋友和家族寨邻欢聚一堂吃社饭。被邀请者要带上活鸡、活鸭等"活礼",以及腊肉、糯米、米酒前往赴宴。第二天主人将粑粑串起,捆成"活礼",套在客人的脖子上或身上,送客人回家。

在湖北恩施一带,除吃社饭外,还有一项内容——拦社。拦社就是在春社日之前祭扫新坟。恩施人对坟墓有新坟、旧坟之分,把埋葬3年内的坟称作新坟。在春社日前,主家请花锣鼓班子,内戚人家送花锣鼓班子,敲敲打打,热热闹闹到新坟前祭奠,把备好的纸扎的旗、伞、宝盖等祭墓物品插到坟上,上水果、菜肴等祭品,泼水酒,烧香蜡纸钱,燃放鞭炮,磕头礼拜。同时可以砌坟、围坟、挂红布祭幛,称为圆坟。以这种仪仗形式,送死者灵魂真正进入鬼魂世界。

6. 牛王节

土家族和苗族都有牛王节。土家族的牛王节有农历四月初八和四月十八之别,苗族则只有农历四月初八之说。关于"牛王节"的来历,各地的传说较多。

土家族牛王节最主要的传说是:农历四月十八日,土家族先民在一次战斗中失利,败退至一条河边,为洪水所阻,恰在这时一头水牛游至岸边,于是剩下的几个人就揪着牛尾巴过了河。为了感谢牛的救命之恩,建庙以纪,每到这一天,土家族子民们便在牛王庙烧香、焚纸、燃放鞭炮,不让牛耕田耘地,喂上好饲料,很多人家还杀猪宰羊,打糍粑,接亲人,以纪念牛王。

苗族关于牛王节的主要传说是神牛盗谷。相传很久很久以前,洞庭湖是一个天湖,天湖里浊浪冲天,人莫想渡过去。湖这边的苗人听说湖那边有仙谷,金灿灿的,得到它就不会有饥饿了,于是他们冒险渡湖去找谷种,可是摆渡人不是淹死就是饿死,但苗人始终不甘心,还是想方设法渡湖去找谷种,这事被居住在洞庭湖的一条神牛晓得了,就想帮苗人弄到谷种。一天夜里,神牛跑到谷地里滚了满身的谷粒,准备悄悄送给苗人,守谷的神仙发现后拼命追赶,神牛就跳进天湖游到岸边,可是身上的谷子多数让水冲走了,只剩下鼻子和尾巴尖上的几粒了。神牛偷仙谷触犯了天条,被玉帝贬至凡间,帮苗人耕地打耙播种仙谷,而自己只能吃草。苗人得到谷种,牛帮忙把仙谷种下地,到了秋天,仙谷成熟了,从此,苗人吃上了仙谷饭,于是苗人尊神牛为"牛王"。后来,神牛在农历四月初八这天因劳累过度而死去,为了寄托对牛王的哀思,不忘神牛盗谷的功德,每年四月初八苗人都过牛王节,举办各种祭祀活动。

另外,土家族和苗族都有一说的是:认为四月初八是牛王菩萨的生日,所以举办各种祭祀活动,酬谢牛多年来勤勤恳恳为人劳作的艰辛。至今业州指阳桥(地名)和三里中坦(地名)尚有牛王庙遗迹,有的地方还有将老死的牛埋葬的习俗。

二、苗族

(一)概况

在 2010 年中国人口普查中,中国苗族总人口为 9426007 人,人口在少数民族中居第四位。贵州省苗族人在铜仁和松桃苗族自治县分布较多。湖南省苗族人主要分布在湘西北地区,以花垣、凤凰、吉首为中心(包括保靖、古丈、泸溪和贵州松桃这一片聚居区)。湖北省苗族人主要在鄂西南,以利川、来凤、宣恩、咸丰等县最多。四川省苗族人主要分布在涪陵地区,以酉阳、彭水、秀山三个自治县居多,人口约 30 万。川南、川东南的苗族占四川省苗族的 95％以上。武陵山地区是苗族比较集中的地区。

(二)苗语

苗语属于汉藏语系苗瑶语族,有三大方言,即东部(湘西)、中部(黔东)、西部(川黔滇)方言。武陵山地区苗语主要有两个分支,即湘西方言(又名东部方言)和黔东方言(又名中部方言)。

苗语的第三土语,传承人口 3 万人,分布在湘西州保靖县东南部。二是东部次方言,传承人口 5 万多人:第四土语,分布在湘西州泸溪县的小章乡;第五土语,分布在湘西州泸溪县西北部、吉首市东部、古丈县东南部;第六土语,分布在湘西州龙山县南部、永顺县的首车乡。

黔东方言又名"中部方言",传承人口约 200 多万人:一是北部土语(黔东方言标准语基于黔东南州凯里市三棵树镇养蒿村苗语),分布在贵州黔东南苗族侗族自治州的凯里市和黄平、雷山、台江、施秉县等县和黔南布依族苗族自治州的都匀市;二是东部土语,分布在贵州黔东南州的锦屏、黎平、剑河和湖南西南的通道侗族自治县,以锦屏县偶里乡的语音为代表音;三是南部土语,分布在贵州黔东南州的从江、榕江、丹寨等县和广西北部的融水苗族自治县、三江侗族自治县,以融水县红水乡振民村的语音为代表音;四是西部土语,主要分布在黔东南州麻江县龙山乡。

(三)居住

苗族在山区聚族而居,每寨几十户或者几百户。住房形式各地不同,黔东北湘西北、渝东南苗族住房有平房和楼房两种。多数为青瓦屋,少数为石头房和茅草房。青瓦屋板壁用木板,涂桐油。一般为三开间,少数为五开间。正中一间为堂屋,设有神龛祀奉祖先,两端开间分为前、后两间,后为卧室,前为厨房、用餐之所。平房之上有矮楼,作贮藏粮食等用;楼房多为两层,上层住人,下层作关养牲畜等用;在坡度较大的山腰多建杆栏式的"吊脚楼",多为两层,屋顶为双斜面。

(四)节庆习俗

1. 过年

苗年是苗族人民最隆重的传统节日。苗年每年一次,节期三天,也有十天半月的。各地过苗年的日期不甚统一,有的在农历十一月的第一个亥日,有的在九月、十月、十二月的第一个卯日或丑日举行。苗年是苗族传统节日,节前农家除准备甜酒、粑粑、粉面等丰富的副食品外,还要杀鸡宰猪、祭祖、开"财门"、敬"年神",节日早起鸣放鞭炮,山区多用鸟枪在开门时连放三响,认为可以驱邪。

苗年的民俗活动很丰富,主要有祭祀祖先,吹芦笙踩堂,走寨结同年。芦笙踩堂在本寨芦笙堂举行,男吹女踩,男女都参加。先由小芦笙手吹出一阵短促的笙曲,接着大小笙手一起吹奏,姑娘们则穿着百鸟衣,戴着银首饰,银花冠翩翩起舞,银佩饰的脆响和着笙歌,交织成节日动人的旋律。

走寨结同年也是苗年期间重要的民俗活动。每到苗年,寨与寨之间便互为客主,互结同年。全村男女几十人或上百人,带上芦笙,穿上节日盛装,敲锣打鼓到邻村进行联欢活动。进村前以三曲笙歌告知主人,主人则带领全村男女出村迎接。然后在芦笙堂再次吹奏芦笙及踩堂作为进村仪式,主人也以吹芦笙踩堂还礼。礼毕邀客人至各家款待。客人一般住三天,白天吹芦笙踩堂,进行芦笙比赛,晚上演苗戏,未婚青年男女在此期间进行"坐妹"对歌的社交活动,通宵达旦,追寻自己的意中人。

苗年期间,除上述活动外,苗族人民还举行斗牛、斗马、斗鸟、射击、爬竿等传统体育比赛活动。其中以斗牛、斗马最有吸引力,常吸引成千上万的群众前往观看。

2. 三月三苗族情人节(对歌节)

相传古时,在湘西泸溪、古丈、吉首苗寨边界有一片茂密的森林,森林里的土地黝黑而肥沃,森林边的苗族为争夺这块土地长期血流不止。直到一天各地头领谈判后达成协议,不再自相残杀,并且在每年三月三日在梁家潭苗寨台举行对歌,以此庆祝苗族的大团结。

三月三日这天,苗族姑娘都换上节日盛装,年轻的小伙子则口衔木叶成群结队地来到歌场,庆祝春耕播种的同时,大家还在人群中寻找心上人。十里八乡苗族未嫁娶的阿莱(小妹)和阿哥齐聚在一个风景秀丽的小山坡上,身挂数个预示吉祥的红鸡蛋,身着盛装参加歌会。在歌会现场,未婚男女如看中相好的阿莱或是阿哥,便可与其对歌。当有苗族小伙邀请姑娘对歌时,姑娘如果没有接歌,男士则要主动退出,另找别的姑娘;如果姑娘接了歌,则说明姑娘对小伙也情投意合,两人则可以继续对唱情歌。在对歌的时候,女方以唱山歌的形式询问男方的家境、人品及性格,男方也必须以歌声回答女方的提问。会歌完了,如双方同意,女方就要送男方一个绣包,男方便送女方一个红鸡蛋,便相中亲事,然后由男方择吉辰良时托媒提亲。

3. 四月八

"四月八"是古代苗族祭祀先烈的盛典。每逢农历四月初八,苗族人民都要聚集到预定的地点对山歌、跳鼓舞、上刀梯、表演刀枪箭术,以表对先烈的怀念和继承先烈遗志的决心。

在湘西一带,传说远古时,凤凰龙塘河跳花沟每逢四月八日,都要举办盛大歌舞会,苗族男女你唱我和,相伴而舞,自由恋爱。后来有一年,官家派人前来抢亲选美,拆散了对对恋人,糟蹋了许多美貌少女。第二年的"四月八",苗家青年早作准备,在官家派人抢亲时,奋起反抗,杀死了官家兵丁,但遭官府血腥镇压,苗家勇士全部战死。从此后,每年的"四月八",湘西的苗家人民都要举行盛大活动以祭祀四月八殉难的先烈。

在贵州一带的苗族同胞又称"四月八"为"亚努节",传说这个节日起于明代。每逢农历四月初八,苗族同胞要举行吃黑米饭、喝米酒、唱大歌等活动,以纪念、凭吊传说中的古代英雄亚努。相传在很久很久以前,苗族迁徙到黑羊大箐(以前贵阳的另一种称法)以后,常常被当地外族的头领敲诈勒索,逼得苗族百姓家破人亡、妻离子散⋯⋯终于有一天,苗族同胞忍无可忍了,其中有一位鼎鼎有名的苗族大英雄叫古博央鲁(亚努),他带领着众兄弟们坚决与外族进行斗争,在古博央鲁和他的部下祖德龙(亦称耿德龙)等人的带领下,苗族部队把当时的外族打得落花流水,作恶的头领差点一命呜呼。后来,敌人改变了作战方法,用假和谈以求缓兵之计,同时偷偷派人潜入苗兵阵地,把苗兵的作战布防等机密信息盗走;后来趁苗兵没有防备之时则反攻一击。在当年的"四月八"这一天,古博央鲁和祖德龙等苗族英雄就在贵阳喷水池这个地方决战到最后而英勇牺牲。古博央鲁和祖德龙等人牺牲以后,他们的部下向四周分散迁徙。后来,苗族群众为了纪念古博央鲁和祖德龙的英雄事迹,定于每年四月初八日这一天,从四周自发地来到喷水池一带吹笙打鼓,以悲愤的声音进行祭祖。一方面怀念先烈们英勇不屈的大无畏民族精神,另一方面也乞求先烈保佑后代四季平安。年复一年,就形成了一种传统性的民族节日。

此外,在其他一些地方有称"四月八"为"牛王节"的,也有叫"牧童节"或"开秧节"的。每逢这天,人和牛都要吃"牛王巴"或糯米饭,并休息一日,表示对耕牛的慰劳。

4. 赶秋节

每年的"立秋"这一天,苗族人民都要停止农活,身穿节日盛装,邀友结伴,兴高采烈地从四面八方涌向秋场,参加或观看各种文娱活动。赶秋是湘西苗族的大型喜庆节日之一,传统的秋场有吉首县的矮寨场、花垣县的麻栗场、凤凰县的勾良山、泸溪县的潭溪和梁家潭等地。这一天,秋场上人群摩肩接踵,四周山坡,人影晃动,花团锦簇,歌声袅袅,笑语盈盈,十分热闹。

赶秋的由来,有的说是赶"立秋日",有的说是"赶秋千"。相传很久以前,苗寨有个名叫巴贵达惹的青年人,为人正直,英武善射,深受众人仰慕。一天,他外出打猎,见一山鹰从空中掠过,便唾手拉弓,一箭射中了那只山鹰,同时坠下了一只花鞋。这只花鞋,绣工极为精巧,一看就知道是出自聪明美丽的苗家姑娘之手。巴贵达惹决意要找到这只花鞋的主人,在乡亲的帮助下,他设计、制造了一种可以同时坐八个人的风车形秋千,取名"八人秋"。立秋这天,他邀约远近村寨的男女前来打秋千取乐。打秋千本是苗族姑娘最喜爱的活动,巴贵达惹想,那个做花鞋的姑娘一定会来。果然,巴贵达惹的愿望实现了。在秋场上,他找到那只花鞋的美丽的主人——七娘。他俩通过对唱苗歌而建立感情,结成夫妻,生活十分美满。从那之后,人们沿袭此例,一年一度地举行这种活动,择配佳偶,形成"赶秋"盛会。

立秋这天,山山寨寨的苗家人,换上节日的盛装,扶老携幼,邀朋结伴,兴致勃勃地从四面八方涌向秋场,庆祝苗族人民自己传统的节日,秋场上锣鼓喧天,歌声萦绕。赶秋节的主要活动是玩秋千,这种秋千很特殊,俗称"旋秋",其状如水车高约十余米,在轮辐上系着八个或十二个秋千。站在秋千架上的人,用手推动它旋转。姑娘和小伙子总愿停在顶上,愉快地亮亮歌喉以博得众人的喝彩,赢得异性的爱慕。除了打秋千外,还有苗族鼓舞、狮子舞、龙灯舞、蚌壳舞、上刀梯、歌台赛歌等民族传统活动,让人目不暇接,热闹非常。青年男女喜欢利用"赶秋节"物色情侣,歌郎歌娘成双结队,跑到秋场最边缘,大展歌喉,互吐衷情。

5. 吃新节

南方许多民族都过"吃新节",没有规定日期。按照习惯,在收获的季节里,找一块稻谷长势最好的田,大家就在这里欢庆"吃新节"。武陵山地区苗族把吃新节也叫"新禾节",还有一个传说。相传很久以前,人间没有谷子,只有天上告呼(雷公)掌管的谷子国有谷子,人们只好打猎为生。为了得到谷种,苗族的老祖先告劳拿了九千九百九十九种珍禽异兽到谷子国换了九斗九升九碗谷种,放在仓库里,等来年开春播种。可是有一天晚上,胳膊很长很长的阿乌友不小心将天灯打翻,恰恰掉落到木板仓顶上,仓库起火,火越烧越大,谷种在仓里哭喊连天,最后乘着烟飞上了天,跑回了告呼家。告劳去找告呼,请他劝回谷种,可是告呼硬说谷种没上天。没办法,告劳又和告呼商量,再拿九千九百九十九种珍禽异兽去换回谷种,嘴巴磨破了九层皮,嗓子说干了九坛水,告呼死活不答应。告劳想了九天九夜,终于想出了一条计策:等谷子成熟的时候,派一只狗到稻田里打几个滚,让谷子沾在狗毛上带回来。古历七月十三日早上,狗要出发了,告劳又交代:要取谷子秆有五尺高、谷穗有五寸长的谷种。但因狗走得太急,到南大门时,不小心绊了一跤,把告劳交代的话记颠倒了,结果跑到只有五寸长的稻田里,赶忙打了几个滚就往回跑。计策被告呼识破了,当狗走到天桥时,告呼早派了九十九个彪壮的武士把守桥头,他们把狗打落到天河里,以为天河又宽又深,狗只有死路一条。可他们万万没想到,狗落入天河后赶紧把尾巴翘得高高的露出水面,费了九牛二虎的力气,游过天河回来了,尾巴上还沾有九粒谷种。告劳有了谷种,赶紧犁田撒种,到了古历六月六日这天,秧尖上抽出了一串狗尾巴一样的谷穗,一个月后,金闪闪的谷穗成熟了。古历七月十三日,告劳这天摘了九升谷子,煮了一大锅香喷喷的白米饭,先舀了三大碗给狗吃了,然后自己才尝新。剩下的谷种,年年播种,使人们都吃上了白米饭。为了记住取谷种的日子,将七月十三日定为吃新节,一直传下来。

三、侗族

(一)概况

侗族是中华民族少数民族之一,历史悠久,来源于古"百越"族系,由秦汉时期西瓯中的一支发展而来。我国的侗族主要分布在贵州、湖南、湖北等地区,而贵州的侗族主要分布在黔东南苗族侗族自治州的黎平、同仁等地区,湖南的侗族主要分布在新晃侗族自治县、会同县、通道侗族自治县、芷江侗族自治县、靖州苗族侗族自治县,湖北的侗族主要分布在恩施土家族苗族自治州等地。

根据 2010 年第六次全国人口普查统计,侗族人口总数为 290 万,贵州的侗族有 143.24 万人,占全国侗族人口的 55.01%。

(二)侗语

侗语属汉藏语系,壮侗语族,侗水语支。武陵山地区侗语传承主要分布在贵州省和湖南省的多个县。分南、北两个方言,以贵州锦屏县南部侗、苗、汉族杂居区为分界线。南部方言:贵州的黎平、榕江、锦屏(启蒙)、从江、镇远,湖南的通道,广西的龙胜、三江、融水等县。北部方言:贵州的天柱、三穗、剑河、锦屏(大同),湖南的新晃、靖州等县。贵州的黎平县侗族人口约36 万人,是使用侗语人数最多的地区。

(三)居住

侗族聚族而居,寨内人烟稠密,一般数十户,多至数百户。房屋廊檐相接,鳞次栉比。通道、靖州侗族喜楼居,房屋多是干栏式木楼。一般分为三层,高约六米,全用卯榫嵌合。新晃、芷江侗族多住木质结构的两层长方形开口屋。

(四)节庆习俗

侗族节日以春节、社日以及农历三月三(侗王节)、四月八(乌饭节)、五月五(祖婆节)、六月六、七月十五(放生节)、八月十五(淹牛节)、祖宗节等较为隆重。花炮节是侗族人最热闹的节日。

第三节　武陵山地区的礼俗文化

一、土家族礼俗文化

(一)婚姻礼俗

千百年来,一代又一代的土家祖先唱情歌、拜大年、打镏子、坐花轿、拜祖宗、入洞房,演绎了无数动人的爱情故事,形成了富有情趣的婚姻习俗。

婚姻形式有姑表婚、姨表婚、转房婚、填房婚、招郎婚、交换婚、搭伙婚等。土家人喜开单向"姑表婚",姑舅表兄弟姊妹之间有优先婚配的权利。中华人民共和国成立以来,由于科学发展,土家族人从近亲结婚的不良后果中吸取了教训,姑表婚仅存在于偏远农村地区,姨表之间优先婚配,与姑表之间无异,俗称"瓜藤亲""扁担亲"。这种"姨表婚"世代相传,连续不断。土家人有"弟配兄嫂、兄纳弟妻"的"转房(坐床)婚"习俗,俗称"收继婚"。在阶级社会里,女子出嫁后被认为是夫家财产。因此,寡妇须留夫家转房。兄亡以后,弟娶嫂为妻,叫"弟坐兄床";也有"兄坐弟床"的,如果弟弟不幸死了,留下的弟媳也被兄长收为妻室。如果寡妇与夫弟或夫哥关系较好、感情较深,双方自愿结为夫妻,既可节省大笔费用,又对养育子女有利,故有"肥水不流外人田"之说。还有"填房婚"习俗,如果妻子死了,妻妹或者堂妹可以续嫁姐夫。妻兄弟婚和夫姊妹婚是原始社会群婚制的一种残余。土家地区曾有原始社会"普那路亚婚残余"。"普那路亚"意即"亲密的同伴",是恩格斯在《家庭、私有制和国家的起源》一书中记述的"族外群婚",这种婚姻在土家历史发展过程中留下了痕迹。土家语称谓中,对伯父、姑父、舅父、岳父都称"卡客",对伯母、姑母、舅母、岳母都称"麻妈",对兄、堂兄、妻兄、表兄都称"阿可",对弟、堂弟、妻弟、表弟都称"阿矮",对姐、堂姐、妻姐、表姐都称"阿大",对妹、堂妹、妻妹、表妹都称"安矮"。这些相同称谓表明土家人曾有血缘婚。"对偶婚"是向单偶婚的过渡环节,一男一女结为配偶,居住在女方家。"入赘婚"一直存在于土家地区,而且还有发展下去的趋势。过去,土家青年家里太穷,不得已入赘。结婚时女家宴请宾客,宣布正式结婚,丈夫家庭地位较低,大权操于女方。家里重活主要由招郎的丈夫完成,农村流传一句俗话:"吃得四两姜,当得上门郎。"现在有些男子真心真意入赘女家,有的情郎是为进入城镇。婚后,男女双方地位平等,与一般婚姻已无太大差别。土家人中还有"交换婚",即有的父母用自己女儿与别人家里交换,为自己儿子换娶妻子;对方也是一样,也用自己的女儿为其子换妻。

(二)诞生礼俗

人生四大礼仪包括诞生礼和成年礼等仪式,是社会民俗的重要部分。人的出生是人生的开始,所以土家族人十分重视为婴儿举办"诞生礼"仪式,形成了土家族特有的少年礼。诞生礼是人生的开端礼,是人生礼俗的重大仪式。但因产妇的生理特性以及婴儿出生的某些禁忌,诞生礼仅仅在极小范围举行,既为产妇驱邪,又为婴儿祝吉。土家族人生儿育女的仪式分为有喜、分娩、踩生、报喜、三朝、看月、满月、百日、周岁(又叫抓周)等。

(三)丧葬礼俗

土家族的丧葬礼俗奇特。远古时期,土家祖先以洞穴葬、悬棺葬、船棺葬、火葬为主。土司时期,永顺、龙山等地土家人的丧礼较为简朴。富有之家老人亡故,请土老司举行丧礼。堂屋神龛顶上揭开几块瓦开天窗,谓之"天门"。堂屋正中搭一座台子,谓之"哈哈台"。清洗遗体后,即穿寿衣。尸体平卧在"哈哈台"上。土老司祭祀亡人时,手摇铜铃、司刀,念念有词。土老司唱丧歌,嘱咐子女为人之道。顿时,哭唱哀号,炮响连天,牛角呜呜,铜铃哐啷。丧礼毕,将遗体置于棺木埋葬。

"改土归流"至民国时期,土家人丧礼由道士主持,土老司仅"送亡人"而已。老人逝世,丧家请来道士主持丧礼,择日安葬。停尸三、五、七天为"丧礼日"。安葬前一天为"大葬日",宰牛、宰羊祭祀亡人。停葬期间,子女披麻戴孝,跟随道士叩头行丧礼,请人唱孝歌、跳丧舞,哀悼亡人。亲戚朋友前来祭奠,吊唁亡人。一般人家举行下柳床、入殓、开路、荐亡、交牲、上熟、散花解结、辞灵、送葬、安葬、葬后事等程序。

中华人民共和国成立后,道士、土老司停止活动,以开追悼会、唱丧歌代替丧礼。20世纪80年代以来,请道士举行丧礼之事在农村时有发生。老人善终以后,请土老司办丧礼,做法事,后由道士主持丧葬仪式。土家族人操办丧事的程序有亡人入殓、举办丧礼、送葬、安葬等,并且唱丧歌、跳丧舞。现在,土家老人死后,要为死者梳洗,再穿"寿衣寿鞋"。举行丧礼的灵堂设在自家堂屋,把棺材摆在堂屋正中两条长凳之上,头朝神龛,棺材脚下点青油灯。在灵堂大门上贴"当大事"三个字。延请道士做道场、念开路词、唱丧歌、打丧鼓、跳丧舞,停柩几天。打夜锣鼓时,鼓手击鼓领唱,众人相和。掌鼓师主持祭祀、击鼓、收鼓,丧歌也由他主持,歌词有"歌头""开场歌""交歌""收场歌"。

(四)祝寿礼俗

尊老爱老是土家族的道德规范,表现在为老人"祝寿"(又称做生)的人生礼仪上。多数土家族人只做"花甲寿""古稀寿",人活到80岁,被誉为"老寿星"。俗话说:"生不接,年不请。"因此,祝寿都由发起人邀请。某位老人满六十岁、七十岁或者八十岁,亲戚朋友上门祝寿,所带寿礼为十来个鸡蛋或三五斤猪肉。有送辣椒、南瓜、烟叶的,也有送三升玉米、两升大米的。寿诞设筵招待来客,故有"赚钱的祝米赔钱的生"之说。寿诞礼俗有套仪规,先设寿堂,缀寿字,摆寿桃,点寿烛,中堂挂寿幕和寿匾,张灯结彩。生日那天,寿堂正中摆一把寿椅,下铺红毯。司仪主持仪式,寿星老人坐在寿椅之上,儿媳上堂筛蛋,亲友、晚辈上寿。平辈只有一揖,子侄则为三拜。拜毕,行升寿匾礼。升寿匾后开席。宴后,贵宾留下,夜看"堂戏"。多年来,以"邀戏""献匾""献杖"几种礼俗较为多见。遇上哪家老人过生日,寨里长者会一家一家地邀约,凑钱凑米为老人点戏,也叫"邀戏"。戏班进寨,分别安排,张家包几人吃住,李家包几人吃住,不会临阵慌乱。所点戏剧内容多以喜庆为主,如《杨令婆挂帅》等常被列入剧目。把寿星安排在戏场中间座位,身旁摆方桌,放茶水、水果。女儿、女婿、孙女、孙婿等晚辈在送衣帽的同时,须"献匾"。送寿匾时要组织队伍,锣鼓、鞭炮、唢呐齐鸣。寿匾进屋,恭恭敬敬地挂在堂屋神龛上面,举行升匾仪式,颂唱升匾贺词,贺词要以匾上所刻为中心内容。"献杖"就是奉送拐杖。拜寿礼毕,接着献杖。献杖之人以孙辈为主,所献之杖多以"龙头杖""弥勒杖""如来杖"等恭祝长寿意境的为好。

(五)日常礼俗

土家族是注重礼仪的民族,具有讲礼貌的优良传统。武陵山地区自古以来为土家祖先繁衍生息之地,是土家文化与汉族文化交流的通道。土家礼俗源于《周礼》《仪礼》和《礼记》,以儒家文化为主流,兼有道家、佛家学说。日常生活礼仪是土家族人在社会交往活动中共同遵守的行为规范和准则。

土家族人注重"社交礼仪",既热情大方,又纯朴真诚。土家族人讲究请客、待客和做客之道。土家族人知礼好客,每逢农历四月八牛王节、端午节、六月六、七月半吃新节和中秋节等节庆,就要当面邀请客人或送书贴、请柬,故有"四月八四月八,吃酒吃肉想亲家"和"七月半工夫闲,接来麻妈(土家语,汉语意为姑娘)吃新粮"的民谣。土家族人出门做客,除拜年祝福外,一般不带礼物。但是,讲究服饰等仪容仪表。到主人家赴喜庆宴得喊"请送恭喜"。主人待客,热情周到,尊老爱幼。每逢红白喜事,主人安排2至4名男女接客生在大门外右边接待客人,让客从左边进入大门,并送客人至中堂。客人坐左边,主人坐右边。客人落座以后,立即给客人沏土家族"三道茶":先为绿茶,次为蜂蜜鸡蛋茶,再次为红糖炒米茶。若在新年或在春天,要给客人泡碗团馓或烧几个糍粑。若在夏天,就给客人一碗甜酒,以解暑渴。进餐菜肴一般以腊猪肉为主。请客就餐,主人起身,在右边引路。走到席前,主人后退几步,先请客人就座。客人坐在背靠神龛的上方,主人坐在下方。先给长者敬酒敬菜,再给小孩夹爱吃的菜。土家敬酒喜喝双杯,酒杯满酌;客人未干杯,主人不干杯。赈酒之日,筵席置于正堂屋中,三桌呈"品"字形。礼生邀请外公、外婆、舅父、舅母坐在靠正堂屋神龛的"上席"。席上摆着炒菜、蒸笼肉和干鱼等具有土家风味的"十大碗菜"。客人或主人谁先吃完,都要对还在吃饭的人说声"慢吃",然后放下碗筷。饭后,小辈给客人端来洗脸水,请客人洗手洗脸。客人要离开时,还要送到门口或送土特产给客人。客人作辞,应说"多谢"。待人接物,彬彬有礼。熟人相遇,互相称呼,互致问候,互相作揖。对老者称公公、婆婆,对青少年称"阿可"(土家语,汉语意为哥哥)"阿达"(土家语,汉语意为姐姐),若在早晨,要说声"您早"。若在平时,问声"您好"。土家族人尊师重贤,尊人为上。从前,小孩在私塾读书。讲课之前,学生先给老师敬鞠躬礼。讲课完毕,再给老师鞠躬。在路上碰上老师,一定要问声"破嘎岔"(土家语句子,汉语意为老师好!)并向老师鞠躬或者拱手作揖。每逢节日,给老师拜节,送腊肉、鸡肉、粽子、面条等节日礼物。学生升学以后,举办谢师宴,或去拜谢恩师。徒弟向师傅行磕头作揖礼。这些礼仪至今尚存。

土家族人"祭祀礼仪"种类有祭天地、祭先农坛(即五谷庙)、祭城隍庙、祭孔圣、祭关公、祭文昌宫、祭毛菩萨、祭真武祠、祭杨泗将军、祭八部大王、祭祖宗、祭土王、祭猎神等。仪式共同点有五:一是行跪拜礼,献香、帛、爵。二是献牛、猪、羊、鸡及果品、食品、五谷、茶叶等祭物。盛装祭品的是木、竹、铜三类器皿。木架牲,铜盛菜肴,竹装谷、枣、果。地点在祭坛或者祭堂举行。届时,鼓乐齐鸣,鞭炮竞发。三是宣读祭文或祭语。四是每行仪式之前,洗手薰臭,保持祭品清洁。五是肃穆。大型祭祀活动规模大,人员多。跳摆手舞前,先由梯玛主持祭祀仪式,祭祀人跪下左腿,齐唱《梯玛神歌》。歌毕,将所奉团馓等供品呈于神案。请猎神仪式非常庄重,土家猎神"张五郎"是用花椒树苑雕成的木偶,两脚朝天,供在家里。在出猎之前,要祭祀"赶仗"猎神张五郎。其做法是焚香念词,请神问卦:"奉请猎神张五郎,万岁赶肉公公,千岁赶肉婆婆,遇公吃公,遇母吃母,指头打头,指脚打脚。"接着,猎手部署赶仗事宜。

土家族人"狩猎礼仪"奇特。俗话说:"猎不离山。"安神、请神、赶山、开山、扫山、扫影、封山、谢神等狩猎仪式都要求神。

二、苗族礼俗文化

(一)婚姻礼俗

苗族古代婚姻曾经历过血缘婚、普那路亚婚、对偶婚和一夫一妻制等形态。宋代,武陵山地区苗族婚娶由当事人完成,父母不加干预。有些地方仍然保留"转房""填房"和"姑舅表婚"等习俗。苗族婚姻在姓氏上有限制,同姓不婚,只要不是同宗共祖,就可通婚。苗族婚姻缔结有自主婚姻、父母包办两种形式。但以自主婚姻为主,通过社交和相互谈情说爱来确定。自由社交活动在节日、"赶边边场"过程中进行,形式是几个青年小伙同几个姑娘以歌对答或者互相交谈,沟通感情。赶场回来的路上,男青年尾追在集上观察已久的目标,向苗族姑娘"讨糖"或者"讨葱"。双方情投意合后才定终身大事、互相交换定情信物。再由男方告知家长,央请媒人到女方家里说合。包办婚姻是由男方父母央媒向女方父母说合,如当事人已成年,征求本人意见;如未成年,全由家长做主。有的虽可自由选择,但没父母认可,婚姻难以缔结。苗族建立婚姻关系的恋爱方式有游方、踩月亮、指手、草标、咬手定情、搓耳表情、丝筒传情、走三步路等。

苗族婚姻程序为提亲、订婚、择日、举行结婚仪式。媒人提亲、说合之后,举行订婚礼式,由男家父母请礼郎、总管、歌师携带礼品前往女家举行。婚姻聘礼各地不一,数量悬殊。婚前,男家要举行"送亲酒",礼物是糯米粑、油、盐、茶、酒、糖、猪肉等。结婚"正日",新娘用歌声向父母辞行。然后,新娘步行到夫家,不行拜堂礼。新娘迈左脚跨过新郎房屋门槛以后,在火炉旁边坐下。稍息,由合师主持新郎、新娘喝"合欢酒"、吃"合欢肉"。但是,湘西北流行坐轿。宣恩县新娘到夫家时,须从侧门进入洞房,并由陪伴的未婚姑娘端盘请新郎、新娘喝"交杯酒",表示同心合意。新婚之夜,新郎新娘不能同宿。新郎要为宾客倒茶装烟,新娘要与陪伴的姑娘叙旧话别。婚后,新娘有住夫家或暂住娘家两种情况。湖南、湖北部分苗族中,新娘出嫁以后长住夫家。其他地区多是结婚后次日,新娘即回娘家。每逢节日、农忙季节或当夫家有婚丧、喜庆之时,才去住一段时间。如此数年以后,才长住夫家。

苗族实行一夫一妻制家庭,但中华人民共和国成立前也有少数丈夫多妻,其原因主要是女方久婚不育或有女无子。男方在原配妻子同意的情况下,另娶年轻的女子。这种情况,苗族社会舆论是同情的,并不违反道德。在家庭中,夫妻地位基本平等,凡是重大事件的处理和较大财产的变动以及子女的婚事等都是互相商量的。子女的血统从父,世系依父系计算,家庭财产按父系继承。苗族有父子连名制,子名在前,父名在后。平时只呼本名,不连父名。

(二)诞生礼俗

1. 出生前

怀孕,俗称"有喜"。这期间内,孕妇不能见兔子,更不能吃兔肉,否则生下的孩子会裂嘴唇;也不能吃生姜,防止小孩长六指;孕妇房中的物件不可随意搬动,以防流产早产。如果孕妇喜吃酸食,可判定是男孩,喜吃辛辣,便是女孩,胎儿偏左为男的象征,偏右是女孩的象征;胎在腹上部是男孩,在下部是女孩,胎形圆而紧是男孩,松而散是女孩。

踩生:婴儿一出生,父亲便在神龛前燃香点烛,以告祖宗家中又添新口;屋外燃放一挂鞭炮,告诉乡邻又一生命降生此家,燃后做父亲的便在堂屋正中摆三杯米酒,迎接"踩生"的人到来。"踩生"就是婴儿出生后第一个到婴儿家中的人(包括其他动物),不管是谁踩生,都要喝下这三杯酒,使他心中知道自己当了"踩生"人。这孩子长大后其性格、脾气、命运都与"踩生"者相似。所以,踩生人还会受到家人的热情款待。如果是狗踩生,说明这孩子会健壮如狗,一生少有疾病;若是猫踩生,孩子会像猫一样惹人喜爱。

2. 出生后

洗三朝:婴儿出生第三天称"洗三朝"。这天,婴儿的祖母或伯母要帮忙把婴儿用药水洗澡,药水是紫苏、艾叶、荆芥等中草药熬成的。洗净后,若是男孩,其父则抱一只公鸡到娘舅家去报喜,娘舅家则还一只母鸡,寓意下胎生个女孩。如是女婴,则抱一只母鸡去舅家报喜,娘舅家还一只公鸡,寓意下胎生个男孩。这只鸡不能杀,一直要喂到小孩满周岁以后,才可处理。

打三朝:娘舅家得喜讯后,即择吉日到婴儿家"打三朝",又称"看月婆"。如是头胎,娘舅家要为婴儿准备衣、帽、裙、袜各四套及小棉被、新摇篮、玩具等作为贺礼。"看月婆"的人全是妇女,一般由十多人至三十多人组成。娘舅家还要准备数量可观的活鸡、鲜蛋、猪肉、糖果等营养品及布料,以示娘家人的富有和对婴儿的关心,婴儿的父亲则要热情款待两三天。

满月:婴儿出生一个月,必须请村里有威望的老人给他剃头发,又称"剃胎头"。剃头时,必须将婴儿的眉毛剃干净,否则,他长大后会六亲不认。满月后,婴儿母子可到外婆家去走亲,出门时,母亲要在婴儿的额头上用锅底灰画一个黑色十字架,以避邪气。从外婆家回来后,有的还要给婴儿寄名,寄拜给别姓人,称为认"干爹"。有的寄给"踩生人",有的寄给庙里的菩萨,路边的古树,洞中的怪石,取名为"贱生"(健生)、"杠保"、"岩保"等。不管寄拜给谁,都要由受寄拜的人将所取的名字用红纸写上,并注明"长命富贵"等佳句。寄拜给菩萨和古树怪石的,由主人自己写好贴在庙壁或树上、石上,然后杀鸡、烧纸、摆上三牲祭祀。

满周岁:婴儿出生一年叫满周岁。外婆家要带厚礼来祝贺,父母要摆酒待客。主人为了预测小孩将来的志向,还在桌上堆放笔、算盘、手枪、锄头等物,让小孩自行去抓。如果抓上笔,说明将来会成文人;抓着算盘,即是商家;抓枪者则从军;抓锄则务农。大人亦可根据此举培养小孩。

开荤:小孩一岁内不能吃荤。要通过专门的仪式开荤。开荤时,要选一个有名望的人作为小孩的开荤人。举办"开荤"仪式的人,抱着小孩用筷子在宴席上的肉、鱼、鸡、酒等食物上各点一下,每点一道菜都要将筷子头送往小孩嘴边,让他舔一下,并且边点边说:"鸡鱼天天有,荤菜不离口,豆腐当小菜,餐餐有好酒。"开荤完毕,开荤人将席上每道荤菜夹一点放入碗中,将小儿连同碗筷一起交给其母亲,说一番恭维话,以示祝福。

除上述习俗之外,还有养孩栽树的习俗,不论是生男生女,其父在婴儿下地时,要在屋前后栽树十棵。还有在小孩七岁读书前,将小孩全身脱光,置于烂泥田中,让小孩从田的一头走向另一头,跌倒了,要他自己爬起再走,尽管小孩跌个嘴啃泥,满身污,父母也不管他,以此来预测小孩今后的勇气与毅力。

(三)丧葬礼俗

各地苗族成年人死亡后举办丧葬仪式的形式和过程渐趋一致,有报丧、停尸吊唁和送葬三个步骤。

临终:老人弥留之际,子女都要在侧,表示"孝道";咽气以后烧"落气纸",为死者浴身,穿寿衣、寿鞋。

入殓:小殓完毕,进行大殓入棺,将亡者搬入棺中。不密闭棺盖,以便吊唁亲友随时瞻仰。

守灵、开路:停尸期间,家属轮流守灵,还唱丧歌。出丧的前一天,请苗族巫师"开路"、绕棺。

出枢:以一只公鸡为死者"带路"。由年龄最大的家庭成员在前"引路"。抬枢之人跟着孝男朝坟地而去。

埋葬:卜地而葬,或者直接埋在集体坟山。埋葬之时,亲戚朋友紧跟其后掩土成坟。

(四)祝寿礼俗

苗族老年人过生日,叫祝寿,也称之为"整生酒"。成年人一般在五十岁以后开始办寿。举办大寿庆典的规矩是"男办进,女办出",即男子在 69、79、89、99 岁时整酒祝寿进行寿庆;而女子则在满 60、70、80、90 周岁时举办。大寿需举行仪式,祝寿人一般采取"传盆"的方式送礼。"传盆"需做寿鞋、寿衣,有的专门用锦缎绣制寿桃或拜寿的图案的条幅,与其他礼物一起用茶盆盛装。祝寿那天,殷实人家多设寿堂,中堂悬挂寿幕,当中缀上大的"寿"字。神龛前置放大桌一张,上边摆放着蜡台两个,并插上一对大红烛,日夜点亮着。桌中央摆放大寿桃(一般用馒头等食品制作而成,上色并用绿叶点缀,十分逼真)。中堂摆放一把虎皮交椅,地面铺上红毡。寿匾、寿幛和祝寿文张挂在中堂的两侧。

祝寿礼式,设有拜跪、浣洗、薰臭、肴馔、果品、祝版、歌诗等仪式,礼生四至八名,带领寿星之子绕堂并到各所行祝寿之礼,对祖先进行叩拜。相传只有得到祖先的保佑方可长命百岁,所以要祭奠祖先。祝寿在形式上与告祖、家奠礼基本相同,都有"上东阶"、"下西阶",都有路词和赞词,但是内容不同,设所也有所不同,寿星不能被礼生带着上下阶到各所去拜跪,便由其子代替,称之为"菜子",这是借用二十四孝之一的老莱子之名。

仪式结束后,寿星坐上寿椅,由家人进寿冠、寿袍、寿鞋,在一片喜乐声中穿戴好,儿媳上堂筛蛋、筛茶。茶毕,"菜子"与媳妇三拜九叩,然后是孙子、侄子及族人亲戚,先内后外,依次拜寿。拜完后由礼生唱读来宾们进献的祝寿文。完毕后寿星退位,"菜子"上堂,行升寿匾礼。这也是有礼生主持,"菜子"在堂前献香、献帛、献爵,并三拜九叩,俯伏。礼生念读匾文,并赞之。赞毕礼成,"菜子"退位,此时堂下金鼓齐鸣,奏乐鸣炮,升匾。升匾后开席吃寿饭。吃完寿饭后,一般客人便可以散去,贵宾得留下夜观"堂戏",堂中桌上摆满好吃佳肴糕点,供贵宾一边看戏一边进食。祝寿"堂戏"只能是贵宾观看,一般人不能看,否则会受到鄙视。有民谚是这样说的:"养儿不志气,长大看堂戏。"

三、侗族礼俗文化

(一)婚姻礼俗

一般由青年男女自由恋爱,双方父母同意后,喝鸡血酒定情。婚时迎亲、送亲,新娘随带雨伞,步行到男家,男方设宴款待前来祝贺的亲朋、邻里,大家饮酒对歌。新婚之夜,新娘不入洞房,陪同寨子里讨花带的后生们唱歌,直到次日黎明。

(二)诞生礼俗

在侗族,女子出嫁时无任何嫁妆,须待头胎孩子出生后,娘家才借贺喜之机将本家族送的大笔款子粮食汇集送去,称之"解关"。活动在每年岁终的最后一天举行,各家所出数目造册存底,日后以原方式奉还。因其款额很大,可以置田买山,以备女儿的子女渡过生活难关,故称之"解关"。当天,岳父母把各种儿童银饰、童装、青布及钱粮搭配成担,由晚辈几十人送至夫家,到达大门口时先放炮报喜,又由领队交递清册请对方过目。喜宴前还要举行"解关"仪式:先把外祖父母所送衣饰给新生儿穿戴好,由其父抱着走过铺着青布的喜凳后,再将婴儿递给身旁几位女眷,传至母亲手中,意在祝婴儿健康聪明。然后女婿又按岳父母所开的入会人（出钱粮者）名单，把客人全部请来吃"解关饭"，以示谢意。

(三)丧葬礼俗

老人死后，由子女向母舅家报丧，用木板将尸体移至堂屋，请寨里老人洗尸，穿寿衣三五套不等。停枢三五天举行开吊，与死者同辈的人都来唱挽歌。亲友送酸鱼、烛纸等作祭品。母舅家吊唁时，孝子在门外摆香案跪接；来宾吊唁时，孝子号啕大哭，表示悲哀。

第三章 武陵山地区的
民间工艺美术

　　武陵山地区的民间工艺美术是中国民间工艺美术的重要组成部分,具有独特的民族地域文化特色。本章通过对武陵山地区的特色工艺美术的介绍,展现武陵山地区民族民间工艺美术特色,揭示其独特性,促进地方文化产业的传承与发展。

第一节 土家织锦西兰卡普

一、西兰卡普的渊源

　　土家织锦已有两千多年的历史,曾获清代"机好精干,千赤百华"之美誉。与苗锦、侗锦、瑶锦并称四大锦,是我国南方民间最具特色的织造工艺。西兰卡普在图案、织技、色彩、造型、美学和实用性、广泛性、群众性上,是大家公认的织锦佼佼者。

　　西兰卡普,是土家语称谓。"西兰"是铺盖(被子),"卡普"是花的意思,早期通称"打花铺盖"或"土花铺盖",后来凡是土家族手工织锦都称为西兰卡普。土家族织锦工匠称自己干的活儿叫"织花"或"打花"。同时,"西兰卡普"也指自织自染的土花布,以区别于后来汉人进入土家族聚居区所销售的"洋花布"。"洋花布"大多是用化学染料和电动铁制机器生产的花布。西兰卡普织锦是指用本地的木料为主体、竹为辅料制造的木织机,以自种棉、麻及自栽桑养蚕制成的自纺纱为原材料,以植物、矿物颜料为染料,将自染的棉、麻、丝线手工挑织而成的纺织品。

　　西兰卡普历史悠久,秦汉时称为"賨布""賨布"。《后汉书·南蛮传》中记载:"秦昭王使白起伐楚,略取蛮夷,始置黔中郡。汉兴,改为武陵。"许慎在《说文解字》称:"賨,南郡蛮夷賨布也。""賨,南蛮赋也。"由此可看出,土家族先民在当时要交"賨布"(赋税),此后,西兰卡普成为土家族先民向历代中央封建王朝和统治者进贡的"贡品"。北宋时，把定居在"五溪"之一的酉溪（今沅江支流酉水），即湖北来凤，湖南龙山、保靖、永顺，重庆酉阳、秀山等县靠近酉水河畔的一些土家族先民称为"溪洞蛮"，因此，朝廷把他们织的布叫"溪布"或重庆"溪洞布"，直到明清时仍称"峒布""兰干细布""斑布"和"土锦"。西兰卡普是"溪布"最上乘的织锦，它是在"布"的基础上加织许多彩色的线作为纬线，形成想要编织的各种纹样，变成了织锦。

木有本，水有源，"木本水源"的理念是人类灵魂里永恒的寻根主题，也是土家族服饰设计、制造的主题。现代土家族服饰有三个重要特征：一是差异性，西兰卡普广泛使用在土家族服饰上，其他民族没有此锦；二是功能性，土家族服饰不同的样式具有不同的形象和功能；三是实用性，土家族人爱穿、常穿、简便、习惯，这是土家族服饰的传承发展的基础。近几年来，武陵山土家族地区各县（市）开展的文化艺术节和各种喜庆活动，在土家族人的服饰上注重西兰卡普用料，这是土家族服饰一大特色。可以这样讲，服饰上有真材实料的西兰卡普才称得上土家族服饰。重庆酉阳、湘西龙山和鄂西来凤等县在土家族服饰上，既保留传统本色，又不断发展、创新，充分运用西兰卡普装点服饰，展现着土家族的形象美和心灵美，给武陵山地区土家族服饰的走向带了个好头，并经常将土家族服饰展现在盛大集会、节庆和日常活动中。

土家服饰的类别有三种，一是常装（日常穿用），二是戏装（舞台表演时穿用，亦称舞台装），三是盛装（特殊人物在特殊场所上穿用，如节目主持人、独唱演员等在重大联谊、外事活动、婚庆等场合穿用）。作为恩施土家族苗族自治州早期三家民族服装定点生产厂家之一的来凤县土家织锦村，在打造土家族服饰上，遵循"木本水源"理念，在常装、戏装、盛装等土家族服饰上保留和发展了土家族服饰特色，深受人们喜爱，生产的一些服饰还被国内有关科研单位收藏。织锦村除传统样式上有个性外，主要用手工织的西兰卡普做辅料或主料，使土家族服饰更具"本""源"特色。

二、西兰卡普蕴涵的民俗文化

处于自给自足的自然经济状况下的土家织锦可以在上千年的历史发展中伴随着民族的生存而形成统一的程式与风格化的艺术表现，这其中包含着丰富的民俗内涵和哲理。一般说来，地貌、气候与地理环境是影响一个民族内在心理结构的根源。地理环境不仅很大程度上决定了一个民族特有的生产、生活方式，而且也影响到他们最初世界观的形成。古老的土家先民世代围绕高山大川而居,注定必然选择原始狩猎、刀耕火种的生产方式,亦造就了土家人特有的图腾崇拜、宗教信仰。这些图腾崇拜,在土家族长期封闭落后的历史中得到了完好的保存,它既是土家人的世界观,又是土家族民俗生活的重要内容,在物质生活相当贫乏的环境中,土家织锦成为了承载湘西土家人精神生活、民俗内涵和民俗文化的一种载体。土家织锦既是物质的存在又是精神的存在,民族风尚和习俗是其内在的精神支柱,而其品种的传承发展则是以实际生活中的实用和实惠为前提的,织锦体现了实用性、艺术性和手工性的完美结合。古代的土锦斑布除了作为租赋、纳贡品之外,在民间主要应用于被面盖衾和小孩用的窝窝被边缘装饰,同时亦是姑娘定情、陪嫁之物以及民俗活动跳摆手舞时的披甲和祭祀时堂前的壁挂。在这些实际生活的应用中,土家织锦不仅寄托着土家人对生活的美好希望,同时也传递着本民族特有的民族风俗而形成的民族精神,是增强民族凝聚力的一个重要纽带。

　　传统土家织锦的纹饰颇具渊源。它记录了不少古老的民间传说,比如有代表性的单八勾、双八勾,全由勾纹组合,在土家民俗中相传林中的藤勾与生命的搏动有关;勾纹是万字纹的分解与重构,其含义正如传统纹样的雷纹、云纹是代表太阳与光明一样;更有意思的是土家姑娘在山歌中唱道:"四十八勾织得好,勾勾钩住郎的心。"土家人巧妙地运用一正一反的勾纹,在它们之间的转换中形成了规范的形式语言。如"台台花"纹是用于窝窝盖(土家语,小孩的被盖)边缘的装饰纹。以虎头组成的条状锦纹,纹样中既有虎的威风,又有孩童的天真。它是土家族特有的白虎崇拜民俗观念的体现。白虎、青龙、朱雀、玄武在汉代被视为四个神灵,有安定四方的作用。土家人的白虎崇拜沿袭至今,在小孩背笼最上面还用镶有"台台花"的条状锦纹装饰。在现知的120余种纹样中,用于被盖的仅有"台台花"一种。这一特殊现象与其纹饰当中蕴含的土家特有的民俗意识相关。

　　织锦是土家人的生活实用物品,但同时在制造的过程中也凝聚了土家人祈福纳吉、向往幸福和平安的心声。织锦的内涵文化是土家民族长期积淀的结果。在漫长的民俗文化沉淀中,西兰卡普渗透着土家民族特有的、纯粹的文化精髓,富含丰富的民俗意蕴。

(一)吉祥的符号

　　在土家织锦中,寓意吉祥的文化与其他民间艺术一样,可以说每一块织锦都是赞颂及传达衷心至诚的祈求和心愿的佳作,是传达祈福的内涵和表示热烈美好祝福的记载。如:凤鸟纹(图3-1),也称凤凰纹,主体纹样是回首飞翔的凤凰,在大面积的黑底色中点缀着繁如星斗的吉祥"万"字,整个凤凰用横向的条纹装饰得五彩缤纷,富于变化,一派富丽、吉祥多姿的景象。九朵梅图案(图 3-2),用连万字边为结构,以红色为主调来示意吉祥和喜庆。在所有的织锦中,两档头都有平织的万字、寿字格或猴子手纹,作为祝福祈祷的符号、象征永恒的意义,成为世代相传的吉祥饰物,是用来传承民间对美好生活的希望和理想精神寄托的最好的佐证。

图 3-1　凤鸟纹

图 3-2　九朵梅

(二)传情的信物

织锦源于人们最基本的生产生活方式,其反映的题材还包括对爱情忠贞专一的歌颂及对子孙繁衍的重视,这些也是民间艺术反映的母题。土家人始终把"生"与"爱"作为自己讴歌的对象,传统土家织锦的纹饰记录了不少古老的民间传说,充当男女相思相恋的爱情信物。土家姑娘出嫁时一定要陪嫁土家织锦。姑娘在出嫁前要织出约 10～20 块之多的被面,而纺织的最后一块织锦是姑娘的贴身饰物,编织得极为认真,那上面凝结了土家姑娘的全部心血,编织的是姑娘心目中的图画。婚后若丈夫外出,还要用这块织锦为丈夫包裹衣物,意思就是让自己亲手编织的土家织锦随时随地陪伴身边,既有妻子的挂念,又有妻子的柔情。土家织锦不仅织进了土家人对生活和爱情的炽热追求,而且表现出一种超脱的精神世界。在这五彩斑斓的织锦中传递出土家民族特有的民族风俗和生活文化。

(三)宗教的神力

在土家族的民俗祭祀活动中,土家织锦还成为沟通人神、人鬼的重要纽带。在土家人的祭祀中,或将织锦被挂于堂前,或直接成为跳摆手舞的披甲装扮,它们是仪式的重要组成部分。从某种意义上说,是这些织锦、舞蹈,使人变成"巫",得到一种强大自身的神力。因为这些织锦的内容、纹饰描绘了土家先民的辛勤劳作,大多关联着土家人的神仙传说与图腾信仰。"万物有灵观"是原始人类的生命本体论,也是原始人类的灵魂存在观。其典型的思维方式,在于把生命或生命的属性赋予无生命的对象,并且又以一种"以己度物"的类比思维认识到一切事物都具有与人相似的生命现象。正是由于生命的运动及生命的生死现象的相同性、相似性和较为稳定的恒常重复出现,而使人认为,人与自然之间、植物与动物之间都可以相互作用,彼此转化。这就是"原始的生命一体化"的观念。

祭祀庆典主要是表现人类对主宰自己的命运、对于主宰自然界各种现象的超自然力所表示的尊重、崇敬和惧怕。土家祭祀显然也未游离于这个规律之外。如"社巴""赶年"的习俗,就是他们崇拜祖先、信仰诸神的时节,而摆手堂是年会最热闹的地方,摆手堂在土家地区很普遍,每村必有,摆手堂有大有小,旁边立有土庙以供奉土王或土家族先祖八大王神。其主要的神祇有家先神;生产生活神(山神、猎神、土地神);疾病神(傩神、白虎神)等,这类宗教信仰具有原始形态。在民俗祭祀活动中,织锦成为沟通人神、人鬼的重要纽带。他们常常通过图腾崇拜和巫术仪式来达到人神间的互渗,通过图腾让自己归属于一个强有力的形象,成为图腾的一部分,获得超强的信心和神的力量。土家织锦被挂于摆手堂前,或直接成为跳摆手舞的披甲,织锦成为仪式的重要组成部分。有词记载:"福石城中锦作窝,土王祠畔水生波,红灯万盏人千迭,一片缠绵摆手歌。"可见织锦和摆手舞的情景之壮观。从某种意义上说,是这些织锦、舞蹈及其他装饰,使人变成了"巫",得到了一种强大自身的神力。因为这些织锦的内容、纹饰描绘了土家先民的辛勤劳作,多关联着土家人的神仙传说与图腾信仰,可达到驱邪避灾、镇凶纳吉、却阴护阳的功效,这亦是土家织锦文化生生不息的缘故之一。因而土家织锦既是物质的又是精神的存在,民族风尚和民间习俗是土家锦物传承文化内在的精神支柱,而品种的传承发展则是以实际生活中的实用和实惠为前提的。对于西兰卡普文化的再认识,将使土家织锦在历史发展中,不仅是一个新的传承点,而且更应是通过对其图案和色彩的学习来启迪现代设计的创新系统。

三、西兰卡普的功能及应用

(一)西兰卡普的功能

西兰卡普是我国武陵山地区优秀的传统文化之一,它在漫长的历史演变和社会变革中,顽强生存,流传于世。它在土家族的生存和发展中,充分显现着奇特的功能,在推动民族经济发展的过程中扮演了重要的角色。它具有重要的经济功能、政治功能、文化功能和社会功能。

1. 经济功能

西兰卡普作为一种产业,它最直接的功能当然是经济功能。西兰卡普是一种民族文化产业,它和其他民族文化产业一样,是现代经济利润的增长点。实践证明,民族经济的迅速发展,促进了民族文化产业的迅速发展;而民族文化产业的迅速发展,也为民族经济的发展提供一种新的、强大的动力。近10年来,我国的武陵山土家族聚居地区已有10家左右的土家织锦厂(坊)(主要在酉水流域),数十家土家织锦专卖点或销售点,每年数万件西兰卡普上市,部分进入国际市场,成交额在千万元以上,比起20世纪六七十年代前的自产自用,这无疑是一个飞跃。酉水流域的西兰卡普为土家族地区的民族经济发展做出了贡献。

2. 政治功能

西兰卡普作为文化产业的组成部分,它和其他文化产业一样,具有显性或隐性的价值倾向和政治意义,因此也承担着一定的政治功能。发展西兰卡普可提供公众就业机会,减轻就业压力,带动相关产业发展,促进社会团结与稳定,增强民族认同感,从而实现土家织锦产业的政治功能。土家族是我国 56 个兄弟民族中的一员,在中华民族大家庭中,土家族以西兰卡普为代表的工艺美术品在国内外久负盛名。土家族自治地区的不少机关、团体、学校、厂矿、商店、宾馆、酒楼等的室内装饰、户外广告、节庆布展、媒体传播以及外事活动等,都是以西兰卡普为"标志"树立自我形象,展示自我风采,提高自我地位。1989 年,时任国务院总理李鹏用西兰卡普香袋作为国礼赠送给来华访问的美国总统布什及夫人,它成为中美友好的象征,充分体现了西兰卡普的政治功能。

3. 文化功能

西兰卡普的文化功能主要体现为对传统文化的保存与弘扬。通过西兰卡普产业的发展,使濒临灭绝的西兰卡普得以延续,使西兰卡普这一优秀的传统文化得以发扬。近几年来,以西兰卡普为内容的电视、电影、戏剧、歌舞、新闻、诗词、文章、广告、绘画等文化产品方兴未艾。如湖北民族歌舞团的大型土家风情歌舞剧《毕兹卡》、来凤县南剧团的大型南戏《西兰卡普》,把西兰卡普的文化功能展现得淋漓尽致。

西兰卡普的文化功能还表现在对传统文化的传承与创新上。武陵山各州、县(市)举办的艺术节、旅游节、庆祝活动、演唱会和各种展销活动,如恩施土家族苗族自治州成立 30 周年庆典、湘西土家族苗族自治州成立 50 周年庆典、酉阳·中国土家摆手舞欢乐文化节、黔江·中国武陵山民族文化节、来凤·中国土家摆手舞文化旅游节等,主会场及各表演场所均是用西兰卡普装饰,演职人员穿的也是用西兰卡普做的服饰,土家族织锦女现场织西兰卡普,商店卖的是西兰卡普,歌舞演员唱的、跳的是西兰卡普,州里的几家报纸、电视台开辟专栏宣传西兰卡普,人们被灿烂的西兰卡普文化所陶醉,西兰卡普的文化功能使节日和活动变得更加丰富多彩,更具土家族文化特色。近几年来,不少具有土家族文化特色的景区、宾馆、酒楼、农家乐、建筑物、博物馆等,以西兰卡普实物装饰其间,这样不仅美化环境,而且使土家族文化气氛更加浓厚,发挥了"文化搭台,经济和文化同唱戏"的功能。

4. 社会功能

实践证明,广大消费者在越过温饱线进入小康生活后,对物质的消费需求会有一部分转移到对文化产品和文化消费上来。社会越是发展,人们越是更多地关注文化上、精神上、心理上的需求。西兰卡普满足了人们的精神、心理及文化的需求。一幅幅、一件件精美的西兰卡普进入社会,进入家庭,满足了用物者的物质和精神上的需要,在客观上具有启迪和教育的作用。近几年来,我们生产的西兰卡普可以说是"应有尽有,各取所需"。不管是"山水风光""土家风情"等现代图案,还是古香古色的传统图案;不管是生活用品,还是壁挂装饰用品;不管是土家族衣服,还是围巾、披肩、香袋、挎包、帽、鞋,均能起到社会教育的功能。

(二)西兰卡普的运用

西兰卡普最早的用途是作为土家族人睡觉盖的被子,西兰卡普译成汉语最早的意思是"土花被盖"或"打花铺盖",就是俗称的"花铺盖"。土家织锦做"花铺盖"指的是做被子的面单,不包含被子的包单。近几十年来,土家织锦在传承发展的基础上正处于发展创新阶段,因此,土家织锦的用途远远不是狭义"花铺盖"所能涵盖的,而是运用到生活的方方面面,因此,现在所指的西兰卡普,就是土家族传统手工织锦,也就是说,凡是土家织锦都叫西兰卡普。

随着社会的发展,市场需求的增加和人们价值观的多元取向,西兰卡普也逐步具有了产业价值、就业价值、市场价值、文化价值和收藏价值。西兰卡普走向了多品种、多用途、多形式、多功能的市场化和产业化,也就是我们常说的:市场需要什么,我们生产什么;客户要做什么,我们能做什么。西兰卡普现在除被广泛用于服饰外,还用在床品、用具、包装、建筑、广告、装饰等方面。

1. 床上用品

古时的西兰卡普以被面为主,现在除被面外,还用作床罩、被套、床单、枕套、枕巾、靠背、抱枕、床檐、帐檐等。如今,酉水流域的部分土家族闺女出嫁仍保留着用西兰卡普做嫁妆的习俗,城市的一些新郎新娘也把购置一套西兰卡普床上用品当成时尚。

2. 服饰

西兰卡普在服饰的运用上,除保留着传统、古朴、淡雅的风格之外,也在艳丽、美观、大方、时尚上不断发展创新。西兰卡普用在衣、裤、裙、帕、帽、鞋以及披肩、围巾、腰带等方面,不再是点缀。现在,用西兰卡普做的服饰,特别是衣、裤、裙,多数已规范化,能从服饰上体现出土家族人的风采。土家族服饰已逐渐走向专业化、产业化、市场化。

3. 用具

西兰卡普在日常生活中的运用很广泛,诸如沙发垫、汽车坐垫、家电遮盖物、地毯、家具装饰、椅套(垫)、杯垫以及各种提包、挎包、背包、香袋、钱包、电脑包、手机袋等。凡是生活用具均可用西兰卡普制作。

4. 装饰

近几十年来,西兰卡普逐渐走进装饰领域,成为美化生活环境,彰显土家族文明进步,提高土家族楼寓居室档次,铭刻土家族传统文化印记等独一无二的美好画面。如现代图案类的大型壁画《土家摆手舞》《土家女儿会》《土家月明》《月是故乡明》《土家风光》《土家风情》等和"四十八勾花""岩蔷花"等传统图案已用作楼、堂、店、园、馆、所、院、厅等室内外的壁画,成为迎客、聚会、娱乐、议事场所最具土家族特色的装饰物品。

5. 包装

西兰卡普用于包装可以分成两类:一是用西兰卡普实物对其他物体进行外包装;二是运用西兰卡普图案对物体进行包装。西兰卡普运用于物体包装,可以使被包装物件更具民族特色,不仅美观、独特,而且更显名贵。近几年来,武陵山地区生产的土特产品,如茶叶、酒品、食品、服饰、用具、书刊以及西兰卡普本身均采用西兰卡普实物或图案进行包装,给旅游、礼品等市场带来生机。

6. 建筑

西兰卡普用于建筑古今有之。从出土的文物和现在的建筑来看,运用西兰卡普图案较多,主要表现在木雕、石雕上,广泛用于窗花、门饰、墙面、石礅、檐面、牌匾、碑刻等,使土家族建筑更具民族属性,以表达土家族人对美好生活环境和自然生态之美的追求。近几年来,随着土家族民居改造和新农村建设,城市修建,文化场所设立,旅游景点改造,接待环境优化等兴起,西兰卡普对建筑的美化作用尤显重要。

7. 其他

随着经济的市场化、多元化发展和舆论宣传的发展,广告宣传越来越重要和普及。因此,把西兰卡普用于广告制作已成风气。土家族地区城乡的户外广告、电视宣传片的画面、特定场所布置用西兰卡普图案的很多。

在土家族自身的传统节庆活动和土家族地区的节庆日中,西兰卡普运用普遍,从场面布置、人们的服饰、活动内容到纪念品、商品等方面,西兰卡普其物、其画不可缺少,更添土家族节日特色。

由于西兰卡普民族属性强,能宣扬土家族的民族精神,在许多方面运用西兰卡普更能体现土家族的特色。

第二节　酉阳土家族阳戏

阳戏面具,是阳戏的重要载体和表演道具,融合了民俗文化特征、风土人情等,凝结了群众的智慧结晶。阳戏,又称"脸壳戏",分布于我国重庆市酉阳县小河镇、铜鼓乡车坝村等地,起源于殷商时期。民间每逢婚丧嫁娶,皆会请戏班到家中表演阳戏。阳戏无论是声腔或是道具,均广为世人所称赞,以面具为例,根据人物性格的不同,其在造型、表情、色彩等方面均有较大区别,可以说是阳戏的灵魂所在,且对于我国面具文化的传承以及创新具有深远的历史意义。

一、土家族阳戏面具的起源与特征

被称为"戏剧活化石"的重庆酉阳土家阳戏发展至今,沉淀了多种文化元素,包括中原文化、楚文化、巴文化、土家文化,同时也融释、道、儒和民间信仰于一体,又有弥勒教、无为教、摩尼教等宗教的流传轨迹和影响。在文化大融合背景下,酉阳土家面具阳戏自身也得到了传承以及发展。针对阳戏面具文化进行深入研究,对于我国传统文化的生存以及发展而言,在一定程度上起到不容忽视的作用。现如今,时代已然推演为"物质至上",传统文化面临着生存困境。随着人们对于传统文化意识的觉醒,越来越多的人逐渐将眼光从现代艺术转向传统艺术,酉阳土家面具阳戏也得到了新的发展生机。

(一)阳戏面具的发展起源

阳戏,是一种流行于中国西南各省的地方戏剧种,那里主要分布着汉族、土家族、苗族、侗族、白族、壮族等多个少数民族,受着传统先民的影响,有着大量巴、楚、湘、黔文化的余韵,以重庆、湖南、贵州、湖北等省市主要的农村地区为主。中国少数民族所拥有的灿烂文化和以踩堂戏、傩堂戏为代表的其他地方剧种,给阳戏以特别的艺术滋养,使得阳戏在西南大地得到了蓬勃的发展。其中,秀山土家族阳戏已被列为"国家非物质文化遗产名录"。

阳戏的具体形成大约在清嘉庆年间,起源主要有两种,一是阳春期间种田农民,长期在农村演出,故称之为"阳戏"。另一种是与为娱乐鬼神而演的傩戏相对,用于在庭前扎台演出,目的在于娱人,故称之为"阳戏"。

阳戏经过漫长的发展过程,并受到民间花灯、傩戏、辰河戏等艺术形式的影响,形成了阳戏独特的表演特点。

1. 充满生活和乡土气息

由于阳戏曲目和题材大多反映了农村民间生活,因此表演艺术上充满了浓郁的生活气息和乡土气息,地方特色非常鲜明。在表演方法上,主要取自民间歌舞的姿态动作和语言,结合花灯、扇子、手巾等表演道具。在表演内容上,多来自劳动人民的生活、劳动的艺术提炼,如捡田螺、舞板凳龙等,形式朴实生动,极富地方特色。

2. 班组具有临时性

阳戏的班组源自民间,主要活跃在山间农田,演出活动多与农作物丰收时间相关,具有季节性,多在农闲时进行表演,祈求风调雨顺、丰富娱乐生活,班组演员也大多为临时组合,演出场地主要是草台、祠堂、庙台、堂屋等。

(二)阳戏面具的审美特征

阳戏面具,是阳戏演出中的重要的道具之一,它的形象创作多以阳戏剧目为主要创作题材,注重人物性格的刻画,通常做工精致。

1. 造型夸张

阳戏面具因为多以戏曲演绎为主,为了塑造人物形象,通常表情夸张,根据不同的剧目特点,面具角色可分为正神、凶神、丑角面具、鬼畜等几大类。正神通常正直善良,大义凛然;其他类型的面具则多为凶悍、夸张、怪异、龇牙咧嘴,甚至凶神恶煞,具有一种神秘的威力和粗犷奔放之美。

元朝王冕在《猕猴》中提到:"猕猴本兽属……敛丑著面具,向人舞郭郎",猕猴本为野兽,却可通过佩戴面具,向过路者表演"郭郎",借此获得梨子、枣子等,虽是形容猕猴,却也反映出面具造型的审美趣味;古人对面具的关注点往往放在其与使用者之间的关联性,例如宋代释道生的《赞密庵禅师》中的"狼毒肝肠,生铁面具";释绍昙的《偈颂一百零四首》中的"活衲僧,生铁铸。吐出铁心肝,挂起铁面具";释祖钦的《智坦西堂请》中的"生铁面具,不近人情"等。通过面具材质、造型等,给予人无限想象力①。

　　不可否认,重庆酉阳土家阳戏面具的造型极具想象力,解读起来十分有趣。相关研究者发现,阳戏面具在制作初期使用材料通常为柳木、白杨木等,之后才逐渐加入绢布或纸张,通过层层堆叠,使材料产生立体感、凹凸感,最后再对初具面部起伏轮廓的材料进行相应细部雕刻,使整体造型更加立体、精细。阳戏面具是重庆酉阳土家阳戏主要的艺术表现形式之一,阳戏中所使用的面具通常与使用者的角色以及使用目的有关(图 3-3),既有相貌堂堂的英雄人物,也有丑陋滑稽的神怪,包括昊天至尊金阙玉皇上帝、盖天古佛伏魔关圣帝君、庞氏夫人、护法菩萨等,甚至还有秦叔宝、尉迟恭等。通过不同的面具造型,观影者可了解到扮演者的身份,以及面具背后该人物的实际心理②。

图 3-3　阳戏面具

　　如图 3-3 中第一副面具为判官,作为神明,其造型也保持了凶悍威严的形象。众人皆未见过判官,然而通过观看酉阳土家阳戏,从其面具造型上得到直观体验,能深入了解该角色的历史形象以及真实性格;中间红脸面具为典型的关云长形象,长眉凤目、威武阳刚,关公在土家族群体意识中早已超越了神的存在,成为驱邪避恶的符号化象征,被土家人常年供奉;第三副面具为官员形象,五官端正,给人以正直的第一印象。因而可以说,酉阳土家阳戏面具造型设计古朴厚重、粗犷凝练,能夸张又鲜活地表现戏剧角色的性格特征,具有强烈的民俗特色和乡土气息,是原生态面具造型设计的典范之一。

　　① 王慧,马健. 土家族民间丧葬绘画之虎图腾文化内涵[J]. 装饰,2017(7).
　　② 蓝凡. 天人合一:中华面具艺术的哲学阐释[J]. 民族艺术研究,2017(3).

2.色彩之韵

在夸张的造型基础上,酉阳土家阳戏面具另一个不可或缺的元素为色彩。我国国粹京剧中,也经常使用类似面具的元素——脸谱。每个脸谱可通过颜色对角色进行划分,例如正义之士脸谱颜色多为红色,奸诈小人脸谱颜色多为白色,而一点上,阳戏面具与京剧中的脸谱在色彩上的运用不谋而合。阳戏面具大多数也以红色、橙色等暖色调为主,没有京剧脸谱设色那么细腻,稍微点缀黑色、饱满的绿色或灰色,构成了面具整体色彩搭配。且经常利用其他颜色鲜亮、浓烈的纯色颜料,对面具的细节加以点缀雕刻,使整件面具更具勾魂摄魄、夺人眼球的审美韵味,充满浓郁的地方风情。

阳戏面具的色彩通常比较鲜明亮丽,创作者通常通过色彩的夸张对比,来凸显人物的性格特征。正面人物的面具颜色多以红色、白色为主,搭配红、黄等明亮颜色,彰显公正和正义。反面角色则多青面獠牙,采用绿色、青色、黑色等深重颜色,眼球突起、面目狰狞。

3.空间张力

面具是一种典型的艺术具象化道具,在酉阳土家阳戏中,表演者利用面具,在充分展示了自身角色个人魅力的基础上,进一步给予观影者想象空间。当然,酉阳土家阳戏中也不乏同一角色具有多个表演面具的情况。根据其所处不同环境、不同心理状态以及在该部戏中所扮演的不同角色,演员也将正确选择面具。在舞台之上,阳戏面具实现了从角色表演瞬间,到该角色对观影者乃至整个酉阳土家阳戏文化的永恒性影响,面具强大的空间张力也为酉阳土家阳戏提供了较大的扩展空间①。

二、酉阳土家阳戏面具的文化基因

(一)原始社会土家族本源文化

酉阳土家阳戏面具的变迁也是酉阳土家族文化的变迁,其面具中所蕴含的文化基因十分丰富,其可追溯到原始社会中土家族的本源文化。历史上经常将酉阳称为"蛮夷之地",尽管地理环境严峻,然而酉阳山灵水秀,而且物产较为丰富。《酉阳直隶州总志》中曾对酉阳进行过这样的描述:"二酉

---

① 杨磊.传统阳戏面具造型与审美的研究[D].长沙:湖南师范大学,2017.

之山劳嵲嵯峨,二酉之水清冷扬波。灵秀翕聚,名不能穷"①。一方山水养一方人,该地理特征也因此成为原始社会中土家族人民自信心以及表现力之来源。同时,正因本族人民对图腾以及自然的崇拜,进而促使阳戏面具中盘古、伏羲等神话人物形象的出现。表演者佩戴面具,使戏中世俗人物与鬼神同时"在场",超越物理时间和空间的界限,和神灵沟通对话,将心灵深处对自然神秘力量的膜拜通过形象化与视觉化的方式表现出来,宣泄无法言表的冲动和欲求,以求得心灵的慰藉和困境的改善。这种表达方式体现了阳戏面具文化早期的"娱神"功能,是其本源文化基因的沉淀。

(二)历史迁移引发文化大融合

相关学者在对重庆酉阳土家阳戏文化进行研究时发现,其在发展进程中存在多种文化融合的现象,尤其体现在阳戏面具角色变迁上。从历史的角度来看,酉阳地处武陵山地区,为渝、湘、鄂、黔的交界之地,且地处偏远,因而自身本源文化的发展面临着严峻的生存境地。而随着时代的推演,历史上文化大规模迁移对其本源文化产生一定的冲击。早期阳戏面具在造型上多选择了恶鬼、神明等,随着人民逐渐接受外来文化,中央集权的发展促使我国文化统一,因而酉阳土家阳戏面具也开始加入新的角色,例如权臣、帝王等,而这种发展的背后离不开文化融合等历史因素的影响②。盖山林先生在《中国面具》的序中写道:"面具是科学不发达、生产力低下社会的产物……随着社会的发展和进步,人类的感知能力和认识水平随之提高,人们不再笃信隐藏在自然物和社会现象背后的神秘力量了,于是,面具也就由娱神的工具,而成为自娱的工具或赏心悦目的艺术品"③。文化的融合造就了经济的繁荣、知识的丰富,面具文化此时不再为神服务,而成为土家人表达情感、乐趣生活的一种社交活动和独特的生活方式。

(三)从图腾崇拜到宗教信仰

酉阳土家阳戏文化面具文化最初来源于土家族的图腾崇拜,而这种崇拜现象也是历史上人类意识的一种曲折性反应。一方面,原始社会的人民大多相信"万物有灵",对于自身无法掌控的自然力量则抱有一种盲目的恐惧或是崇拜心理。从最初的祈祷献祭、巫术,到最后具象化的宗教仪式,面具成为土家宗教信仰服务的物化载体和古老祭祀活动的重要道具,通过这

---

① 彭兆荣. 面具之"声"——艺术人类学的原理关涉[J]. 民族艺术,2016(4).
② 李妃德. 试论原始巫术面具艺术[J]. 企业导报,2016(7).
③ 盖山林. 中国面具[M]. 北京:北京图书馆出版社,1999.

种祭祀活动,人们可以短暂消除人们对鬼神和自然的恐惧心理,实现对自我生命保护本能及生活重压下压力的释放,获得内心的平静和安全感。久而久之,祭祀活动成为一种地方习俗,每逢重要节庆,村子里都要举行阳戏祭祀活动,人们对阳戏中的神性人物叩头许愿或还愿,这些形象逐渐被固化为精神偶像的符号,酉阳土家阳戏面具也经历了图腾崇拜到宗教信仰的变迁。在文化多元化发展的推动下,其面具的造型、色彩甚至材料等均发生改变。例如,古人相信桃木可以驱邪避凶、逢凶化吉,因而后期的阳具面具中存在以桃木制作的情况。

另一方面,由于古人未形成科学分析问题的能力及意识,大多数族群的管理者希望通过佩戴与神明造型相同的面具,实现与神明的交流,因而不难想见,阳戏面具的造型愈发趋向非唯美的符号化,具有独特的审美情趣和装饰风格,成为民族审美、民间美术传播和戏剧文化的重要载体,它凝聚了土家族社会结构、政治观念、意识形态、生活观念、历史发展等诸多方面的文化内涵,是民族文化基因和文化智慧的体现。

三、土家阳戏面具的市场现状与应用

(一)中国传统节日文创产品的市场分析

"文创产业"是近年来的流行热词,随着全球化经济不断发展,以创造力为核心的新兴产业,有着巨大的发展潜力,是国家重要的软实力。中国历史文化悠久,拥有着丰富的文化资源,在政府大力推进的现今,更是进入了发展的关键时期。越来越多的企业投入文化创意产业中,越来越多的文创产品应运而生,这也就意味着中国传统节日文创产品拥有着巨大的发展潜力和市场前景。

中国传统节庆经过几千年的发展,不断推陈出新,并随着互联网的不断发展,烙上了很多新的印记。以中国一个重要的节庆端午节为例,端午节的传统多为吃粽子、挂艾叶、赛龙舟,千年来历久弥新。在充分保护端午节传统习俗的基础上,2017年和2018年故宫牵手稻香村,在传统的粽子上大做文章,推出了一款"风和角粽香"礼盒粽。礼盒粽子主要是用"大枣""黄米""紫米"这些原材料制成,与故宫风格红黄相间的风格很符合。除了传统粽子之外,故宫还结合端午节喝雄黄酒的习俗,推出了具有"五毒"造型的"五毒小饼",分别为蛇、蜈蚣、蝎子、壁虎和蟾蜍,把端午文创着实玩了一把新颖,发生了一场奇妙的化学反应,激发了文创热度。

故宫的端午节案例只是众多案例之一,故宫博物馆原本高冷严肃的形象通过一系列的文创改造,成为一个活灵活现的超级IP,并且充分利用各个节庆,衍生出一个个网红爆款,不仅让文创圈子火起来,也让中国传统文化找到了全新的切入点,变得更加生动和与时俱进。

除了故宫,很多商家和品牌也纷纷投入到传统节庆衍生品的创作之中,传统的元宵节,是通过简单的灯笼造型、蜡烛照明进行。如今,借助现代的声、光、电技术和手段,3D影像、全息影像等多种造型和展现形式的灯造型层出不穷,让人眼花缭乱,这就是传统节庆与现代的结合。将传统的节庆习俗和现代人们的生活方式相结合,也是文创产品的另一出路。又如,北海公园文创商店推出了"二十四节气"主题手机壳,将北海公园的景点和中国传统二十四节气相结合,应用于手机壳、明信片、魔方等文创产品,得到了游客的广泛欢迎和喜爱。

(二)土家族阳戏面具的市场现状分析

土家族阳戏的发展历史悠久,被称为我国戏剧的活化石,面具作为阳戏的重要道具,随着阳戏作为我国非物质文化遗产受到国家的重视和保护之后,阳戏面具也慢慢走进人们的视野,得到了在戏剧之外的应用和发展,开始走进博物馆,走进电影和电视剧中,给观众们带来原生态的美感和历史文化的全新体验。

在张艺谋的《千里走单骑》电影中,演员背插靠旗,面罩黑纱,头戴关公的面具,手执大刀,举手投足间,把关羽的勇猛威风的英雄形象展现得淋漓尽致,也让传统古老的阳戏走进荧屏,走进更多观众的视野,加深了影片的文化底蕴和内涵,提升了影片的寓意。尽管阳戏面具已经在一些影视作品中有所呈现和延伸,但是仍然面临着较多的发展瓶颈。

1. 民间戏班数量的锐减

中国历史悠久,经过了时代的变迁起起伏伏,在文化的传播过程中,由于人们的文化保护意识淡薄,对文化继承缺乏保护的观念,同时由于传统戏剧的剧目和表演形式较为古板,缺乏吸引力,导致愿意学习和继承阳戏的年轻人越来越少,戏班数量锐减。

2. 阳戏传统剧目的失传

经过了多年的发展,阳戏在传播过程中随着时间的推移一点点地流失和消逝,再加上缺乏完整系统的保护措施,许多地方阳戏剧目正在渐渐失传。

3. 阳戏表演机会的匮乏

随着现代科技的发展,越来越多的新游戏、新内容吸引着大家的目光和注意,同时由于外来文化的流入,西方文化所带来的衍生品也在影响着人们的日常生活。这就导致传统戏剧在市场的占有份额越来越少,因此演出机会也就随之越来越匮乏。

(三)土家族阳戏面具文创产品的市场应用

面具是阳戏表演的重要道具载体和灵魂。随着社会的快速发展,阳戏的娱乐功能不断被强化,最初的娱神功能不断被弱化,现在更多的功能在于娱人,来丰富人们的精神生活。传统的阳戏面具较多以鬼神形象为主,面目狰狞,衍生到现在的文创市场,可以将其狰狞的面孔进行适当地弱化,将他的形象进行抽象化和视觉化,更加凸显出强烈的个性化特点和民族地域特色。

阳戏面具所具有的独特的造型和颜色,应被充分利用。结合当下在年轻群体中较为流行的游戏造型和动漫造型,打造出具有时代特色的面具衍生物,将能很好地弘扬面具的特色,传承和发扬传统文化。

阳戏面具的形象,是土家族自形成以来的社会结构、心理结构、意识形态等方面的审美聚合,具有独特的象征性和深刻的社会性作为重要的载体,将阳戏面具的设计结合面具背后所蕴含的历史、文化、艺术、民俗、心理等多方面的内涵,应用于现代人生活的更多场景中,不仅能够让大家更加广泛和深入地接触和了解阳戏和阳戏面具,将这一独特的文化民俗传承下去,又能够便利人们的生活,让人们的生活用品更加丰富多彩。

在网络文化的推动下,面具文化得以进一步丰富。如图3-4所示,笔者在指导学生设计阳戏面具时,鼓励其在网上搜集大量的材料,无论是阳戏文化材料,或是其他戏剧中面具的设计材料等,均给予了学生重要参考。

图3-4　《晶彩流年》——阳戏文化玻璃彩绘工艺品设计

图3-4中,受西方漫画文化影响,学生在设计过程中,以动漫角色的人物造型为参考,尝试融入了"朋克"和哥特式元素,在面具面部花纹变形上极

尽夸张;运用多种几何造型堆叠,尤其是眼部等细节采用"烟熏妆",犹如浓妆艳抹的哥特少女;一扫阳戏面具沉重、狰狞的感觉,给人一种呆萌、可爱的时尚感,带有一种幻想性和超现实性,从某种意义上而言,面具可视为人在现实生活中的第三张脸,这种超现实性的装饰设计可营造一种轻松、减压的环境,满足人们的猎奇心理,让人们在快节奏的生活中找到自然放松的愉悦感。

第三节 民族服饰

一、苗族服饰

苗族是我国一个极为古老的民族。在几千年的历史发展中,苗族人生命不息、奋斗不止,创造了极为灿烂的民族文化为悠久灿烂的中华文明增添了极为耀眼的光辉。

(一)苗族服饰类型

苗族服饰主要可以分为湘西、黔东、黔中南和川黔滇四种类型。

(1)湘西型服饰。主要流行于湖南湘西州及松桃、铜仁一带的苗族人民中,由于长期与汉族交往,受汉文化影响深,因而服饰也受汉文化影响较大,妇女已经不穿裙子,改穿无领大襟上衣和长裤,头帕盘于头顶呈圆筒形。

(2)黔东型服饰。该款式的服饰主要流行于黔东南。女性服饰以交领上衣和百褶裙为主,上衣绣满纹样,纹样图案以各种龙、凤、鸟、鱼及花卉为主;百褶裙长短不一,长者到膝盖及以下,短者甚至不足 20 厘米,头饰主要为银饰制成的牛角、项圈,样式繁多。

(3)川黔滇型服饰。主要流行于四川、贵州、云南等使用西部方言的苗族地区。女性服饰上衣主要为麻布衣,下装主要为蜡染工艺制成的花裙。该类服饰总的来说色调较浅,纹样不多,少用银饰进行装束。

(4)黔中南型服饰。它流行于贵州黔中、黔南部以及黔、桂、滇交界处的苗族地区。女性服饰以挑花为主,色彩艳丽,图案多样,上装通常缀有"背牌",也被称为"贯首服",下穿百褶裙。

(二)苗族男女服饰

女子服饰五彩斑斓,一般是上着短衣,中间掩襟、大襟或是前两片分开,露出同色绣花内衣。下着短裙或长裙,亦有着长裤者。全身服装遍布图案,以黑色为底色,上面再以刺绣、挑花、蜡染、编织等不同手法,做出令人眼花缭乱的各种颜色、各种题材、各种形式的装饰效果。而且讲究佩戴银饰,其银凤冠常选用"喜鹊登梅""丹凤朝阳"等吉祥题材,做工极其精致。胸前有大型等银饰银项圈并银锁,项圈与银锁上还垂下长短不同的银质珠穗,普遍佩戴手镯、耳环。如遇节日,苗族姑娘的盛装有四五十种。如花溪姑娘,由头帕、上衣、围腰、腰带、背肩搭、裙子、裹腿、鞋、银饰等组成的一套服装,以粉红色为基调,以挑花工艺著称的,仅为其中一种。苗族姑娘头上常梳髻,高高盘于头上,再以各种银梳、绢花、头簪、垂珠等为饰,也有的以银铸成双角状头饰,高高竖在头上,或是将头发缠上黑布和黑线,脚下一般穿木底草编鞋。

男子服装主要为对襟上衣、长裤,有时外罩背心,或着彩绣胸衣。其包头巾两头均抽穗或绣以彩线图案。脚蹬草鞋、布鞋或赤足,如扎裹腿时,亦在腿带上绣花(图3-5)。

图 3-5　苗族服饰

(三)服饰纹样类型

苗族服饰中的纹样丰富多样,按类型来分,可主要分为植物纹样、动物纹样以及几何纹样。纹样的主要类型都是来源于苗族人生活中的所见、所感以及世代流传的古老传说。而其中一些纹样在流传过程中,已逐渐形成了固定的模式,尤其是花苗中一些古老的纹样,是每个挑花者都必须掌握的纹样。

1. 植物纹样

众所周知,人的生存都是基于一定的自然环境,同样一个族群的发展也必须依赖于一定自然环境所提供必需的物质条件。人类生存的衣食住行,都是取材于自然环境,因而物质环境对一个民族的发展产生着非常重要的影响,在不同的历史条件下它起着推动或阻碍的作用。因此,植物纹样是苗族纹样的重要组成部分。

(1)桃花。桃花是植物纹样中出现频率最高的纹样之一,也是挑花者最喜欢挑绣的纹样之一,几乎每一套服饰中都有桃花的纹样。由于它的花朵较小,所以通常被运用在飘带、袖口、围腰等地方。

(2)刺梨。刺梨纹样同样也是最常见的几种纹样之一。它通常是被运用在背牌或围腰上。和桃花一样,刺梨在山坡上随处可见。每到秋天,刺梨树上总是结满了刺梨果实,刺梨果实呈椭圆形,外皮表面布满了细细的刺,把它掰开,里边装满了籽,人们必须把籽挖掉,然后才吃外皮。

在花苗人的观念中,人与自然都是同等的生命。刺梨多籽,而且生命力强。他们认为多籽的刺梨可以帮助人繁衍子孙,刺梨具有赐子繁衍的神圣功能。花苗女性在自己服饰的挑花绣片中绣上刺梨,求的就是促进繁衍。

(3)八角花。八角花同样是植物纹样中经常出现的纹样。八角花,顾名思义,就是有八个角的花,它通常被运用在背牌、围腰等地方。和桃花纹样比较,八角花的构图比较宽大的,有时甚至整个背牌或者围腰的纹样就是由一个大型的八角花图案构成,除了四角点缀一些其他几何图案外。

(4)荷花。荷花纹样在花苗服饰中很常见,荷花在花溪非常普遍,花溪著名的景点花溪公园里边就有一个非常大的荷花池。在花溪的小池塘、田间也都能看到人们种植的荷花。和其他花朵相比,荷叶和荷花都较大。因而,荷花纹样通常主要是被挑绣在围裙上。

2. 动物纹样

和植物纹样一样,动物纹样也是苗族服饰中的古老纹样。被挑绣在服饰上的常见动物纹样包含牛、龙、蝴蝶、鸳鸯、鸟鱼等。

(1)牛纹。牛是苗族人进行农耕劳作不可缺少的帮手,因而牛纹也就成了人们挑绣图案的重要来源之一。牛的纹样在服饰上很少见,但是作为壁挂却是十分常见。牛一直都是苗族人十分喜爱的动物。在苗族人的心里,牛是力量和吃苦耐劳的象征,同时还象征着权力。

牛的图案主要是斗牛场面和春耕两种表现形式。斗牛是直接在底布上挑绣出两头牛角相抵的牛,表现斗牛的场面。例如在一幅表现斗牛的纹样中,不仅牛头相互抵着,而且牛尾巴经过挑绣艺术加工,翘到牛头上方,形成一个类似心形的图案。同样在一幅表现春耕的图案中,图案正中间是一个牛头,两边各绣上一只鸟,图案的顶部和底部是一些花草和蝴蝶,一派春天时欣欣向荣的景象。

(2)龙纹。龙也是苗族服饰的传统纹样。在现代,也和牛纹一样主要是被挑绣在麻布上,作为工艺品装饰用。龙纹一般是和鱼纹一起被安排在水中,龙的上边甚至还有船,下边则是水草之类的植物。

传统的汉族文化体系中,龙是皇权和皇帝的象征,给人威慑的力量,普通百姓畏惧龙,不敢轻易提及,更不要说挑绣在服饰上。但在苗族,人们却可以按照自己的审美观和想象力来挑绣龙的纹样。花苗挑绣的龙纹样没有固定的模式,朴素自然,形象憨态可掬,让人看了十分喜爱。

(3)蝴蝶纹。在苗族服饰中,蝴蝶纹是最常见、最古老的纹样之一。它通常被运用在背牌、围腰、飘带、袖口、衣领等地方。和黔东南苗族的蝴蝶纹样表现出具象的手法不同的是,花溪花苗服饰上的蝴蝶纹样是高度抽象变形的几何形状,其风格显得简明、质朴。

(4)鸳鸯纹。鸳鸯是爱情的象征,鸳鸯纹样一般都是成双成对被挑绣在服饰中,它们通常不会单独出现,通常以荷叶、荷花或者其他水生植物为中心,两只相向而立,比如两只鸳鸯在开满花的池塘中嬉戏、觅食。

(5)鱼纹。鱼纹也是古老的纹样之一。鱼纹通常是被挑绣在衣角、衣袖、壁画上,同样由于挑花技术的基本针法所限,鱼图案比较抽象,呈几何状的样式。鱼的纹样以鱼的身体中部为界,鱼身中部以上非常肥壮、粗大,但是鱼身中部以下,就特别细小,似乎只剩下鱼刺和鱼骨了。

(6)鸟纹。和鱼纹一样,鸟纹也是最常见的纹样之一。鸟纹由于挑绣者的不同,有一寸大小的小鸟纹样,也有巨大的拖着孔雀尾巴的纹样,既有针线朴实无华的鸟纹,甚至是几针就构成一幅鸟纹,也有精工细琢、色彩明艳的鸟纹样。如今,鸟的图案愈发地具有具象性,有的鸟纹样会和花纹样或树纹样一同出现,展现了鸟立在花朵或树上边的情境。

3. 几何纹样

几何纹样在很多民族的服饰中都可以看到,苗族各支系的服饰中,几何纹都是较为传统的纹样类型,蜡染、刺绣品、挑花中都能看到。和植物纹样、动物纹样相比,几何纹样较为抽象,体现了较高的艺术性。

(1)"十"的变体几何纹样。观察苗族服饰上的几何纹样,我们通常会发现很多纹样就是由其基本的十字针法演变而来的。比如,有些几何纹样就是用一两种线挑绣出一个大的"十"字纹样,再在这个"十"上套上一个不同颜色的"十"字纹样。或者是整个大的图案就是有千万个小"十"构成一个巨大的"十"字纹样,只是在"十"一横一竖的相交处用一个很大的正方形图案覆盖,而正方形内又挑绣小的正方形图案和"一"字图案,几个层次的几何形状叠加,从而又形成了一幅新的几何图案。或者仍然是以"十"为基础纹样,但是在"十"的四个点和其相交处挑绣上刀或剑的几何纹样或者类似三角形的图案。

(2)对历史记忆的几何纹样。花溪花苗的古老历史传说中,花苗是最早开发贵阳的苗族支系之一,建立过城池。但后来因为战争的原因,被迫迁徙到花溪、惠水、安顺等地,而苗族在以前是没有文字记载的。所以为了纪念自己失去的家园、缅怀自己的祖先,人们就把居住过的城池和土地以及那里的庄稼、花草树木、飞禽走兽挑绣在服饰上,并且世世代代流传下来,直到现在的每年农历四月初八,居住在花溪及其附近的苗族支系都要穿上盛装到贵阳喷水池纪念自己的祖先和以前居住的家园。因此,苗族服饰不愧被称为"穿在身上的史书"。

二、土家族服饰

土家族世居于湘鄂川黔毗邻的高山峻岭之中,是武陵山地区分布的主要民族之一,是一个具有悠久历史和文化积淀的民族。他们自称"毕兹卡""密基卡""贝锦卡"等,意思为"本地人"或"土生土长人"。主要分布在湖南省湘西土家族苗族自治州,湖北省鄂西土家族苗族自治州,重庆的酉阳、秀山、黔江、彭水、石柱以及贵州的沿江、印江、思南、铜仁等县。土家族是由古代巴人经过长期的发展,与汉族和其他民族融合演变而来的。

日常生活中的土家族服饰比较简单大方,逢喜庆节假日时,则非常讲究。男子多穿黑色或蓝色的对襟、多扣上衣,下穿宽松长裤,包青布头巾。土家族妇女喜欢穿左襟或右襟、圆领、宽袖上衣,下穿大角筒裤。衣襟、袖口、衣摆处镶饰各种图案的花边或挑绣精美的花纹,下穿用8幅布料缝制的筒裙或红色百褶裙,摆大且长,多用青色和黑色布镶宽边,裙身镶绣有各种图案和花纹,尤其是姑娘们的衣裙,就像一幅幅风格各异、精美绝伦的画。再佩戴上最珍贵的金银首饰,金针银簪缀满头,一个个宛若仙女下凡,充分反映了土家族人民的勤劳智慧和浓郁的民族特点(图3-6)。

土家锦,被当地人称为"土锦"或"斑布"。织制时,用一手织纬,一手挑花成彩色,是一种通经断纬,丝、棉、毛线交替使用的五彩织锦。长期以来是姑娘们喜爱的面料。出嫁时的被面和跳"摆手舞"时的披甲,均为土家锦。

图 3-6　土家族男女服饰

三、侗族服饰

侗族,传说其古代先民曾沿都柳江迁徙,是一个历史悠久的民族。古文献中有不少关于"洞人""洞苗""洞蛮"等记载,魏晋以后,侗族属于"僚"的一部分,隋唐以后称"峒"或"溪洞"。人口大多分布在贵州、湖南、广西三省相毗连的地带,属于武陵山地区。侗族人擅建筑,喜唱歌,其中尤以南部地区的侗族人保留其民族风俗习惯最多。

女子喜着长衫短裙,其上衣为半长袖,对襟不系扣,中间敞开一缝,露出里面的绣花兜兜。下体穿短式百褶裙,裙长仅及膝盖,小腿部裹蓝色或绣花裹腿。侗族姑娘讲究绣花鞋,出嫁时要带上六七十双绣花鞋到婆家。衣服其他部位如袖口、前襟、背部兜带及胸衣上方等处都有层层绣花锁边。头上饰有环簪、红花、银钗和盘龙舞凤的银冠。另有几层银项圈,最大一环直径抵肩,还常常佩有耳坠、手镯、小项饰等。

男子服饰与邻近地区的某些民族男服基本相同,亦为包头、对襟短衣,外罩无纽扣短坎肩,下身长裤缠裹腿,着草鞋。只是缘边和裹腿处多绣成图案(图 3-7)。

侗族善于刺绣。侗族姑娘从少女时代就开始学挑花、刺绣、制作蜡染等手工技艺,为自己准备今后结婚用的嫁妆。等到结婚时,已成为一个能刻绘精美花纹图案、能做各式衣服且技艺娴熟的姑娘。她们喜欢在衣服上,尤其是盛装上,以挑花刺绣和织锦装饰。侗族刺绣种类繁多,有连环锁绣、铺绒绣、结子绣、错针绣、盘绣等。绣工精湛,图案常以"螃蟹"和"龙凤"为主。尤以盛装的百鸟衣最富特色,其裙片由若干织锦花带组成,每条花带下缀羽毛装饰,据说是模仿孔雀制成的。传说侗族先民们沿着都柳江上游来到高安河口和南江河一带定居,这里是一片森林,青山绿水、野花盛开、百鸟飞啭、孔雀开屏起舞。他们认为百鸟中孔雀最美,于是模仿孔雀的式样制作衣装。这种古朴的装束便一代代流传至今。

图 3-7　侗族男女服饰

侗族的挑花鞋垫千姿百态,堪称挑绣艺苑中的奇葩。侗族姑娘常以此作为珍贵的礼物送给自己的情人或贵客。

侗族妇女喜爱银饰,以多为美,以重为贵。日常生活便装的首饰主要有头簪、银梳、耳环、手镯等。节日和结婚时的盛装,首饰则品种繁多,形大质重,造型精美。头戴银冠、银花、簪花、银梳以及各种造型的大耳环,颈有戴项圈、项链,胸前佩银牌、胸花,臂套银块,戴银镯、银戒指等。侗族婚姻有"不落夫家"(婚后一段时间仍生活在娘家)之习俗,反映在服饰上,侗族姑娘在出嫁时,父母一般不给嫁妆,待生育后,娘家送外孙银帽、项圈、银锁、手圈等,上刻"长命富贵""易养成人"等字样。

四、瑶族服饰

瑶族主要分布在广西、湖南、云南、广东、贵州、江西等地,同样属于武陵山地区的主要少数民族之一。瑶族有本民族语言,属于汉藏语系苗瑶语族,无文字。瑶族历史悠久,大部分散居在海拔 1000 米以上的高山和密林中,早期过着游耕生活,现在以农业为主。绚丽多彩是瑶族服饰的鲜明特点。

瑶族支系众多,分布广阔,各支系服饰也不尽相同。所以,过去瑶族曾因服饰的颜色、裤子的式样、头饰的装扮不同而有各种族称。

瑶族头饰颇具特色,她们创造了多姿多彩的头饰:有龙盘形、A 字形、月牙形、飞燕形等。有的戴竹箭,有的竖顶板,有的戴尖帽,有的戴竹壳。广西贺县的瑶族妇女戴十多层的塔形帽子,颇为壮观。湖南瑶族女子以蜂蜡涂发,椎髻于顶,无论寒暑,均以花帕包裹呈梯形,用蛾冠形的斗篷罩在上面,避风遮阳,清秀大方,犹如"学士帽",又似宫妃绣冠。婚后则取下蛾冠,表示已成家立业,开始新的生活(图 3-8)。

图 3-8　瑶族女子服饰

瑶族妇女精于蓝靛印染,至今仍保留着一套完整的印染技术。她们将自己种植的蓝草经过浸泡加工后,提取蓝靛,加入白酒,经草木灰过滤、发酵呈黄色后便可染布。在染布过程中经过数次浸染、晾干,直到布料呈深蓝带暗红色为止。为了使布坚韧耐用、颜色深重,还把已染好的布放入炖缩的牛皮溶液或猪血溶液里,进行蒸晒。

瑶族服饰美还集中地反映在挑花的构图上。挑花图案以及服饰的特征在某种程度上是宗教信仰的反映。广西西林县瑶族保留着一件已有数百年历史的"师公"服饰,上面绣有天神、山神、雷神、日神等,表达了瑶族人民泛图腾的心理特征。

第四节　竹编木雕

一、武陵山地区竹编文化

中国是世界上研究、培育和利用竹子最早的国家,从竹子与中国诗歌、书画和园林建筑源远流长的关系,以及竹子与人民生活的关系中不难看出,中国不愧被誉为"竹子文明的国度"。没有哪一种植物能够像竹子一样对人类的文明产生如此深远的影响,我们把竹子给人类物质文明和精神文明带来的作用和影响称之为"竹编文化"。

武陵山地区民族民间竹编文化历史发展悠久,竹编文化积淀深厚。根据中央扶贫攻坚战的区域划分,武陵山地区横跨 11 个地(市、州)、71 个县。整个地区地处丘陵山区,山高坡陡路窄,土壤肥沃,气候温和,雨量充沛,孕育着满山遍野的竹木林。得天独厚的自然环境造就了武陵山地区竹资源丰富的先天条件。博大精深的湘楚文化和苗族的蚩尤文化更是为武陵山地区竹编输送了充分的文化养料。这些不仅为武陵山地区人们祖祖辈辈提供了十分充足的竹编原材料,也为武陵山地区人们利用竹材编织生活用品和农用辅助工具开拓了思路。

武陵山地区竹编文化内涵极为丰富,是武陵山地区祖祖辈辈竹编艺人辛勤劳作的结晶。

武陵山地区竹编文化发展始于远古时代。武陵山地区丰富的竹材资源环境造就了人们的思维方式和丰富的想象力。人们在求生存中发现竹子干脆利落,开裂性强,富有弹性和韧性,而且能编易织,坚固耐用。于是,竹子便成了当时武陵山地区人们编制器皿的主要材料。武陵山地区的人们多居茅屋,四周以竹编为墙。由此可见,武陵山地区的竹编是从原始性的"握搓"(围猎)开始的。竹子易弯易扦又能打结,是围栅栏的好材料。于是,武陵山地区人们利用竹子的性能,编织各种日用品和农用品。2004 年 4 月,湖南省文物考古研究所在湖南洪江市安江镇岔头乡岩里村发现洪江高庙文化遗址,出土了距今 7400 多年的女性人体骨架,其下就有一块竹篾垫子。篾片之薄,与现在的同类物品没有视觉上的差别,说明当时人们的竹编工艺已十分精湛。经专家测定,篾垫比浙江良渚文化遗址发现的竹席、竹篓、竹篮等,要"年长"2000 多岁。高庙文化遗址竹编垫子成为迄今为止全国已知最早的竹工艺品,由此可以推断,武陵山地区的竹编文化距今已有 7000 多年的历史。接着,人们在酉水流域出土的战国时期的陶器残片上发现了篾纹图饰。王村汉代古墓也出土了篾箩残片。这说明武陵山地区的竹编文化历史悠久,源远流长,一直流传至今。

随着时代的发展,武陵山地区的竹编从简单的日用品和农用品上升为工艺品竹编制作考究。据相关资料显示,竹编技艺代代相传,应是明末清初盛行,如洪江市中方斗笠、会同县的肖氏家族竹编即始于明末清初。特别是中方斗笠在宋代就成了朝廷的贡品。令人欣慰的是,武陵山地区很早就有了竹编器皿,这是历史留给我们的竹编文化遗产。

(一)武陵山地区竹编的价值

1. 竹编的文化价值

竹编的文化价值是竹编技师在整个竹编作品编织过程中形成的。竹编文化的价值承载在民族的特性之上,主要是由民族特性和地域文化所决定的,竹编技师是竹编文化的创作者和推动者。竹编文化是历代竹编艺术家们积累沉淀所形成的,是无与伦比、独一无二的。因此,竹编文化的价值不仅表现在作品的精湛工艺上,而且还表现在富有艺术语境的感染力和启示中。

肖氏家族竹编第七代弟子肖体贵编织的《家和万事兴》竹编作品(图3-9),是一幅富有文化内涵的书法镶框挂匾,能给人熏陶和启示。从字面上讲,"家和万事兴"是家庭和睦、万事兴旺发达的意思。从含义上讲,在和谐社会主义建设前提下,只有家庭和睦,家庭成员互相关心,互相爱护,老人要尽到抚养教育子女的责任,子女要履行孝敬赡养老人的义务,全家人团结一致,才能兴旺发达。这充分体现了中华民族的传统美德。

图 3-9　会同肖氏家族第七代传人肖体贵竹编大师
编织的《家和万事兴》挂匾

2. 竹编的社会价值

社会价值是指人通过自身和自我实践活动为满足社会或他人物质的、精神的需要所做出的贡献和承担的责任。竹编的社会价值有如下两点。

(1)传播中华文明。我们伟大的祖国不但历史悠久,更是一个享誉世界的文明古国,自古以来就崇尚和谐、爱好和平,倡导"以和为贵",主张"和而不同",有海纳百川、包容一切的胸怀。湖南新化县梅山竹编工艺厂的曾建国编织的《和佛同在》竹编作品(图 3-10),就像一幅美丽的书法画卷。该竹编作品旨在共同发掘和弘扬中华佛教中的"慈悲""智慧""和合"思想,促进人心和善、家庭和睦、人际和顺、社会和谐、人间和美、世界和平。《和佛同在》体现的是"佛为心,道为骨,儒为表"的理念,是"和为贵,善为本"的中华民族修身与济世理念的基础。这种观念已深深根植于人们的意识形态之中,成为人们的行为准则。

图 3-10 梅山竹编工艺厂曾建国编织的《和佛同在》平面竹编作品

(2)拓展就业渠道。充分将武陵山地区竹材资源优势转化为竹编产业发展优势,研发竹编日用产品、竹编艺术品和竹编旅游产品,开办具有相当规模的竹编工艺厂、竹编作坊,形成竹编产业链,这样可解决大批剩余劳动力就业问题,为社会减轻就业压力。洪江市古商城竹木工艺品厂罗云军就解决了 30 多名剩余劳动力的就业问题。

3. 竹编的经济价值

随着社会文明向前发展,竹编艺术也不断创新,从用竹子编制生产生活用品,发展到用竹编制人物书画艺术品、高档竹工艺品、竹家具等。五毛钱一节的竹子可以编制成价值几元、几百元、几千元、上万元,甚至百万元以上的产品。2008年12月29日中央电视台报道,一幅以"5·12"汶川大地震为背景创作的彩色竹编画《中华情》拍卖价达380万元。可见竹编产品的市场前景十分广阔。国内竹编大师编织的竹编精品,比黄金还贵。我们可以从陈云华、何福礼两位竹编大师编织的代表性作品来看,竹编精品隐藏着的经济价值是难以估量的。

2011年4月9日,"见证奇迹——中国竹工艺大师何福礼竹编精品展"在北京首展开幕。开幕致辞中,文化部中外文化交流中心主任吕军表示:"何福礼大师的作品让人赞叹,中国有这么好的手工艺术,是我们的骄傲,何福礼大师更是我们国家的'宝贝'。此次展览是中国传统文化艺术对外展示和交流的重要行动,希望以后这样的展览能办到世界各地,让各国人民都能领略到中国传统文化艺术的神奇魅力。"如图3-11所示,何福礼竹编精品"八仙竹丝花篮"价值48万元人民币。

图3-11　何福礼编织的"八仙竹丝花篮"

4. 竹编低碳环保的使用价值

(1)竹编商品使用价值的认定。商品的使用价值是指能够满足人们某种需要的属性。使用价值是一切商品都具有的共同属性之一。任何物品要想成为商品都必须具有可供人类使用的价值;反之,毫无使用价值的物品是不会成为商品的。使用价值是物品的自然属性。竹编作为一种商品,就必须具有使用价值的属性。商品的使用价值的属性最终取决于原材料和应用功能,而竹编作品采用的是原生态天然竹子材料,既使用便利,经久耐用,又低碳环保。

(2)竹编低碳环保价值的认知。所谓"低碳环保",就是生活中消耗的能量要尽量减少,降低二氧化碳的排放量,减少对空气的污染,减轻对环境的污染。在人们崇尚自然的今天,竹编制品重新登上了时尚的舞台。竹编制品经过加工、改良和创新,以清新、自然的特质,成为都市居室中独特的风景,撩拨着人们返璞归真之心。竹编制品质感强、颜色朴实,具有一种原始气息而又略带都市化的高雅,使居室充满了悠闲、舒畅的自然情调。竹编篮、竹编箱、竹编果盘、竹编字画、竹编生产生活用品、瓷胎竹编、竹编灯具、竹编动物、竹编玩具等编织工艺品就这样悄然走进了百姓家。新颖独特的样式,纯朴自然的工艺,带来的是轻盈舒适、绿色环保、自在休闲和丰富的想象空间;那份浓郁的天然气息,使居室充满了宁静、自然和生命力。

(3)竹编对生态环境的影响。在全球环境日益恶化的今天,森林资源日趋减少,竹子这一再生资源却以其良好的生态效益和经济效益在全球得到了迅猛发展。目前,世界竹林面积正以每年3%的速度增长。中国是世界上竹子种类最为丰富的国家,竹子的种类约占世界的1/3。探索竹子的多种用途,具有极为深刻的现实意义。

1)使用竹编制品能有效保护生态木材林,使生态环境平衡发展,造福子孙后代。

2)可循环利用的竹篮、竹袋,可取代一次性塑料袋,既有效地保护了生态资源,又能净化城乡空气环境,有利于市民的身心健康。

(二)武陵山地区的竹编文化传承

1. 古代武陵山地区竹编技艺传承体系

武陵山地区古代竹编技艺的传承方式,主要是授徒传承和家族传承。

(1)授徒传承。授徒传承有两种形式。一是竹编技师从年轻人中选拔爱好竹编艺术并有志于学习竹编技艺的人进行传授,以师带徒,手把手教学。这种传承方式是武陵山地区古代竹编艺术传承的基础。二是爱好者主动上门拜师学习竹编技艺。两种形式都是由篾匠师傅口口相传、身身相授、言传身教的传承方式。

篾匠师傅在带徒学艺和从事竹编生产经营方面,也有两种形式。一是在家生产。篾匠师傅一般都是在自己家里一边教徒弟,一边编织竹编产品。逢乡村赶集时,篾匠师傅就将竹编产品拿到集市上去卖。二是用户请上门。

村寨中哪家要编个大型或精细的竹编活时,如背篓、晒垫、凉席、箩筐、竹箱,就将篾匠师傅请到家里,自备材料由篾匠师傅编织所需的竹编器具。三是流动服务。篾匠师傅带着徒弟走寨串户做竹编活计,如有需求,就在这家做几天、那家做几天,轮流上门服务。

(2)家族传承。家族传承,也可称"父子传承"。家族传承就是家庭中的长辈将自己的竹编技艺传给儿女,并代代相传。例如,会同县肖氏家族竹编第五代传承人肖乾昌,肖乾昌传给儿子第六代传人肖钰,肖钰传给儿子第七代传人肖体贵,肖体贵又传给儿子肖正清。再如,娄底新化梅山竹编传承人曾建国传给大学毕业回家从事竹编事业的儿子曾志龙。

从上述古代竹编授徒传承和家族传承可知,武陵山地区古代竹编工艺不仅形成了以村寨、家庭为单元的众多师徒传承体系,同时篾匠活也成了本地一门重要的民间手艺。竹编工艺这种师徒传承体系一直沿袭至今,为武陵山地区竹编工艺发展奠定了较为坚实的基础,不少传承人在各类工艺美术精品大赛中获奖。

2. 现代武陵山地区竹编技艺传承体系

为了大力弘扬武陵山地区竹编文化,使竹编技艺传承进一步得到提升和发展,武陵山地区竹编技艺的传承方式,在古代竹编技艺师授徒传承与家族传承的基础上,探索出了竹编人才培养新途径,如相关政府部门、相应企业、竹编作坊和学校相关专业培训与培养了众多武陵山地区竹编弟子与学子,进一步推动了武陵山地区竹编工艺的发展。

(1)继承授徒传承。以师带徒、手把手的教学方式,是武陵山地区竹编艺术传承的基础。现代大多数人工作节奏快,心态浮躁,业余时间大多被现代娱乐方式占据,很少有人能静下心来学习传统的手工艺术。为使竹编艺术得到传承,竹编艺术家们继续从年轻人中选拔竹编艺术爱好者、选择有志于学习竹编艺术的人进行传授,着力培养。目前,武陵山地区学习竹编的人达1800余人。竹编大师胡廷贤一直进行授徒传承,胡兵就是其中的代表。竹编艺人通过授徒传承这一方式,实施口手相传,身身相授,将竹编艺术传承下去,发扬光大。

(2)培训传承。举办培训班进行竹编艺术传授,是现代武陵山地区竹编艺术传承和发展的有效措施。竹编艺术家常年在技校、社会团体、社区活动中心等场所举办竹编艺术培训班,传授竹编工艺理论、技术要领、操作技巧,培养年轻人对竹编艺术的兴趣和艺术修养。通过培训,竹编大师们发现了一批竹编爱好者和竹编人才,使竹编传统艺术在更大范围内得到有效传承。例如,竹编大师胡廷贤曾在吉首特殊学校给聋哑人义务讲授3年竹编技能课,培养了 80 多名弟子,有的已成为武陵山地区竹编行业的名人。张丁兴就是其中的代表之一。张丁兴,古丈县人,土家族,湘西民族民间工艺美术师,他身残志不残,跟随竹编大师胡廷贤学艺,其作品做工精细,造型独特,在第一届湘鄂渝黔四省民间工艺大赛上荣获铜奖。近年来,随着湘西旅游业的发展,他凭着丰富的想象力和创造力,开发编织出花篮、花瓶等千姿百态的旅游工艺作品。由此,张丁兴的竹编技艺已列入湖南省非物质文化遗产名录。

(3)学校培养传承。面对武陵山地区中青年南下打工,竹编技艺濒临失传的情况,如何使武陵山地区竹编技艺代代相传,永不间断,怀化学院主动承担起了竹编人才培养的这一重任,实施研发一条龙。在竹编工艺研究上,不仅有校级和省级课题,而且还有教育部课题,同时还出版发行了 1 部《湘西民间竹编工艺教程》。在传授编织技艺上,怀化学院艺术设计系从 2008 年下半年以来就聘请了会同县肖氏家族竹编第七代传人李盛国师傅到校担任竹编指导老师,并将竹编课列入了学分制,每学期32 个课时,培养了 100 多名大学生学习竹编技艺。在工作环境上,学院不仅有 220 平方米的两间大教室作为竹编实训操作室和竹编编织工具与设备陈列室,而且还专门设立了 300 多平方米的竹编陈列展示厅。在组织管理上,怀化学院艺术设计系系党总支书记亲自兼管,并与大家一起进行竹编研发工作。

(4)政府扶持传承。竹编艺术的生存和发展,离不开政府扶持,建立、健全保护和传承传统竹编艺术的体制,是武陵山地区竹编艺术生存和发展的根本保障。省、市、县三级政府非常重视竹编艺术的生存和发展。近年来,武陵山地区各县市基本上都设立专门的机构和人员进行管理,做到有组织、有计划、有步骤地开展民间竹编艺术工作。

1)主管部门积极为民间竹编艺人解决实际困难,定期举办艺术品展览,向社会汇报创作成果,为竹编艺人提供了展示竹编艺术的舞台,大力培育了艺术品市场,使竹编艺人找到了"婆家"。

2)对竹编技术充分肯定并提供专业职位。省市相关部门每年进行一次工艺美术师、竹编传承人和竹编大师的评选活动,对有才华、竹编技术精湛的竹编艺人进行肯定和授职。先后有多名民间竹编艺人被评为"工艺美术师""竹编技艺传承人"和"竹编大师"的荣誉和专业称号。

3)组织考察参观学习团。政府相关管理部门有组织、有计划地组织民间竹编艺人赴竹编发达地区参观学习,以壮大自己的竹编事业和力量。

4)新闻媒体主动介入,多层面、全方位进行报导,引导更多的人群了解竹编传统艺术,培养大众的收藏意识、投资意识,在经济上、政治上鼓励民间竹编艺人创作。通过政府的大力支持,武陵山地区竹编技艺的传承和发展有了坚实的基础,竹编艺术有了更大的生存和发展空间。

二、武陵山地区的木雕艺术

木雕是对各种木材及树根材料进行雕琢加工的一种工艺形式,是传统雕刻艺术中的重要门类。

作为审美形态与技术形态兼具的木雕艺术,是最能体现生活与审美相结合的造物之一,是真正意义上的生活的艺术。作为艺术形态的木雕品不仅是人们物化形态的精神产品,也是精神活动的行为载体。木雕艺术体现了中国古代造物意识摆脱了物质需要的限制,实现了造物中实用性和审美性的结合。

武陵山地区拥有着丰富的林木资源,为木雕的产生和发展提供了先天条件,木雕的发展是一个长期的过程,武陵山地区木雕也不例外。木雕的技法绝不是一朝一夕之间就产生的,它可能是伴随着人们对木雕的认知及其题材内容等要求而逐渐出现的,通过对技法的了解,有助于我们了解木雕形成与完善的过程,对更全面认识和解读它有重要作用。

从表现出来的技法看,武陵山地区的木雕技法主要有圆雕、浮雕、透雕和线刻。但从目前掌握的有限历史资料来看,很难考证每一种雕刻技法在木雕中出现的先后顺序。

浙江河姆渡遗址出土的木碗,椭圆形,朱红漆,是中国最早的木制容器实物。另外,制陶中需要大量的木制工具,如刀、匕、器把、木棒、碟形器等。这些工具可能是木雕工艺的雏形。中国发现的最早的木雕实物是河姆渡的木雕鱼,从这件作品来看,中国人在大约7000年前就初步掌握了阴刻和阳刻(即浅浮雕)的技法。

夏商时期的木雕制品多为礼器(浅雕),如湖北龙盘城的漆木棺椁,有大量阴刻的饕餮纹和云雷纹雕花;此时还有城邑和宫殿建筑也用到木雕;四川成都和陕西出土了楚国彩色木雕人偶。这一时期有制漆、镶嵌和雕花等多种木器装饰形式。

战国时期,木雕行业细分为建筑、家具雕刻,兵车、战船木器雕刻、礼祭造像以及人物和动物。鲁班是这一时期木雕工匠的优秀代表。漆器的木胎制作可以用斫制、挖制和雕刻三种技术完成。伴随漆绘发展起来的立体圆雕标志着春秋战国时期木雕工艺发展到达了一个新的阶段。这一时期木雕作品多浮雕和透雕,风格写实。有的木容器也用其他材料通过接口镶嵌而成。代表作有湖北江陵出土的战国彩绘木雕小座屏(图3-12)和彩绘虎座鸟架鼓。战国晚期至西汉初年的考古发现中,位于瞿塘峡南岸的奉节盗甲洞发现的棺木中有漆木梳,据史料记载来看,此剑鞘和木刻品残件是在武陵山地区发现的年代最为久远的木质雕刻品。

图3-12　战国彩绘木雕小座屏

秦汉时期,秦代留世木雕实物不多;汉代的木雕保留了南方楚国的浪漫主义色彩,采用圆雕、浮雕和线刻等手法,造型饱满坚实,庄重威严,粗略的轮廓中展示了强劲的生命力;汉代木雕技艺主要展现在墓俑、动物及车船模型等立体雕刻和木椁板的浮雕上。

唐宋时期,湖北恩施土家族苗族自治县考古发现两宋时代大量的已残破不全的漆木器。恩施来凤县境内发现的仙人洞,用木材制造高崖绝壁上的房屋建筑,仙人洞内有金器、青铜器、铁器、瓷器、漆木器等多种遗物,漆木器有木勺、浆、漆器的残漆皮等均属同期物品。

宋代文化的世俗化倾向影响了木雕的风格,建筑中的雕刻更加精细。宋代日常生活中的木雕工艺小品也大量出现。另外,宋代还出现了雕花印刷木版。

明清时期是中国传统手工艺发展的辉煌时期。明代雕刻技艺炉火纯青,建筑装饰木雕是这一时期木雕艺术中灿烂的明珠。明清雕刻在继承前代的基础上创造了两种新的形式:钳雕组合(即将雕刻好的部件用胶粘合在其他浮雕或透雕木构件上)和贴雕(即将需要雕刻的图案纹样雕好后再组合到建筑构件上去)。明代家具造型简洁质朴,强调家具的形体的线条,确立了以"线脚"为主要形式的造型手法。雕刻装饰洗练,工艺精致,整体显得古雅、隽永、大方,实用性很强。清代家具造型趋于复杂,木雕开始追求富丽繁贵,并且运用了镶嵌的工艺。

第五节 刺 绣

一、蜀绣

(一)蜀绣概述

蜀绣又名"川绣",是以四川成都为中心的刺绣品的总称,起源于四川西部的民间。蜀绣受到当地的自然环境、风俗和文化的影响,因此,风格特点在很大程度上体现出中国西南地区人民的性格和审美观。

四川在古代为蜀国,相传为蚕丝氏所始建。据清代汉学家段玉裁所著《荣县志》记载:"蚕以蜀为盛,故蜀曰'蚕丛',蜀亦蚕也。"由此可见,在古蜀国,栽桑养蚕业就已相当发达了。在西汉司马迁所著《史记》等书中,都有关于春秋以前蜀国的帛运销秦国及越国的记载,这说明蜀绣在丝织生产发达的基础上,很早就具有相当的规模和普遍的群众基础,并已经达到相当高的技艺水平。

据晋代常璩《华阳国志》载,晋时蜀中刺绣已同蜀锦齐名,都被誉为"蜀中之宝"。清代道光时期,蜀绣已形成专业生产。成都市内有很多绣花铺,既绣又卖刺绣品,根据市场经营的需要,又分为"穿货"、"行头"和"灯彩"。穿货业主要生产服装、被面、枕套、绣衣、鞋面等生活用品;行头业主要生产戏装、袖袍;灯彩业专门生产红白喜事用的围屏、彩帐等,同时还开设租赁业务。除此之外,蜀绣还生产各种规格的欣赏品,题材广泛,内容丰富,包括山水人物、花草虫鱼、翎毛走兽等,其画稿来源于名人佳作,并由此造就了一批各具专长的绣工。

蜀绣以软缎和彩丝为主要原料,构图简练,大都采用方格、花条等传统的民族图案,色彩丰富鲜艳,富有装饰性。其技艺特点是绣品严谨细腻、浑厚圆润、光亮平整、掺色柔和、虚实得体。针法多而细腻,有 12 大类、132 种,其中晕针技法是蜀绣最具有特色的创造。由于各种针法的使用与配合的不同,蜀绣又逐渐形成不同的特色和流派。

(二)蜀绣的图案组织

图案的组织形式指图案画面的构图样式,研究者通过长期的实践探索,总结出图案样式有:单独纹样、适合纹样、连续纹样。蜀绣图案的组织形式也是一样。

1. 单独纹样

单独纹样是图案纹样组织的基本单位纹样,单独纹样物象与周围环境没有直接的联系,不受任何外形约束,是一个很强的个体形态,在组织形式上可分为对称式和均衡式。近代蜀绣中单独纹样经常出现在手帕、荷包、被面和服装的局部等地方作为装饰(图 3-13)。

图 3-13 单独纹样图案

(1)对称式。对称式即图案在中心线或中心点的两侧必须等形又等量,对称式的构图给人以稳重、典雅、宁静、安逸的心理感受。对称式的蜀绣纹样符合人们对稳定安全的强烈心理需求。蜀绣纹样多用对称式达到平衡平稳统一的效果,同时具有装饰意味(图 3-14)。

图 3-14 对称式单独纹样

(2)均衡式。均衡式与对称式不同,均衡式要求图案在中心线或中心点等量不等形,最重要的是图案的重心要稳,视觉达到平衡。这种形式灵活多变,给人以活泼、生动、轻松的感觉。均衡式纹样构图主要用于表现动态和曲线风格类,随风摇摆的花草树木,潇洒飘逸的行云流水等,均可用均衡式纹样构图表现。整个构图形态虽然随意,但是重心、视觉和心理感受保持平衡,显得随意轻松、自由活泼(图 3-15)。

图 3-15　均衡式单独纹样

2. 适合纹样

适合纹样是指图案的纹样外形受到一定外在轮廓限制的纹样。它是按照一定的组织关系,利用夸张、概括、变形、添加等处理手法,将单独纹样放置在特定的外形框架内,形成另一个外观形式完整统一的有机体。外形框架有很多种,常见有三角形、方形、圆形、菱形、多边形、角隅形。传统的装饰性蜀绣图案多是这类组织形式,被广泛用于服装、实用品等。蜀绣图案中使用了较多的适合纹样,它们的设计依据形体而定,构图巧妙,具有情趣。独立的主体物象有人物、飞禽走兽、花鸟鱼虫等。物象按照一定的组织关系,采用夸张、添加等处理手法,再填充其他的纹样来修饰,这使得绣品更具有强烈的装饰感(图 3-16)。

图 3-16　适合纹样图案

3. 连续纹样

连续纹样就是指图案按照一定的规律,无限的、有机的排列组合而形成的连续性的形式结构。连续纹样分为二方连续和四方连续。

(1)二方连续。以一个或一组单独纹样按照上下、左右或者对角两个方向循环往复、无限延长的连续纹样叫作二方连续,二方连续为带状。

(2)四方连续。四方连续是一个单位纹样向上下左右四个方向同时循环往复排列而形成的图案纹样。

(三)蜀绣色彩的特点

蜀绣发展至今其针法技艺已日臻完善,绣线染色技术也是非常的成熟,绣线染色色系丰富多彩,每一个色系的明暗变化层次处理得非常细微。每一个过渡层由明至暗、由深到浅都可根据图案要求进行配色处理,这使得现代蜀绣在色彩上实现完全的真彩色。蜀绣的色彩分为早期蜀绣色彩和现代蜀绣色彩。

1. 早期蜀绣配色

(1)早期色彩的寓意。早期传统的蜀绣装饰品色彩主要是情感和装饰效果的表达。中国古代封建社会的色彩等级、中国佛教各支系的色彩等级都有明确规定。中国传统的五色体系把黑、赤、青、白、黄视为正色。

黑色象征天的颜色。早期人们觉得天空长时间都呈现黑色,便有了"天地玄黄"说,在《易经》中,北极星被认为是天帝的位置所在,黑色便成了中国古代颜色崇拜最长的色系。

白色象征光明,具有多义性。"五行"之说把白色与金色相对应,因此,白色被列入正色,表示纯洁、光明。

黄色象征大地的颜色,为正中心色,被奉为色彩之主,居于诸色之上。

青色象征着生机勃发的春天。

红色在民间象征吉祥喜庆。

(2)早期蜀绣色彩的搭配。中国古代通常把红、黄、青、白、黑的混合称为下五色,我国的传统颜色里,以混合色(中和色),就是低纯度色彩居多。原色、高纯度色彩很少用在生活中。早期的蜀绣配色讲究"参差的对照",如:鹅黄配官绿,宝蓝配玫红,淡黄配粉红,并没有原色和高纯度色彩的使用,但是使用的色系多,各种低纯度色彩对比较大,使得整个作品色彩依旧显得非常鲜艳明快。

2. 现代蜀绣色彩

现代蜀绣在传承了早期蜀绣的色彩特点上,又增加了新的活力。现代蜀绣打破传统装饰图案的局限飞速发展,至今可绣制风景山水、实物照片、人物肖像、国画油画等。凡是人肉眼可见的图像,蜀绣都可以逼真地将其绣制出来。早期蜀绣色彩丰富、对比度强、颜色艳丽的特点已经随着人们审美情趣的不断变化开始向多元化发展。受中西方文化的融合和互相影响,灰色纯色也逐渐加入到蜀绣产品中来,使得蜀绣作品显得沉稳大气、清新雅致(图3-17)。

图3-17　纯色在蜀绣中的作用

二、湘绣

(一)湘绣的设计发展

湘绣是以湖南长沙为中心带有鲜明湘楚文化特色的湖南刺绣产品的总称,是勤劳智慧的胡南人民在漫长人类文明历史的发展过程中,精心创造的一种具有湘楚文化特色的民间工艺。在漫长的发展过程中,湘绣吸收传统文化中绘画、刺绣、诗词、书法、金石等艺术精华,已或为蜚声中外的"四大名绣"之一。

1. 湘绣设计的地位

湘绣发展的历史表明:湘绣设计是湘绣得以生存发展创新的关键的因素。

(1)湘绣绣稿设计在湘绣发展中的重要作用。湘绣技艺在19世纪初形成了独特的艺术风格。此前的历史中,湘绣发展缓慢,几乎处于停滞状态。到了1910年前后却突飞猛进,名扬海内外。此后的短短半个世纪中,湘绣新品种、新工艺层出不穷,享有很高的国际声誉。这一切都有源于湘绣设计的专业化。特别是20世纪初著名的国画家杨世焯把中国画艺术植入了湘绣,对湘绣的发展起到了推动作用。湘绣设计发展到20世纪中期,开始逐渐吸收借鉴油画以及其他艺术形式,更大程度地丰富了湘绣的表现力,湘绣分类日趋精细,呈现出日用工艺品和欣赏工艺品两大类别。从此,湘绣脱离了自发的民间工艺阶段,形成了独特的风格。

(2)湘绣材料设计在湘绣突破性进展中的重要作用。湘绣所采用的面料,一般为缎、绸、帛、布。不同的题材及所用针法,体现在底料上的效果是不一样的。近些年来科技发达,新兴材料引入湘绣,带动了工艺变革。湘绣较早引进透明纱刺绣法,设计制作出以西画为蓝本的《金鱼》双面绣品。以此为开端,研发出的双面绣、异色绣、异物绣作品,在各级展会赛事中屡获高评。特别是双面全异绣的研制成功,标志着湘绣设计在材料、工艺方面的突破性进展和高超水平。近些年来,随着新材料不断引入湘绣工艺,不仅使绣品更加高雅,而且创造出了一些全新的工艺技术。湘绣艺人们大胆尝试,刺绣面料由丝、绸、绢、缎扩展到了土布、织锦、化纤、棉、麻、呢、绒、纱等。特别是在楚锦的开发上,更是大胆运用与传统湘绣相悖的少数民族土布,采用织锦的手段和棉麻等原始、粗犷面料,表现了楚锦质朴的风格和浪漫的艺术特色。

(3)湘绣工艺设计对绣稿表现的重要作用。湘绣工艺设计与绣稿设计是紧密相连的。一幅好的绣稿设计可为工艺设计创造充分发挥技巧的条件,而工艺设计的创新更能逼真生动地表现蓝本的艺术构思。如狮虎图设计,鬅毛针法的设计,珠联璧合,堪称绣苑一绝。又如在交叉针、平针的基础上,"新湘绣"绳股针法的设计,产生了新湘绣代表作品《草鞋的故事》,草鞋编织的纹理走向与质感、琐碎的草梗,都被绳股针法表现得意蕴无穷,实现了刺绣与原作的高度默契。再如湘绣艺术学院艺术总监刘顺湘教授的原创作品《六骏图》,为把六匹骏马的动态神情表现得微妙入神,针法设计上在平针、掺针、牵游针、毛针和少许鬅毛针的基础上,前三匹马运用直掺针刺绣,着重写实;后三个马头则虚化,使人产生丰富的联想。

湘绣发展的历史阶段性,使人们愈来愈认识到湘绣设计的重要性。我们应该清醒地认识到,随着社会的进步,物质文化生活的不断丰富,人们文化素养和审美需求的不断提高,旅游业与建筑业的振兴,对湘绣设计将提出更高的要求。

2. 湘绣设计的发展趋势

在面临挑战的形势下,湘绣设计应不断摒弃盲目性和片面性,更多地融合进现代意识和使用者的理念,更多地渗透进艺术化、生活化、人性化的品位。

(1)绣稿设计创新研发。

1)绣稿创新。尝试将现代新派国画、黑白画、版画、色粉画、当代油画等现代艺术形式融入绣稿创作;设计出具有时代感、现代气息的主题湘绣画稿;创作具有异域风情的绣稿等,让湘绣走出国门,走向世界;开发系列化高端湘绣产品,如经典名著人物系列(《红楼梦》等)、经典名家名作系列(齐白石的《虾》等)、当代工笔国画名家系列、当代水墨写意名家系列、写实油画名家系列、现代水彩名家系列,增强湘绣的收藏性、欣赏性。

2)突显湘绣艺术地域性特质。纵观湘绣的发展,从春秋战国时期的辫绣到秦汉时期的乘云绣和铺绒绣,再到后来的日用品和绣画艺术,湘魂楚韵总相伴而行。面对目前四大名绣日渐趋同的现象,如何把握湖湘文化的内涵,依托传统文化元素,突显湘绣的地域特质,也是湘绣设计创新的新目标。

3)拓展湘绣应用领域。与材料学、纺织学、光学、电子学、艺术心理学等先进的科技成果融合,与服饰、室内装饰、工业设计结合,开发新产品。

4)防伪技术创新。及时将绣品形式创新、新型湘绣材料、新的绣品装裱形式、新研发的湘绣服饰、湘绣日用品等申请专利;高端产品引入电子防伪技术,将湘绣作品相关信息存入微电子芯片,增强知识产权保护意识,为湘绣业健康有序地发展夯实基础。

(2)工艺创新。根据原创绣稿的艺术特点,寻找绣制针法与绣稿艺术的最佳结合点,改进传统针法,创造新型针法;尝试运用现代新型材料(新纤维材料、各种合成材料等)作为湘绣绣制面料,探寻新的计法,强调刺绣的立体效果;巧妙利用面料底色,提升绣制效率;手绣机绣相结合,将湘绣的技法工艺创建模拟数据库,编制电脑程序,提高绣制产能。

(3)装裱创新。借鉴古典油画、水彩装裱形式,开发高端绣品外框,提升绣品艺术效果;尝试采用树脂、玻璃纤维、碳纤维、合成金属等作为装裱材料,使湘绣产品易于携带、运输、悬挂;针对某些特殊类型绣品,开发无外框装裱,透明有机玻璃镶嵌等新形式;利用高分子材料覆膜技术,解决湘绣防潮、防尘、防蛀难题。

(二)湘绣题材的演变

湘绣是以湖南民间刺绣为基础发展起来的一种传统手工艺,它从发源之初的楚汉刺绣,经历了原生态的民间刺绣、有着农耕文明印记的传统绣画、传统湘绣与现代高科技相结合的现代湘绣、与当代艺术接轨的学院派新湘绣,在漫长的发展过程中,经历了针法工艺、题材、表现形式等方面演变,培养了质朴和优雅的独特民族风格,形成了制作工艺流程,呈现出湘绣在不同时期变化纷呈的艺术魅力。对不同时期湘绣题材及上稿方式的演变探究,能为传统湘绣转型研究提供启示。

1. 发源之初的楚汉刺绣

湖南刺绣在我国的历史长河中存在的时间较为久远,据史册当中记载,楚文化远在战国时期就辉煌万分,特别是在当时的湖南与湖北两省中,刺绣艺术炉火纯青,远近闻名。上至帝王下至臣民,都非常热衷刺绣艺术。达官贵人服饰自不必说,即使死后也按礼制规定有大量服饰绣品等陪葬。1972 年,在长沙马王堆汉墓出土过一大批丝绣品,仅一号汉墓就出土了 40 余件绣品,加上随后出土的二、三号汉墓,共出土各类华贵纺织品和服饰 17 大箱,约 150 余件。

1972 年,在长沙马王堆的西汉古墓中又发现了四十余件刺绣衣物和一幅内棺外面装饰的铺绒绣锦。这些绣品采用的图案多达十余种。绣线为未加捻的彩色散丝,色泽丰富,有深蓝、深绿、墨绿、朱红、浅栋红、黄、紫灰等十八种色相。刺绣针法除大量运用了楚墓出土的绣品所用的"连环针",还运用了"齐针"(或"平针"),而且有的绣品在局部还运用了类似"接针"和"打籽针"的针法。总的来看,这些绣品针脚整齐,线条洒脱,图案多样,显色丰富,绣工纯熟。这些说明湖南刺绣工艺早在西汉时期就已经上升到了一定高度,民间的刺绣高手不胜枚举。在我国,人们都知道湘绣历史悠久,但大多数人都对其问世的时间没有概念,部分人认为湘绣艺术从清朝末年才开始兴起。可据历史考证,我国长沙马王堆汉墓中曾经出土了大量的湘绣文物,如"绢地茱萸纹绣"(图 3-18),"绢地乘云绣"(图 3-19)等这些精美的湘绣足以证明早在汉代湘绣就已经闻名于世,湘绣独有的风格让其在众多刺绣工艺品中犹如明珠般发出绚烂多彩的光芒,成为中国刺绣历史长河中的华彩篇章。

1958 年长沙烈士公园三号楚墓木椁出土的绣品,极细丝绢上尽显龙凤图案。1972 年长沙马王堆一号汉墓出土绣品题材可分为三类:楚汉天地人一体及对天的崇拜的题材,对龙凤图腾崇拜的题材,与吉祥如意相关的题材。

图 3-18　绢地茱萸纹绣

图 3-19　绢地乘云绣

　　楚汉文化对湖南民间刺绣以及后来湘绣艺术题材的选取产生了深远影响。这些出土服饰绣品奢华绚丽,每一件都是达宫贵人们价值不菲的服饰珍品,彰显丝绣品拥有者生前的显赫地位。御用画工们在精致的面料上结合印染技术直接勾勒绘制待绣的纹饰图案。例如以藤本科植物题材变形纹样图案为绣稿底本,图案的枝蔓部分,可能采用镂空版或雕刻凸版印染技术完成,蓓蕾、花穗、叶片等花叶主体部分则用细线条勾画描绘而成。一般服饰丝绣品的纹样图案均是由两方或是四方连续纹样形式组成,这些精美的图纹样式对画工的要求非常高。他们必须有空间感,能够在脑海中率先将图画进行一番勾勒,然后在运用娴熟的技巧将脑海中的画面一笔一笔地复制到丝织面料当中。通常技艺高超的画工笔下的图案总是栩栩如生,无论是人物还是动物在他们的手中都是活灵活现。

这一时期的刺绣主要为图案装饰，先由画工设计上稿，然后绣工施绣，一般采用勾描线方式，是否有类似绘画的渲染工序，目前可查的资料尚未记载。

2. 原生态的民间刺绣

在湖南民间，妇女很早就普遍从事刺绣。湖南是一个多民族杂居的省份，全省拥有近四十多个少数民族。在原生态的民间刺绣中，少数民族刺绣是其主体。少数民族长期处于经济落后和文化封闭的环境中，有着原始的生活习俗、宗教信仰和生产方式，无论从题材内容到表现形式，依然保留有楚文化特征。

从现存的湖南民间绣品来看，涉及的题材非常广泛，除常见的山水、花卉、鸟兽、鱼虫等内容外，还有戏文故事、神话传说和寓意吉祥的文字、图案、符号等，这些题材主要是对龙凤图腾崇拜、对吉祥的祈福、对美好生活的向往和追求。湘西地区的苗族刺绣带有强烈的楚文化的印记，服装几乎都在黑色底料上绣花草等五色花纹，题材仍以楚汉刺绣中常见的龙凤为主，并且在神话基础上添加了浪漫色彩，纹样夸张变幻，并按氏族审美用色，既古朴又明艳，形成了民间刺绣体系中重要的风格形态。湘西南地区的瑶族多采用龙、凤、花、蝶图案，服饰绣花则多以棉布等料为底，一般采用先用纸剪出花样贴在底布上，再用丝线将轮廓挑出的方式上稿，然后飞针走线。汉族民间刺绣，湘北一带主要以绣帘、绣帐为主，基本是汉文化产物，题材除了人物、动物、花卉外，还有古典戏装人物、神话传说故事等；湘南一带多绣花蝶鱼虫题材，最具特色的是采用绸、布、呢、绒等原料，剪成一定造型，贴在绣料上，并在其边缘绣上一道直针的布贴方式上稿绣制。

这一时期，由于历史和地域的原因，湖南远离中国政治、经济中心，民间刺绣一直处于自绣自用的生存状态，发展极为缓慢。

3. 以中国画为蓝本的绣画艺术

直到 1910 年前后，在民间刺绣基础上发展起来的湘绣突飞猛进，其间绣庄相继出现，自产自销日用湘绣品，市场慢慢形成。湘绣进入新的发展历史阶段，从表现形式、题材内容、针法创新、技艺合一到大幅作品的产生，都具有开拓性的进展。湘绣在这一时期，上稿一般用纸把画的轮廓勾勒下来，再将勾勒的画稿拓印到绢缎上。

为了扩大生产，适应市场，需要设计适销对路的产品，一大批文人书画家进入湘绣设计行列，宁乡的著名画师杨世焯挟一身画技，开馆授艺，办绣庄，把中国画的优良技艺植入湘绣，题材涉及山水、花鸟、走兽、肖像与字屏，各具特色。之后,更多的文人书画家相继加入,带来了先进的中国画技法和技术理论,湘绣开始脱离早期自发的民间刺绣,逐步向以中国画为蓝本的画绣艺术转变,开创了湘绣以画绣为主的欣赏品市场。随着题材的演变,湘绣从仿苏绣单纯地临摹古代字画的基础上逐渐发展到文人书画家在绣底上直接创作。

在悠久深厚的湖湘文化的孕育中,湘绣以中国画为稿本,用针线来表现所绘花鸟、人物、山石、建筑以及书法作品,是对中国传统书画作品的再创作。与笔墨艺术不同的是刺绣艺术以针代笔,可以细腻地描摹、表现出物象图案的肌理、毛发、纹路和意境。以线代墨,则是通过丝线独有的光泽来表现所绣物象的质感和立体效果,从而全面展现传统湘绣艺术将中国绘画艺术发挥到极致的独特魅力,后逐渐发展成为诗、书、画、印为一体的高雅艺术。不仅让人欣赏到了中国画的意境美,也让人欣赏到刺绣的工艺美,具备了极高的审美价值,湘绣从此脱颖而出,成为"四大名绣"之一。

因受战争的影响,湘绣从 20 世纪 20 年代起逐渐衰弱。新中国成立后,湘绣得以重生。在国家大力扶持、保护和工艺美术推广政策的支持下,出现了计划经济体制下稳定的黄金时期。特别是随着一些大型展会的需要,涌现出了大量绝品刺绣。因时代发展的显著变化,此时的湘绣题材多热衷于政治人物和政治事件。

直到改革开放后,湘绣迎来了崭新的发展时期,各种题材百花齐放,针法技艺水平不断提升,特别是鬅毛针法的诞生,逐步确立了狮虎题材绣品的品牌地位,使湘绣狮、虎作品成为中国四大名绣中独有的形象标志特征。与此同时,湘绣艺人研制成熟的双面全异绣也精彩问世,在双面全异绣题材的选取和构图形式的设计上更是匠心独具,《杨玉环》《杨贵妃》《望月》《花木兰》《上山虎·下山虎》《饮虎》等佳作相继推出,抛开时空局限,将两个不同空间而没有必然时间联系的画面或是同一人物的不同神态组合起来将湘绣推到了极高的艺术境界。

这个时期湘绣上稿方式为笔墨色彩直接描绘在绣底上,上稿后底料上已大体是一幅完整的绘画作品。但是如果绣品的种类不同,湘绣所需要的上稿手法也会存在巨大的差异。绣稿通常被当作日用品来使用。制作绣稿的工艺比较简单,所采取的方法多数是先用白描的手法在纸上勾勒出简洁的线条,再将硫酸纸覆盖在画稿上继续描摹,经过这些步骤之后就需要用电动的小号花针在其上刺出匀称的小孔,最后一步也是最关键的步骤就是将色液刷在绣地之上。

第四章　武陵山地区的民间音乐

武陵山地区是一个多民族聚居的地区,有着丰富多彩的民族音乐文化。在长期的历史发展过程中,民族音乐不断地演变与发展,产生了武陵山地区特有的音乐风格。本章即针对武陵山地区的民间音乐进行细致的研究与分析。

第一节　民间歌曲

一、武陵山地区民歌的历史发展

(一)楚声

楚都民间歌唱曾有数千人相互属和之盛况,但也有雅俗、高低等多样化多层次之分,即"其为《阳阿》《薤露》,国中属而和者数百人;其为《阳春》《白雪》,国中属而和者不过数十人;引商刻羽,杂以流徵,国中属而和者不过数人而已。是其曲弥高,其和弥寡"(《楚辞·宋玉答楚王问》)。楚地音乐文化自然形成一种艺术技巧的高下、雅俗之别,又有老子、庄子创立的道家思想,楚辞为代表的浪漫瑰丽的诗歌文学、浩繁神奇的乐舞艺术,以及独树一帜的青铜冶铸、丝织、髹漆等工艺,足见楚地历史文化渊源的深厚久远。

论及各国民间乐舞的繁荣及《诗经》十五国风中,通常多以"韩、魏、齐、燕、赵、卫之妙音"(《战国策·楚策一》)称道,主要是我国北方的民间作品,而南方音乐文化则堪以楚声为代表。文化之分南北,在春秋以前即有记述。由禹时涂山氏之女所唱的"候人兮猗"歌,即被认为是"南音"的开始。国风中的"周南"与"召南"所谓二南民歌,流传在江汉一带的楚地,以《关雎》《汉广》等为代表,是国风中地区最南的民歌。《左传·成公九年》载:"郑人所献楚囚……使与之琴,操南音。"把这些南歌楚声称为"南音",即"荆楚之音",不只是地方乡音的问题,它包括了音律、调式、风格等诸多形式特征上的不同表现。近世战国楚墓出土的织绵、帛画、青铜器等文物中,多有两舞人相对为一组,头着冠、身着长袍、系腰带,双手甩长袖过头的舞人纹饰图案,楚国乐舞可由其略见一斑。

《国语·楚语下》称,楚国"民神杂糅,不可方物,夫人作享,家为巫史"。楚人尚巫,娱神悦鬼,是楚人的重要生活内容,甚而达到了人鬼无间的地步。故楚地盛行巫风巫舞,巫在楚人心目中的地位远高于其他中原民族,说明楚人对先祖功业极度崇敬缅怀,对鬼神的奉祀极度虔诚。又据郭沫若的研究,楚国当是殷人的后裔。他在《屈原研究》中说:"中国文化的滥觞,事实上是起于殷代。殷朝的人集居在黄河流域的中部,最早把这一带地域开化了出来。周人代殷而起,殷人大部分被奴化了之后,但还有一部分和他的同盟被迫向东南移动,移到了淮河流域和长江流域,便是宋、徐、楚诸国。这些人'筚路蓝缕,以处草莽,跋涉山林',算又把这东南夷的旧居开拓了出来,把殷人所创生的文化移植到了南方。"于是又可知,楚民族是继殷周之后兴起于长江流域的诸侯国。一直处于夷夏各族之间的楚人,在更多地保留了其先民祝融部落文化特点的基础上,吸收夷夏文化的滋养,逐渐形成了风格独具的楚文化,即中原华夏文化与南方"蛮夷"文化的交融。直到春秋战国时,楚地风俗中仍散发出较浓重的原始自然的气息。

长盛不衰的巫风传统也影响到了音乐文化。楚地民间巫歌的大量保存,应是在楚国伟大诗人屈原所作的《九歌》之中。而屈原的《九歌》正是以楚巫歌舞为基础,从中作了大量吸取而创作出来的。即如汉代王逸说:"昔楚国南郢之邑,沅湘之间,其俗信鬼而好祠。其祠必作歌乐,鼓舞以乐诸神。屈原放逐,窜伏其域,怀忧苦毒,愁思沸郁,出见俗人祭祀之礼,歌舞之乐,其词鄙俗,因为作《九歌》之曲。"(《楚辞章句·九歌》序)宋代朱熹则认为:"蛮荆陋俗,词既鄙俚……原既放逐,见而感之,故颇为更定其词,去其泰甚……"(《楚辞集注·九歌》序),肯定了《九歌》是民歌基础的重加润色。屈原本人在《离骚》里也引述曰:"启《九辩》与《九歌》兮,夏康娱以自从。"《天问》中又说:"启棘宾商,《九辩》《九歌》。"王逸注说:"《九歌》《九辩》,启作乐也。"《山海经·大荒西经》说:"夏后开(启)上三嫔于天,得《九辩》与《九歌》以下。"郭璞注也有"启作《九辩》《九歌》"之说。他引《归藏启筮》云:"昔彼九冥,是与帝辩同宫之序,是为《九歌》。"启是禹之子,自然对禹时的南音会多有熟悉。从《九歌》来源的传说可以说明,它原来本无作者,而是早已存在于楚地的一种民间祀神祭礼的乐歌。正如《离骚》说"奏《九歌》而舞《韶》",它实为古代相传的乐曲,是楚人祭祀的巫歌。歌辞中叙述人神之间、神与神之间、男神和女神之间的关系,表达人们对神祇的理解。

屈原所作《九歌》,名九而有十一篇,是由十一首歌舞曲组成的多乐章大型歌舞。它的表演者主要是职司祭祀的巫觋。《汉书·地理志》说："楚人信巫鬼，重淫祀。"巫鬼就是巫觋祭祀的鬼神。但巫实为一种民间歌手，即一些在民间歌谣创作和演唱上有所特长的人。他们既能以歌舞娱神，又能替人祈祷。《九歌》的原始形态，就是这些活跃在民间、经常主持祭祀的巫创作、传播开来的。他们正是民间乐舞的集大成者，而屈原则是收集、加工者。《左传·文公七年》说："《夏书》曰'戒之用休，董之用威，劝之以《九歌》，勿使坏，九功之德皆可歌也，谓之《九歌》'。"《左传·昭公二十年》说："一气、二体、三类、四物、五声、六律、七音、八风、九歌，以相成也。"又把"九歌"作为数字并列，可见《九歌》和声、律、音、风等都属一体。它既是乐曲，必然有舞。乐舞结合、歌诗结合、娱人娱神结合、天地人结合。其天神如东皇太一、云中君、大司命、少司命、东君，地祇则为湘夫人、湘君、河伯、山鬼，人鬼则如国殇和礼魂，多是楚人所祭的神名。这和尧舜等为中心的北方歌谣很不相同，是南方祭祀乐舞的原生形态，也是《九歌》、楚歌所特有的形态。

　　《九歌》除铺述了祭祀排场及赞颂阵亡将士外，中间各篇采用民间恋歌形式，依然是人神或男女神之间的相爱，如大司命与云中君、河伯与洛神、湘君与湘夫人等。《九歌》中设想的神充满人的情感，和凡人一样有其痛苦、欢乐和强烈的愿望与追求。其中对神、人关系的描写，体现了楚人对神灵和祭仪独特的理解，也是楚人现实生活的反映。屈原借助这些内容用以表现他与国君的关系和政治理想，批判楚国贵族腐朽的政治，并以清新的歌辞、明快的语调，运用和改作这些祀神乐歌，反映了楚地巫风巫舞的程序、气势和内容，以及楚歌与祀神歌的关系。屈原在写法上有拟神抒情，有祭祀者的礼赞，有神灵对答，也有神、人的情感交流。这样，就决定了其歌舞的表演形式和各篇乐舞的节奏气氛也有多种对比变化。如男巫、女巫的分唱，一巫领唱、众人和唱及歌舞伴唱和群舞、独舞等。又如，开始祭祀东皇太一时的音乐是"疏缓节兮安歌"，而祭祀太阳神东君的歌舞音乐则是"絚瑟兮交鼓，箫钟兮瑶簴"，《礼魂》歌舞"成礼兮会鼓，传芭兮代舞"，是在一片欢乐的气氛中送神、结束。

　　已知楚地民歌多保留在后人结集的《楚辞》中，为瑰丽闳深的鸿篇巨制，作者以屈、宋之作为主，是祭典仪式上可以入乐弦歌的优美乐歌舞曲，篇幅、曲体、句式、结构等也不同于短篇的北方民歌，而具有参差错落、活泼多姿的楚声特点。《说文》云："乐竟为一章。"故《九歌》《九章》《九辩》之名即指其多篇乐章、多章乐曲。句式中，六言的有四句、六句、八句、十句等，七言的有三句、四句、六句、八句、十句等。此外，还有五言、六言杂句，五言、七言杂句及六言、七言杂句等变格句式。曲式结构中较多的有单个曲调重复或两个曲调的重复，并有如"乱""少歌""倡"（唱）等乐节的两段结构,及主体前后分别有总起、总结的三段结构。据南宋朱熹《楚辞集注》"注"云:"乱者,乐节之名","少歌,乐章音节之名","倡亦歌之音节,所谓发歌句者也"。可知少歌即是一种短歌、小歌。倡即唱,是有的篇章里采用的承前启后的独唱。而"乱",应是结束乐曲的尾声。前述《诗经》音乐已见"乱"的出现,即《论语·泰伯》所载孔子评说:"《师挚》之始,《关雎》之乱,洋洋乎盈耳哉!"清人蒋骥《山带阁楚辞余论》中,认为"乱"是"总理言"一说比较可取,即为一篇楚辞内容的总结或总括:"旧解'乱'为总理一赋之终……余意乱者,盖乐之将终,众音毕会,而诗歌之节亦与相赴,繁音促节,交错纷乱,故有是名耳。孔子曰洋洋盈耳,大旨可见。"如此看来,《楚辞》其音乐文学的风格特征更加明显。它在"撰作时早已准备入乐"(近人丘琼荪《楚调钩沉》)的判断也比较接近事实。

产生于周代的《诗经》和《楚辞》,它们的文化品性不同,在音乐风貌上各领风骚。但它们都来源于民间,经文人的改作和编订,离开了培育它们的原生环境,成为宫廷王室音乐中最富生命力的一部分,为少数统治者阶层、贵族阶层所占有,也是文人学士音乐生活中的重要内容,其文化内涵和社会职能已有转变。这种文人对社会音乐文化的参与和贡献的现象始于春秋战国,起初的影响或许并不是很大,但从后世音乐文化的发展来看,他们对华夏音乐文化的整体发展和格局变迁所起的作用是巨大的。

(二)西曲

魏晋南北朝时期,西曲产生于长江中部流域和汉水流域的荆(今湖北江陵)、郢(今湖北武昌)、樊(今湖北襄阳)、邓(今襄阳略北)地区,而实际上还包括巴东(今四川奉节)、豫章(今江西南昌)、巴陵(今湖南岳阳)等更宽广的地域。"而其声节送和,与吴歌亦异,故因其方俗而谓之西曲云"(《乐府诗集》卷四十七),但与吴歌在形式和内容上很小差别。西曲最初也是徒歌,加入乐器伴奏或还与舞曲并用后,称"倚歌"。当时是由铃鼓和吹管乐器伴奏的歌曲,即如《古今乐录》中的介绍:"凡倚歌悉用铃鼓,无弦有吹。"可能同于《汉书·张释之传》中的"文帝行幸霸陵,使慎夫人鼓瑟,上自倚瑟而歌",或《南齐书·东昏侯纪》中"帝在含德殿吹笙歌作《女儿子》"。这里明确了倚歌《女儿子》所用的吹管乐器是笙。西曲现存歌辞一百四十首,如《莫愁乐》《那呵滩》《乌夜啼》《石城乐》等。西曲中的倚歌舞曲当是一种集体歌舞,《古今乐录》多记为"旧舞十六人,梁八人"或"齐舞十六人,梁八人"等,南朝梁时舞人减半,改为八人。

西曲的句法比吴声多样,其中四言、五言、七言、长短句均有。从其舞曲的送声亦称"送和声"或"和声"来看,像是由众人齐唱的帮和形式,为"副歌"

性质。如《乐府诗集》卷四十八《三洲歌》序云："歌和云，'三洲断江口，水从窈窕河傍流。欢将乐，共来长相思'。"这里曲后只有和。又卷四十九《西乌夜飞》序云："歌和云：'白石落西山，归去来'；送声云：'折翅鸟，飞何处，被弹归。'"这里和、送并存。两曲里的和或送，在形式上似可看作众人帮腔式的唱段，内容多为表意性的衬句或加强词意的重复型的衬句。

（三）竹枝词

竹枝词或竹枝歌是最有代表性的唐代山歌，至今在土家族中还有流行。隋唐间，民间歌曲传入城市。开元、天宝后，城市经济繁荣，市民阶层壮大，传入城市的民歌在城市歌妓、乐工的手里逐渐定型为一种新的歌曲样式——曲子。白居易的《杨柳枝》诗云："古歌旧曲君不听，听取新翻《杨柳枝》。"诗人们也竞相采录、润色、仿制，可见民歌不断滋养着文人的创作。较典型的可以刘禹锡发现和自作《竹枝词》为例。

《乐府诗集》卷八十一"竹枝"项下序云："竹枝本出于巴渝，唐贞元中刘禹锡在沅湘以俚歌鄙俗，乃依骚人九歌作《竹枝词》九章，教俚中儿歌之，由是盛于贞元、元和之间。"刘禹锡在"巴山楚水凄凉地，二十三年弃置身"的贬谪生活中，于夔州偶然发现了《竹枝词》，从而对巴楚一带盛行的民间歌唱表现出浓厚的兴趣。他在自作《竹枝词》小引中说："岁正月，余来建平（重庆巫山）。里中儿联歌竹枝、吹短笛、击鼓以赴节，歌者扬袂睢舞，以曲多为贤。聆其音，中黄钟之羽，卒章激讦如吴声。虽伧伫不可分，而含思婉转，有淇澳之艳音。……故余亦作《竹枝词》九篇，俾善歌者扬之。"由此可知所述的民间竹枝词实为加用乐器伴奏的竹枝歌舞，而且多是以踏歌的形式表现。据《水经注》所记，川东巫溪一带婚嫁时即唱竹枝："琵琶峰下女子皆善吹笛。嫁时，群女子治具，吹笛、唱竹枝辞。"又张籍《送枝江刘明府》诗云："向南渐渐云山好，一路唯闻唱竹枝。"即隋唐时民间竹枝流传甚广，而从唐人写过的诗篇看，听到、采集并仿作竹枝歌的远不止李益、刘禹锡、白居易等。流传至今的佳作有刘禹锡的"杨柳青青江水平，闻郎江上唱歌声。东边日出西边雨，道是无晴还有晴"（《竹枝词》二首之一），语言朴素轻快，双关语运用得极为精巧，民歌的生活气息极其浓郁。

皇甫松的"芙蓉并蒂（竹枝）一心莲（女儿），花侵隔子（竹枝）眼应穿（女儿）。山头桃花（竹枝）谷底杏（女儿），两花窈窕（竹枝）遥相应（女儿）"（《竹枝词》）；孙光宪的"门前春水（竹枝）白苹花（女儿），岸上无人（竹枝）小艇斜（女儿）。商女经过（竹枝）江欲暮（女儿），散抛残食（竹枝）饲神鸦（女儿）"（《竹枝词》）。这两首仿作夹用"竹枝""女儿"等句中和句末的衬词，实为接唱者所唱的"和声"。至于刘禹锡《纥那曲》所说"踏曲兴无穷，调同词不同"，即多为相同曲调唱多段七言歌词的分节歌形式。据唐人《岳阳风土记》载："荆湖民俗，岁时会集或祷词，多击鼓，令男女踏歌，谓之'歌场'。"较早一些的顾况也有乡间踏歌盛会的亲身感受："夜宿桃花村，踏歌破天晓。"（《听山鹧鸪》）及刘禹锡《踏歌行》："春江月出大堤平，堤上女郎连袂行。唱尽新词看不见，红霞影树鹧鸪鸣。"表明踏歌是可以通宵达旦表演不断的一种民间集体歌舞风俗。又《隋书·琉球传》载："歌呼蹋蹄，一人唱，众皆和，音颇哀怨。扶女子上膊，摇手而舞。"及《文献通考》一八四所载得知，踏歌不仅见诸中原内地，而且古代琉球少数民族边地，如西南边陲的"磨蛮"（今云南境内）、"东谢蛮"（今黔东北）、"附国人"（今川西和藏东昌都地区），以及三韩歌舞、三佛齐国乐舞、罗蕃国乐舞、弥臣国之乐、大辽之乐中，皆有踏足而歌、踏地而舞的娱乐民俗。

如《旧唐书》所说："每淫祠鼓舞，必歌俚辞"，即竹枝鼓舞、踏歌一类的民间歌舞往往来自祀神祈福的远古祭祀巫舞、庙舞，是祭祀之后男女相悦的自由娱乐活动。《夔州府志》所载开州的竹枝歌唱活动更为具体："开州风俗皆重田神，春则刻木虔祈，冬则用牲报赛，邪巫击鼓以为溪祀，男女皆唱竹枝歌。"王维《祠渔山神女歌》诗曰："坎坎击鼓，渔山之下。吹洞箫，望极浦，女巫进，纷屡舞。"（《迎神》）"纷进舞兮堂前，目眷眷兮琼筵。……悲急管兮思繁弦，神之驾兮俨欲旋。"（《送神》）古老的迎神、送神仪式上少不了巫女进献歌舞。此类歌舞祀神的活动在巴、渝、吴、楚之地屡见不鲜，如"南方淫祀古风俗，楚妪解唱迎神曲"（李嘉佑《夜闻江南人家赛神因题即事》），故王维之《送神》用"骚体"是很自然的。

巴人是今土家族的先祖，来源于春秋时的巴子国，即上古的廪君之国、周时的夔子国。历称廪君夷、西南夷、江北蛮、巴郡南郡蛮、五溪蛮、赛人、板楯蛮等，与楚人、汉人杂居。唐以前处在不断汉化中，分布较广，但主体部分的聚居地变化不大。故可知巴人竹枝歌来源于楚歌，是"骚体"民歌的衍化。从现存唐诗可知，不少诗人记录过或会唱竹枝歌。白居易的《忆梦得》诗说到"几时红烛下，听唱竹枝词"，自注曰："梦得能唱竹枝，听者愁绝。"他的又一首竹枝仿作唱道："竹枝苦怨怨何人，夜静山空歇又闻。蛮儿巴女齐声唱，愁杀江南病使君。"进而可知巴人竹枝歌的一个突出特点便是以愁苦著称，且多在夜里歌唱。顾况所写"巴人夜唱竹枝后，断肠晓猿声渐稀"，也可说明竹枝的夜半歌声足以令人断肠。白居易的另一首竹枝词："江畔谁人唱竹枝，前声咽断后声迟。怪来苦调缘何苦，多是通州司马诗。"也是一种苦调，其声之悲凉，反映出其内容的凄苦，且蛮儿巴女的苦怨之声甚至绵延至了宋、明时期。明代郭斐在《和赵子昂十二章词》中说："旧思串长叶，新愁咽竹枝。高唐遣调角声悲，惆怅到峨眉。"此间的竹枝歌依然是悲声。

(四)明清民歌俗曲

明清民歌俗曲在发展和流传过程中,尤其是在清代,逐渐形成了集中的不同社会生活题材的民歌群体和有代表性的曲调及其变化形态。这些时调小曲能够在城乡平民中广泛流传,一般都比较简朴,且句体整齐而有节奏性,曲调淳朴,感情真挚。有的时候因为内容表现的需要把单个的支曲联缀起来演唱,或同单曲演唱结合起来成为一个新的曲种,如湖北小曲、长阳南曲、襄阳小曲、四川清音、祁阳小调等地方小曲。

因各地的地域环境、民俗风貌、生活特点的不同,还形成了众多各具地方特色的民歌歌种,如四川山歌及邛州的秧歌,湖南的采茶歌、船渔歌,湖北的采菱歌等。因每逢年节、墟期和民族节日,边疆各地村人山民都要聚到一起,在村寨繁盛壮观的民俗歌会中对唱山歌、番曲、蛮歌之类民歌。

二、武陵山地区的各民族民歌

(一)布依族木叶情歌

1. 对歌择偶

通过对唱山歌来选择自己的心上人,是布依姑娘谈情说爱的主要方式。布依族是一个善歌、乐观的民族,有"人人是歌手,寨寨有歌声"的说法。赶集路上,走村串寨、修房造屋、婚宴喜庆、过年过节时,寨头、河边、沟旁都是对歌的好机会和好场所。鲁布革的三转弯、牛街乡的坝马山、多依河畔、三江口、南盘江畔都是歌会和歌场。布依族的民族传统节日很多,除春节外,还有正月十五元宵节、二月二、三月三、四月二十四、五月节、六月六、六月二十四、七月尝新节等。这些节日都是少男少女们休息娱乐、交友谈情、对歌赛歌的好时机。

二月二,原是以祭"老人房"为中心的祭祀活动。近年来,成了长底、牛街老厂一带布依青年男女的对歌节。每年从春节开始,到二月二日结束。中间有三次高潮期,即正月初二、正月十六、二月初二。在这三天中,数千名青年男女成群结队涌向坝马山下、大瀑布旁。他们踩高跷、荡秋千、耍狮子、摔跤、对歌,热闹非凡。高潮过后,青年男女又到各村寨去对歌赛歌。

三月三是八大河聚居区布依族最隆重的节日,是以祭祀天神、土地神、林神、山神和水神为主的节日。节日期间,少男少女们身穿节日盛装,来到秀丽的多依河边和南盘江畔,赛竹排、打水枪、互泼节日圣水、赛唱山歌。牛街老厂一带的青年男女在这三天中,要举行规模盛大的游山、对歌交友活动。周围几十里的各族青年都被吸引前来参加和观赏这一传统赛歌对调活动。

山歌中大部分是情歌,青年男女通过情歌抒发感情,表达爱慕,吐露心声,并展示自己的聪明才智和机智灵活。布依族的情歌事事皆可入歌。题材广泛,内容丰富,比喻巧妙贴切,用词生动形象,意境优美含蓄,富于想象力,并讲究一定的格律。

如在《采茶歌》中,小伙子唱道:茶叶绿/青枝翠叶好惹目/有心上山摘一把/可惜小哥路不熟。姑娘应答:茶花红/茶花更比桃花红/茶花好看蜂来采/小哥勤俭妹来从。

在《挑水歌》中,姑娘唱道:情妹挑水钩担长/反手握住钩担梁/家中还有半缸水/不是挑水是望郎。

情歌的形式有两种,一种是用布依语唱的,具有叙事性、情境性特点,触景生情,即兴发挥,句数多少不限。如《深深的爱》就是一首用汉语翻译过来的布依情歌:"……妹想哥/上山做活吸哨子/在山沟里高声吸哨子/吸哨子/呼唤亲爱的你/但亲爱的你不答理/高声呼唤你不答应/妹想你/只怕像挑担扁担断/妹想你/有时会突然昏厥/想往你,追求你,思念你/说不定哪一天想断了气/要是妹死了/阿哥吧/手帕你送不送/花伞你给不给/要是你不送/感情就是虚假的/如果阿哥死了/妹要与你同葬在一起/如果妹先死/留给阿哥一把小花伞/……"意境深邃,形象优美。

另一种是用汉语唱的,一般七字一句,四句一段。有群体对唱的,有单个对唱的。有相会、赞美、情探、求爱、初恋、热恋、送别、相思、定情、盟誓、失恋、抗婚、哀怨等歌牌和内容。

客人来到寨子,姑娘们开始用歌声寻找朋友和知音:"月亮黄/你是哪方来的郎/你是哪方来的友/今晚来到我地方。"来客中的小伙子用歌声回答:"月亮黄/我是东方来的郎/我是东方来的友/好玩好耍你地方。"随着你唱我答,男女双方由素不相识,到逐渐熟悉。姑娘们的胆子开始大起来,所唱的歌也具有了挑逗的意味:"小小蜜蜂翅膀勾/一飞飞到花园头,胆大蜜蜂得花采,胆小蜜蜂蹲岩脚。"小伙子们却谦逊客气起来:"久不唱歌忘记歌/久不捞鱼忘记鱼/久不读书忘记字/久不连妹脸皮薄。"

这些歌都是一群小伙子对一群姑娘的群体对唱。唱到一定时候,如果感情逐步加深,相互看中,便会一对一对离开群体,一对一地继续对唱下去。

"春来燕子两边飞/妹拿丝网把它围/有心有意进丝网/无心别在网边飞。"姑娘试探小伙子的心意后唱道。"哥一山来妹一山/表哥表妹栽牡丹/天上洒下春风雨/牡丹红花开满山。"小伙子表示愿意继续对唱下去,深入了解。

通过相互对唱,有了一定的了解和感情之后,便互相欣赏赞美起来。小伙子唱道:"妹是天上五彩云/又会下雨又会晴/好比半岩清凉水/救活多少口渴人。"姑娘便接着唱道:"情郎小嘴好会言/言语更比甘蔗甜/哪时学得郎本事/炒菜不用放油盐。"

为了进一步探知对方的心意,双方开始逗乐、试探、考察。小伙子唱:"情妹说话情不真/双黄鸡蛋两样心/清早还在和我好/下晚又去连别人。"姑娘不甘示弱,给予还击:"记得正月初六七/哄妹爬楼哥抽梯/芭茅搭桥哄妹过/白纸糊马哄妹骑。"

交往到一定程度,开始接触到婚姻成家的实质问题,小伙子开始求爱:"妹家门前一蓬瓜/青藤绿叶开黄花/瓜藤开花会结果/你我几时才成家。"姑娘也明确表明自己的心迹:"大田栽秧丘对丘/郎一丘来妹一丘/唯愿老天下大雨/冲垮田埂做一丘。"

为了进一步考察姑娘是否对自己真心实意,小伙子还会进一步探问:"哥爬坡来妹过河/上坡过河受折磨/苦磨日子哪个过/穷家小户少欢乐。"姑娘随即表明自己的坚定决心:"阿妹下坡过了河/妹愿为哥受苦磨/只求与哥一家住/再苦再累也欢乐。"

最后,双方信誓旦旦地互相表达他们为了追求纯真爱情,不怕艰难困苦,冲破阻力和干扰的决心。小伙子唱:"想吃辣椒不怕辣/有心连妹不怕杀/铁链当成围腰带/监牢当成花园耍。"姑娘表示:"大风呼呼刮过街/刮断池塘莲花苔/莲断藕断丝不断/大风刮过花又开。"

当一对恋人分手时,歌声表达的是双方依依不舍的心情。男唱:"送妹送到五里坪/再送五里怕有人/撞着别人不要紧/撞着老爹要打人。"女唱:"送郎送到五里街/眼泪流腮衣袖揩/妹把衣袖揩烂了/问郎何时才能来。"

久不相见,分外思念。为表述相思之苦,小伙子唱:"想妹想得血冲心/九十九罐药不灵/九十九罐药不好/一见情妹病脱身。"姑娘唱:"想起情郎好心疼/活计难做饭难吞/吃饭好比吃沙子/吃菜好比吃树根。"

布依族青年男女在对歌赛歌时交往开放自由,但同时也具有严格的行为规范,婚前的性关系是严厉禁忌的,对歌也有几条不成文的规矩:一是男女对歌时,要保持一定的距离;二是同宗同姓同寨的人不能对唱情歌;三是有老人在场,唱歌对调先要向老人致敬,若要唱谈情说爱的内容,先要征得老人的同意后才能唱;四是结了婚的妇女不再参与对歌;五是对歌者的年龄要相当。因此,尽管在对歌时,有的唱得情意缠绵、如醉如痴,有的唱得大胆、放肆,有的唱得坦诚、直率、直抒春情,但他们从不越雷池一步。正如一首情歌中表达的那样："这方小郎好人才，这方小郎人才好，只得望望不得挨。"

布依少女对唱情歌还有一个特点，就是不放开嗓子高声歌唱，而是含情脉脉、轻声吟唱，表现出布依少女含蓄、内秀、柔情似水的性格。

2. 木叶传情

吹木叶是布依族青年男女表达爱情、寻觅知音的又一种广泛而独特的方式。在布依族中流行着这样一首情歌："高山木叶起堆堆，可惜阿哥不会吹，哪时吹得木叶叫，只用木叶不用媒。"

小小一片木叶，在布依青年男女口中，简直成了神奇的乐器。它声音响亮、动听、悦耳，悠扬婉转，能吹奏多种曲调，表达多种感情。木叶可以在不宜对歌的场合和情况下向恋人暗递信息，表达心声。在隔山隔水的远处，木叶一吹，便可告知对方"我来了"，使对方心有灵犀一点通，也情不自禁地吹起木叶以声相和，遥相呼应。他们叫此为"吊姑娘""吊伙子"。当恋人分别远去时，用木叶吹奏一曲，以之相送，以表恋恋不舍的心情。正如歌中所唱的那样："吹起木叶唱起歌，木叶送妹九重坡，有情有意半坡等，无情无意各走各。"

布依青年用吹木叶来传递恋情，还有一个美丽动人的传说：从前，有一个孤儿叫丹叶，憨厚老实，勤劳善良，靠打柴卖草度日，到了二十五六岁还未成亲。有一天，他打柴回家，顺手摘下一片树叶放在口中吹奏，便发出了悦耳的响声。从此，他每天上山打柴都要摘几片叶子放在嘴唇上吹奏，久而久之，便能吹奏出表达自己酸甜苦辣、喜怒哀乐的曲调。优美动人的木叶声传到了天庭，感动了七仙女，她决心下凡和丹叶成亲。

一天，丹叶砍了一挑柴正坐在树下吹木叶解闷，曲子是："高山木叶堆摞堆，摘下木叶轻轻吹，木叶吹了千万遍，还是单身把家回。"曲子一完，只听对面山坡上也响起了木叶声："高山木叶张对张，哥吹木叶妹心慌，木叶好比金丝线，牵妹来和哥成双。"就这样你来我往，声声相和，木叶声把一对有情人连在了一起，两人也逐渐靠近。当丹叶见到面前的一位美若天仙的少女手中握着一片木叶，含情脉脉地站在那里时，壮着胆子上前询问，才知她是天上的七仙女，因被他优美动听的木叶声打动吸引，特意下凡和他相爱成亲。他们相识相爱，结成了美满姻缘，过着男耕女织的美好生活。从此以后，布依青年就时兴吹木叶，用木叶声作为谈情说爱的媒介，传递心声。

木叶声伴随了一代又一代柔情蜜意的恋人，使他们喜结良缘，共度美好时光。有的人还能一嘴同时吹两片叶子，曲子格外美妙动听。

近年来,随着时代的发展、进步,社会活动空间扩大,青年男女接触交往的机会越来越多,谈情说爱的方式和途径也多样化起来。如一同看电影、共进歌舞厅,一同赶集、劳动等,传达感情和交流思想更加直接而快捷。吹着木叶,唱山歌,绕山绕水的慢节奏方式已不能完全满足现代青年男女表达情意的需要。因此,吹木叶已不再像过去那样盛行,但仍然是他们传情达意的重要方式。

(二)土家族民歌

土家族自称"毕兹卡",主要分布在湖北省西部的来凤、鹤峰、咸丰、宣恩、利川、恩施、巴东、建始、五峰、长阳和湖南省西部的永顺、龙山、保靖、桑植、古丈等县及重庆市的酉阳、秀山、彭水等县。

土家族的语言属汉藏语系藏缅语族,接近彝语支。无本民族文字,通用汉文。现绝大多数土家族人使用汉语,仅在酉水流域流行土家话,约有 20 万人使用。

关于土家族的来源,目前有三种不同的说法:一说源于古代的巴人;二说根据湘西龙山等县出土的新石器文化遗址和土家语地名,认为主要源于湘西土著,与后来进入该地区的巴人、汉人融合而成;三说根据《复溪州铜柱记》有关记载,土家语与彝语相近以及土家族与云南某些彝族支系的风俗相同等现象,认为源于唐代史书记载的"乌蛮"。

土家族固有的宗教是崇信万物有灵,并供奉祖先,主要神灵有猎神、土地神、阿密妈妈、四官神等。土家族的巫师叫"梯玛",职责是主持祭祀、婚丧礼仪及驱鬼除病等。"梯玛"为世袭。

土家族主要从事农业生产,主要作物以稻谷、玉米、小麦及各种杂粮为主。土家族受汉族影响较早、较深,大部分地区风俗习惯已与当地汉族相同,只在少数偏僻地区,仍保留着一些本民族的传统习俗。

土家族民歌分别用汉语和土家语演唱。用汉语唱的土家族民歌数量多,分布面积广,主要有小调、山歌、号子、灯调、薅草锣鼓、婚礼歌等。流行全国的《龙船调》便是一首湖北西部利川县一带用汉语唱的土家族灯歌。土家族灯歌在音乐风格方面与当地汉族民歌中的小调比较一致。《龙船调》多在正月十五玩灯时演唱。这首歌有小姑娘(歌中称"妹娃")和艄公两个人物及简单的情节,因为表演的需要,所以音乐充满变化。旋律洗练简洁,优美动听,情趣盎然,深受全国人民的喜爱,在 1983 年,《龙船调》(例 4-1)曾被评为世界最优秀的 25 首民歌之一。

例 4-1

龙船调

土家族民歌

（女）

正 月 里 是 新

二 月 里 是 春

年 哪　　咿 哟　　　喂，　妹 娃 去 拜　年 哪 嚯 喂，

分 哪　　咿 哟　　　喂，　妹 娃 去 探　亲 哪 嚯 喂，

（男）　　　　（女）　　　　　　　　　（男）

金 那 叶 儿 锁，　银 那 叶 儿 锁，　洋 雀 叫 那 哈 搔 着 鹦 哥　搔 着 鹦 哥。

金 那 叶 儿 锁，　银 那 叶 儿 锁，　洋 雀 叫 那 哈 搔 着 鹦 哥　搔 着 鹦 哥。

（女）　　　　　　　　　　　　（男）

（女白）妹娃要过河,哪个来推我?　艄公你把舵　扳（哪）　妹 娃 你 请 上

（男白）1.我就来推你嘛!

　　　　2.还不是我来推你嘛!

（合）

船,　哦啊 喂 呀 左 哦啊 喂 呀 左,　将 阿 妹 推 过　河 哟 嚯　喂。

　　土家族婚礼歌包括哭嫁歌、陪十姊妹歌、陪十兄弟歌、撒帐歌、闹新房歌等。哭嫁歌是姑娘出嫁前数天边哭边唱的歌,土家族姑娘从十二三岁便要开始学习唱这种歌,如果出嫁前不会唱或唱不好出嫁歌,就会被人耻笑。过去唱哭嫁歌,主要的功能是对封建婚姻制度的控诉。但今天这种歌曲的功能已经有了改变,成为办婚事时的一种群众性的娱乐活动。土家族民谚说:"土家三大乐:家伙、哭嫁、摆手歌。"其中的"家伙"是指打击乐器合奏"打家伙",而哭嫁就是指唱这种歌曲了。哭嫁歌的内容非常丰富,有母女哭、父女哭、兄妹哭、姑侄哭、姑嫂哭、姊妹哭等。从演唱形式上看有独唱、重唱两种不同的形式。重唱发生在母女哭和姊妹哭时,一个人先唱,另一个人随后加入,这样便造成了两个声部有规律交错出现的轮唱形式。

　　《柑子树》(例 4-2)是"陪十姊妹歌"中的一首,主要流行在湖北鹤峰一

带。"陪十姊妹歌"是在新娘出嫁前一天的晚上,由村里未出阁的九个姑娘加上新娘共十人相围而坐,边饮酒边唱的歌。《柑子树》的曲调并不方整,低沉、舒缓的曲调唱出了姑娘们对新娘的依依惜别之情。

例 4-2

柑子树

土家族民歌

1.柑子(的)树(哝 哟 哟)　柑子　　叶,
2.柑子(的)树(哝 哟 哟)　叶儿　　青,

干姊的干妹　干妹妹(嘛)舍(呀)　舍(呀)不　得,
干姊的干妹　干妹妹(嘛)舍(呀)　舍(呀)不　得,

干妹的干哥　哥。
干妹的干哥　哥。

柑子甘(哝嘛 哟)　甜又　香　　哟,

干姊的干妹　干妹妹(嘛)舍(呀)　舍(呀)不　得,

(干妹的干哥　哥呀啊)舍(呀嘛)舍不　得　哎　哎。

哎，　　　　　　舍(呀嘛)舍不得。

　　用土家语演唱的民歌数量不多,仅流传在龙山、保靖、永顺和来凤四县,有山歌、摇儿歌、咚咚喹歌等品种。

　　用土家语唱的山歌目前仅流行在湖南龙山县、保靖县、永顺县和湖北来凤县一带,其结构比较规整,是由四个乐句构成的单乐段,曲调简朴,风格接近当地流行的汉族山歌,但突出前短后长的节奏型。

　　摇儿歌曲调平稳,节奏舒缓且突出前短后长的节奏型,风格很接近彝语支诸民族的民歌,可能保留了较多的古代因素。

　　咚咚喹是土家族的一种吹奏乐器,竹制,长约20厘米,管身正面开三孔。用咚咚喹吹奏的曲调,土家族人称为"曲牌",这些"曲牌"大都有固定的标题和唱词,称为"咚咚喹调"。"咚咚喹调"的旋律多由三个或四个音构成,主词少衬词多,为妇女及儿童所喜爱。

　　土家族的舞蹈歌分为宗教舞蹈歌和民间祭祀性舞蹈歌两类,第一类主要是"梯玛"歌,第二类有摆手歌及跳丧歌两种。

　　"梯玛"歌是巫师在驱鬼邪、祭祀神灵和祖先时表演的。其歌曲调简朴,有朗诵性,曲式为单句体,歌词即兴编唱。演唱时,"梯玛"一手摇铜铃,一手舞刀,边舞边唱。

　　"摆手歌"是在跳摆手舞间歇时唱的歌曲,其曲调古朴、节奏鲜明。歌词分为四个部分,第一部分唱人类创造世界,第二部分唱民族大迁徙。"摆手歌"描绘了土家族的先民长途跋涉,终于到达现在的居住的地区的事。第三部分唱的是土家族人民和当地苗、汉兄弟一起从事农业生产劳动的情况,第四部分则唱几个古老的故事传说。"摆手歌"在土家族民歌中的地位很重要,集中表现了土家族音乐的特色。

　　跳丧舞又名"游棺"或"撒尔嗬",是为安葬前夜故去的老人在灵前表演的歌舞。由歌师击鼓领唱,二人帮腔,边跳边唱。其动作粗犷有力,旋律古朴,并用旋宫手法加以发展。

　　通过研究用土家语演唱的土家族民歌作品,可看出土家族民歌有以下几个特点:①采用五声音阶,宫、羽两个调式最常见。宫调式的民歌多以宫、角、徵三个音为骨干,羽调式的旋律则以羽、宫、角三个音为骨干。②旋法以级进为主,小三度音程比大二度出现的次数更多,更频繁。③旋律线条一般为下降型，即从较高的音区开始，逐渐进行至较低的音区结束。④常用混合节拍。⑤突出前短后长的节奏型和前密后疏的节奏安排。⑥在腔词关系方面，贯穿着"一字一音"的原则。

上述土家族民歌的特点与当地汉族民歌的特点完全不同，与藏缅语族彝语支诸民歌有较多联系。因此从音乐学的观点出发，应当支持土家族源于"乌蛮"的说法。

据《新唐书·南蛮传》记载，约在唐代中叶之后，"越西"一带的"乌蛮"曾入贵州，"兵敷出侵地千里"。又据《复溪州铜柱记》说："盖闻样牁接境，盘瓠遗风，因六子以分居，人五溪而聚族。"亦认为土家族来自贵州。土家族自称"毕兹卡"与彝族语言中的"比济""毕节"谐音，也是土家族源于云南、贵州的佐证。

（三）苗族民歌

苗族分散居住于贵州、四川、云南、广西、湖南、湖北和广东等省（区）。苗族是我国南方少数民族中人口较多、居住又较分散的一个民族。

苗族的语言属汉藏语系苗瑶语族苗语支，有三种方言：湘西土家族苗族自治州和贵州铜仁地区通行东部方言；黔东南、黔南、广西大苗山、三江和湖南靖县等地通行中部方言；贵州中部和西北部、四川南部和云南通行西部方言。三种方言在语法上基本相同，但词汇的差别较大。

苗族是一个历史悠久的古老民族，但其族源目前尚无定论。有人认为古代传说中的蚩尤部落与苗族有亲缘关系，有人认为苗族源于三苗。但目前已有足够的史料可以证实苗族的先民秦汉时曾在长江中游与汉江流域一带居住过。他们和当时居住在那里的其他民族一道，创造了举世闻名的荆楚文化。它作为华夏文化南支的一个重要代表，曾在古代的东方放射出灿烂的光芒。

由于居住地区和方言的不同，苗族民歌有不同的传统分类方法，大多数地区按题材和内容分类，有的地区按歌词篇幅长短分类，还有的地区（如湘西）按曲调的性质分类。按演唱场合的不同，苗族民歌可分为山歌、游方歌、酒歌、风俗歌、祭祀歌、儿歌等类别。

苗族山歌黔东南称为"飞歌"，湘西称为"高腔"，西部方言区则称为"顺路歌""吼歌""喊歌"等。山歌只能在山冈上、树林中及田间地头唱，曲调高亢抒情，旋律起伏大，节奏自由，拖腔特别长，常用滑音润腔，多用假声演唱。《登苗岭眺望》（例4-3）是一首流行在贵州的苗族"飞歌"。

例 4-3

登苗岭眺望

苗族民歌

登苗岭　眺望　呃，

看江河　清清　呃　　　呃，

望群山　闪光，

村村芦笙　响，　　寨寨歌声扬，

家乡处处春嘞，　年年百花放　　呃。

　　苗族青年男女在婚前有比较自由的恋爱生活,每个村寨都有一个供本寨姑娘与外寨小伙子对歌的固定地点。这种传统的青年男女之间的社交活动,在黔东南称为"游方",广西融水称"坐寨"或"坐妹",东部方言区则叫"会姑娘",而在此种活动中唱的歌就叫"游方歌"。游方歌按其内容,分为"见面歌""青春歌""赞美歌""求爱歌""相爱歌""成婚歌""逃婚歌""离婚歌""分别歌""单身歌"等。游方歌的旋律大都低回婉转、优美动听,善于把叙事与抒情糅合在一起。其演唱形式有对唱、齐唱、独唱等。

　　酒歌是在酒宴上唱的歌曲,大多在逢年过节、红白喜事及亲友来访时演唱。酒歌从歌词的篇幅上可分为长歌和短歌两类。短歌多为劝客饮酒的即兴之作,长歌大部分是讲述本民族历史传说、民间故事和歌颂英雄的叙事诗。

　　苗族的风俗歌分年节风俗歌和生活歌两种。各地苗族过的节不完全相同,同一节日,在时间上亦可能有先后。除苗年之外,各地有龙船节、花山节、吃新节、清明节、赶秋节等。年节歌主要叙述年节的来源和节日里有关的活动。生活习俗歌有丧歌、哀歌及婚礼歌等,其中以婚礼歌最有特色。婚礼歌大致可分为三种:一是唱婚礼习俗;二是追述婚姻起源和婚姻制度的变革情况;三是反映青年妇女被迫出嫁的痛苦。这些歌曲都是配合一定的仪式,在婚礼过程中演唱的。

苗族的祭祀歌多由巫师或头人领唱,众人合唱,主要有在为老年死者致哀期满后的《开禁歌》,巫师祭神除病免灾时唱的《祭鬼歌》和在“吃鼓藏”时唱的“祭鼓歌”。这些歌曲的音调多与风俗歌及酒歌有关,其中最有代表性的是《祭鼓歌》。《祭鼓歌》的歌词十分长大,曲调庄严而肃穆。

苗族儿歌分为两种类型,一种是儿童游戏歌,另一种是反映孤儿痛苦生活的歌。儿歌的曲调简单,节奏规整,结构短小,乐汇单纯。

苗族民歌的特点,主要表现在调式及其框架、旋律线条、节拍节奏及和声观念等四方面。

宫调式是苗族民歌中最重要的调式,曲调常以宫、角、徵三声为骨干音,但角音常不稳定,并出现向上滑向徵音及向下滑向宫音的特殊进行,曲调多结束在低音区的徵音上。

由于曲调常以宫、角、徵三声为骨干音,苗族民歌的旋律常在五度、八度或更宽的音域内作类似“分解和弦式”运动,形成跳进较多的风格特点。苗族各地区的民歌作品都很重视核心音调的运用,每首民歌的旋律都围绕着核心音调来展开。苗族民歌中,除单声部作品外,尚有不少复调式与和声式的多声部作品。

现今流行在鄂中一带的汉族民歌在音调上和苗族民歌有许多相似之处,如鄂中民歌曲调常以宫、角、徵三声为骨干,并采用在骨干音的基础上添加商音或羽音构成的四音音列。据历史记载和传说,苗族先民早在殷周时代已在今湖北清江流域和洞庭湖一带生息。约在春秋战国时,在荆州一带也有苗族先民活动。结合苗族历史进行考察,苗族民歌和湖北汉族民歌之间的共同特点很可能是同源的标志。也就是说,苗族民歌和湖北地区的汉族民歌很可能分别保存了古代“荆楚音乐”的音调特征。这样,号称“云岭之歌”的苗族民歌可以看作是“荆楚古韵”在我国西南山区的传承发展。

(四)侗族民歌

侗族主要分布在贵州、湖南、广西三省(区)相毗邻的地区,黔东南苗族、侗族自治州是侗族的主要聚居区,有58%的侗族人住在这里。侗族人民主要从事农业生产,兼营林业。

侗族源于古代的“百越”,系由秦汉时期西瓯中的一支发展而来。侗语属汉藏语系壮侗语族,以贵州省锦屏县南部侗、苗、汉族杂居区为分界线,分南、北两个方言区。

侗族信仰多神,崇拜自然物,古树、巨石、水井、桥梁均属崇拜对象。某些氏族社会制度残余,如带有部落联盟性质的"合款"制,在侗族中一直保存到清末民初。

侗族民间谚语说:"旱田种谷,水田种禾,侗家人人会唱歌。"唱民歌是侗族人民生活中的一个重要组成部分。北部方言区民歌和南部方言区民歌风格各异。

侗族北部方言区包括贵州的天柱、锦屏、剑河、玉屏;湖南的新晃、靖县等地区。这里流行的民歌均为单声部,有山歌、玩山歌及酒歌、民间仪式歌等类别,其中以山歌和玩山歌流行最广泛。

山歌侗语叫"阿高井",意为"高坡歌",常在山野中演唱,歌词多即兴编成,内容与劳动、爱情等有关。山歌曲调高昂,音域宽广,具有山野气息。

凡是同族异性青年男女,在节日期间、赶场路上、走亲访友或参加婚礼等机会相遇,互相认识后,便可约定日子,群体到山上相会,对唱情歌,这种社交活动被称为"玩山"。"玩山歌"即在这种活动中演唱的歌曲。"玩山歌"有一套歌曲,按玩山的程序和场合演唱,有"约日子歌""初会歌""赞美歌""盘答歌""试探歌""初恋歌""嘱咐歌""送行歌""相思歌"和"信物歌""失恋歌"等多种。"玩山歌"以对唱、独唱、齐唱为主要形式,曲调多样,每个地区都有十几种。"玩山歌"中有一种很有特色的"白话",具有倾吐、吟诵的性质,介乎说、唱之间。有时,先唱一段"白话",后接四句曲调性较强的"玩山歌",形成二段式结构。

南部方言区包括贵州的黎平、榕江、从江,广西的三江、龙胜、大苗山,湖南的通道等县。该地区的民歌有大歌、小歌、叙事歌、习俗歌等类别。侗族民歌中的大歌在2009年被联合国教科文组织列为"人类口头和非物质遗产代表作"。

大歌是一种二声部同声合唱歌曲,有女声大歌、男声大歌、童声大歌三种。大歌的织体多用支声复调和持续音唱法,音程以三度、六度最为常见,四度、五度次之。大歌多采用羽调式,常用调式交替手法,以求得色彩变化。大歌一般分为"鼓楼大歌""叙事大歌""声音大歌"和"儿童大歌"四类。

侗寨建有形如宝塔状的鼓楼和风雨桥,是村民议事、聚会、歌唱娱乐的场所。鼓楼大歌在鼓楼迎接宾客时演唱,多以地名命名。叙事大歌多以人命名,为叙事性合唱歌曲,内容多为神话、历史故事和英雄人物的传说。声音大歌,侗语称其为"嘎所",以表现声音和曲调的美为目的。在曲调中往往有巧妙而优美的对自然景物的摹写和模仿。如流水、鸟叫、蝉鸣,加以和声衬托,听来十分悦耳。《蝉之歌》(例4-4)是一首著名的"嘎所",通过描写蝉的鸣叫,抒发对爱情生活的向往。儿童大歌是由儿童演唱的大歌,曲调活泼,音域不宽,以儿童游戏和传授知识为主要内容。

例 4-4

蝉之歌

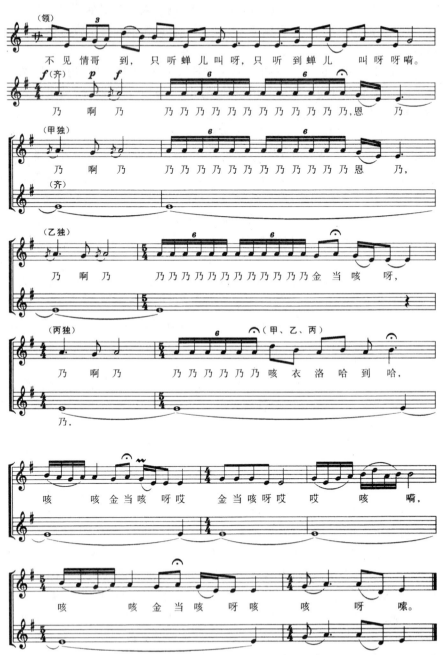

　　小歌,侗语称其为"嘎拉",是流行在南部方言区的单声部民歌,主要是在"月堂"由青年情侣"行歌望月"时独唱、对唱的歌。这类歌用小嗓轻声慢唱,曲调较为短小,情绪委婉缠绵。

　　叙事歌,侗语称其为"嘎锦"。演唱者多为歌师,形式为自弹自唱,以唱为主,中间夹以口语叙述。"嘎锦"的曲调按流行地区的不同分三种:流行于六洞地区的,用低音大琵琶伴奏,由男歌师演唱,曲调起伏大、音域宽,表现力丰富;流行于黎平和从江九洞、十洞地区的,由男歌师演唱,用牛腿琴伴奏,表情细腻、曲调委婉;流行在黎平、榕江交界处的,由女歌师演唱,中型琵琶伴奏,旋律优美流畅。"嘎锦"的曲目有50多个,多半取材于侗族民间传说故事。其中有反映侗族迁徙的古歌,如《侗族祖先哪里来》《祖源》《查祖歌》《忆祖歌》《祖公上河》;有叙述侗族重要风俗习惯来源与变化的歌,如《英郎美道》;还有叙述青年男女反对封建婚姻制度,追求幸福爱情、争取婚姻自主的歌,如《覃宝与引妹》《锁妹与丙郎》《珠郎娘美》等;另外,汉族的《梁山伯与祝英台》《孟姜女哭长城》等故事亦被改编为侗族叙事歌,在侗族地区广泛流传。

　　习俗歌种类较多,诸如拦路歌、开路歌、酒歌、赞歌、哭歌等。拦路歌和开路歌,是侗族青年男女进行社交活动时唱的一种歌。在男婚女嫁的喜庆日子里,男方派人来女方村寨接新娘,女方村寨里的青年们便在路上用板凳等物设置障碍,或手牵着手拦住进寨的路,并用歌唱出拦路的理由。这时,对方就必须以歌回答,谓之"开路"。另一种情况是每逢节日,村寨之间互相邀请对方的歌队来唱歌演戏,届时杀猪请客款待对方,借此机会让青年人彼此联络,扩大交往,这种形式叫"歪顶",也叫"吃相思"。客人来时,东道寨的青年就故意拦路,以歌发问。贵州从江县龙图寨所保留的拦路歌最为完整,由数十首歌组成,曲调丰富,其中有一些带有多声部支声复调的性质。酒歌,侗语称之为"嘎靠",主要在款待客人的盛宴上演唱。赞歌种类繁多,从内容上看有赞村寨歌、赞鼓楼歌、赞屋子歌、赞水井歌等,一般是客人去外寨做客时,在主人家喝酒前唱的,其曲调的风格和酒歌相近。哭歌是侗族办丧事时通唱的一种吊唁歌。

　　民间歌舞有踩歌堂、芦笙舞、龙舞、狮舞等。踩歌堂是一种踏歌形式,主要流行在南部方言区。每年正月,大家穿着节日盛装集中在鼓楼坪上,先鸣枪放炮,然后人们互相牵手搭肩,围成圆圈,以整齐的步伐,边舞边唱。传统歌词以歌颂祖先、祈求丰年及全寨平安为主,因歌中多出现"多耶"的衬词,故踩歌堂又称为"多耶"。

　　侗族民歌多用五声音阶。南部方言区的音乐作品无论何种体裁,大多采用羽调式。在北部方言区的民歌中,羽调式、商调式较多,徵调式次之,宫调式较为罕见。

多声性是侗族民歌的又一特点,无论在民歌、民间歌舞音乐、民间器乐曲和侗戏的歌腔中都可发现多声部的作品,多声部构成的原则是用一个持续音衬托旋律,这种织体在侗族多声部音乐中占有很重要的地位。

侗族是一个具有聪明才智的民族,也是一个音乐的民族,善歌者在侗族人民中受到尊敬。年长的教歌,年轻的唱歌,年幼的学歌,是侗族社会固有的习俗。千里侗乡,处处闻歌声。侗族有句俗话说:"饭养身,歌养心。"把音乐和生存联系起来,同等对待,应当说是较为罕见的。这可以说是对侗族人民高度热爱音乐的文化心理素质的概括。

第二节　民族器乐

一、武陵山地区的传统乐器

(一)金石钟鼓之乐

我们说先秦宫廷艺术以金石之乐为标志,先秦器乐艺术是我国器乐发展史上的第一座高峰,是从它形成的脉络来看的,这个脉络形成是一个漫长的渐进过程。我们对夏代社会文化、音乐文化的了解,较多地还是来自古代传说,但仅凭一些零星传说的材料毕竟难以稽考,还须更多地依仗已有的考古成果,尤其是器乐文化。商代对前代乃至更古老的华夏传统乐器的继承比较直接,它继续沿用着源自原始社会的不少乐器。引人注目的是,历史以从不停歇的脚步,推动商代跨入了伟大的"青铜时代",而只有在青铜乐器大规模出土之后,才终于让我们看到了春秋战国器乐文化的真正辉煌。

商族崇信上天神灵的风习,宫廷推崇无度享乐的时尚。为满足宫廷贵族的祭祀活动和音乐享乐生活丰富内容,宫廷乐队无论是规模、乐器种类,还是表演技艺,都发展很快。其突出表现是乐器的制作工艺及音乐性能,较之以前有了明显的改进和提高。此外,旋律乐器增多,节奏乐器向旋律乐器演化,从而促进了器乐合奏形式呈现多样,也是明证。

1977年湖北崇阳汪家嘴大市河岸,出土了一具约为晚商至西周早期的铜鼓(图4-1),但明显是木腔皮鼓的仿作。钮作马鞍形,鼓面椭圆形,下设开档方圆足。既是可悬击的"悬鼓",又是可置地演奏的"足鼓"。鼓面仿牛、羊皮。

图 4-1　湖北崇阳兽面马鞍钮铜鼓

随着西周到春秋时期宫廷雅乐和社会音乐的高度发展,周代乐器在礼乐活动中和社会音乐生活中呈现出丰富多样的盛景。尤其是为宫廷典仪服务的以钟、鼓类重击乐器为主的金石之乐,更被涂上了浓重的政治、伦理色彩,倍增了它威严、肃穆的象征性和威权性。

武陵山地区出土的的石类乐器主要有磬,多枚成组的编磬是"金石之乐""金石之声"的重要组成部分。经西周中晚期制作工艺的大发展,至春秋时期,磬的形制完全定型,但编磬的枚数多寡不定。战国初期曾侯乙墓编磬(图 4-2)达三十二枚。

1977 年 9 月,空军某部在基建中偶然发现了湖北随县雷鼓墩一特大古墓,经考古人员研究确认为是战国初年附庸于楚的曾国侯君乙之墓,命名为"曾侯乙墓"。墓葬出土编钟、编磬等乐器,品种之多,规模之大,以及乐器铭文体现的乐律成就之高,皆属空前。

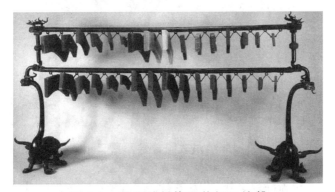

图 4-2　湖北随州战国曾侯乙编磬

　　曾侯乙墓的发掘期从 1978 年 5 月 11 日开始，至 6 月 28 日结束，墓中出土文物一万五千余件，其中乐器共有钟、磬、鼓、篪、笙、箫、琴、瑟八种一百二十五件，为整套的金石乐器。其余均为青铜礼器、用具、兵器、车马器、金器、玉石器及竹简等。墓葬营造共耗圆木约五百方，青铜十吨五百公斤，黄金八千四百三十克。墓室分东、中、北、西四室，总面积二百二十平方米。中室的编钟占两面，编磬占一面，均保存完好，且气象辉煌，为"诸侯轩县"等级的宏大金石乐队。编钟共六十五件，包括编甬钟四十五件、编钮钟十九件，楚惠王赠送的镈钟一件。分三层八组悬于一曲尺形钟架上。架高约三米，总长近十一米。最上层是钮钟，分三组悬挂在上层的三根横梁上。甬钟分中层三组，下层两组，各钟均刻有"曾侯乙作持"错金铭文，共两千八百多字。楚王镈是墓主死后下葬时临时移入，不为编钟所属。编磬共三十二枚，出土时多数破碎不能悬挂，磬料以青石为主。磬架立柱由龙首、鹤颈、鸟身、鳖足混合构建而成，雕工精美。磬体有七百余字的刻文和墨书等。编磬现已整体复制。中室乐器还有建鼓、扁鼓、短柄鼓各一件，二十五弦瑟（图 4-3）七件，笙四件（包括十四管、十二管两种形制），十三管排箫两件，十孔篪两件。东室为墓主棺所在室，出土乐器有二十五弦瑟五件，十弦琴一件，十八管笙两件，悬鼓一件。另有编钟调律工具均钟一件。乐器配备是"房中乐"的完整编制。此外，从西室出土鸳鸯形盒上绘制的击鼓图和撞钟图，可略知当时建鼓、钟、磬等乐器的一些演奏情况。殉葬女性木棺二十一具（包括东室八具、西室十三具），均为十三岁至二十六岁的姬妾或兼为女乐。

图 4-3　湖北随州战国曾侯乙墓二十五弦瑟

　　以上出土乐器除鼓类外，均为多编、多管、多孔或多弦，尤其编钟每钟均发双音，其向旋律乐器拓展的趋向十分明显。它们音域宽广和旋律表现的能力已毋庸怀疑。编钟的总音域从最低音大字组的 C,到最高音小字四组的 d⁴,达五个八度又一音,比现代钢琴的高低音域各差一个八度,且中心音域十二律完备,可在三个八度内组成完整的半音阶。复原的编磬也十二个半音齐备。这都证明了当时已存在精确的绝对音高和已具备了旋宫转调能力。今天的音乐考古专家们竟用它成功地演奏了现代作曲技法编创的乐曲。

曾侯乙编钟铸于钟体的铭文,除镈钟主要记事外,其他钟铭为一整套乐律学术语,涉及音阶、调式、律名、阶名、变化音名、旋宫法、固定名标音体系、音域术语,以及曾国与当时楚、齐、晋、周、申等五国律名的对照。十二个半音声名的基本称谓标示为:宫、羽角、商、徵曾、宫角、羽曾、商角、徵、宫曾、羽、商曾、徵角。此外,还有五声、七声音阶的所有阶名和异名。甚至近代西方乐理中大、小、增、减、八度等各种音程,在编钟的铭文中也早已有明确的表述。

曾侯乙墓出土的这公元前 5 世纪的地下音乐宫殿,为我们呈现出了一幅先秦金石之乐的真实面目,生动、形象地证实并翻新了中国先秦音乐辉煌的史籍,为世界科技史、考古史和音乐史增添了一页新的篇章。

周代丝弦乐器分有柱与无柱两类。有柱类的瑟弦数较多,十余弦至五十余弦不等,如湖北江陵战国墓出土的一批形体大小不一的瑟。今见最早的琴是曾侯乙墓出土的五弦琴和十弦琴(图 4-4)各一张。1993 年湖北荆门郭店曾出土了一张七弦琴,是迄今发现最早的七弦琴实物,形制与曾侯乙墓十弦琴相近,仅琴尾下有一足。

图 4-4　湖北随州战国曾侯乙墓十弦琴

用动物皮革作主要材料的乐器为革类,指名目繁多的鼓类,在周代文献中提及的种类数量居八音之首。此期比较别致另类、具浓厚楚地风格的鼓种,当推湖北江陵雨台山楚墓出土的悬鼓——虎座鸟架鼓。属战国时期,共十五件,然多数残缺,鼓皮俱无存。该鼓以踞伏背向的双虎作底座,立于虎背上背向的双鸟作架,扁鼓悬于其间。鼓座、鼓架、鼓面均施彩绘以纹饰,双虎、双鸟雕刻精美,整架鼓不失为一件绝佳的木雕工艺品。

"匏"即"瓠",是一种葫芦,以此作共鸣箱的簧管类吹奏乐器,归作匏类乐器。如古称十三簧笙、十九簧巢、三十六簧竽等。上述雨台山楚墓出土有两件战国中期的笙,大小相近,均已残腐,从嘴无吹孔看,应为冥器。

自周代始,宫廷中的中国乐器纳四代之乐于一朝,聚四方之乐于一宫。如《礼记·明堂位》:"拊搏、玉磬、揩击、大琴、大瑟、中琴、小瑟,四代之乐器也",及"夏后氏之足鼓、殷楹鼓、周县(悬)鼓。垂之和钟、叔之离磬、女娲之笙簧"等。乐器与各种典仪的配置、组合十分鲜明、紧密。《周礼·春官》记:祀天神,用"雷鼓灵鼗,孤竹之管,云和之琴瑟";祭地祇,用"灵鼓灵鼗,孙竹之管,空桑之琴瑟";享人鬼,用"路鼓路鼗,阴竹之管,龙门之琴瑟";飨食礼,配编钟、编磬、鼓、镈、拊、管、笙、瑟八种;而宗庙祭祖,更如《诗经·周颂·有瞽》所记:"有瞽有瞽!在周之庭。设业设虡,崇牙树羽。应田县(悬)鼓,鼗磬柷圉(敔)。既备乃奏,箫管备举。喤喤厥声,肃雍和鸣,先祖是听!我客戾止,永观厥成!"可见金石钟鼓之乐是与盛大祭祀、燕乐歌舞相配,风格"肃雍和鸣",庄严雍容。

战国时代,《吕氏春秋·听言》批评的"世主多盛其欢乐,大其钟鼓"的风习愈演愈烈,近世中国南方出土的多例单件青铜重器,如大镛、编钟等,可重达几百公斤至上千公斤,极端例证如曾侯乙编钟的总重更逾两吨半,还是以各国之间的馈赠物或贿赂物身份,仅曾侯乙编钟杂有一件楚王镈,通高近 1米,重 134.8 公斤,就是楚王特命赶铸出来作为祭奠礼物赠给曾侯乙入葬的。此期统治者可以"金石之乐"从葬,那么世间的乐舞享乐也就可想而知了。

先秦青铜时代的宫廷雅乐最突出的文化特征,就是以钟磬为代表的金石之乐或钟鼓之乐,它非但没有随春秋后期礼乐制度的败落而消退淡出,反而在历史的延承中,乘各国诸侯锐不可当的攀比享乐之势迅速发展。到春秋末、战国初,宫廷钟鼓或钟磬之乐终于登上了一个前所未有的高峰。

(二)琴乐

先秦丝弦类乐器,据史载和出土文物,目前仅见平置类弹弦乐器,包括无柱类的琴、有柱类的瑟、筝和打弦乐器筑等,其中琴的演奏技艺在春秋战国时期发展很快。各国宫廷的乐官、乐师、乐工,一般都以琴艺为必备的教育内容,其中有不少著名音乐家本身又是著名琴家。

曾为楚囚的著名琴家锺仪是晋侯在军府中发现的,询知其世代为"伶人",再听他所弹琴曲皆南方音调后,赞赏他不忘故土地,不背弃本职,将他礼送回国(据《左传·成公九年》)。此例说明琴乐不但很早就流行于南、北各国,而且在各国的交往中还发挥过一些特殊作用。而自称蛮夷的楚国宫廷里,竟有锺仪这样世代传守其业的琴人,还有已具地方风格的琴曲流播,亦可见当时琴乐盛行之一斑。我国琴乐文化能够延续传承至今,无不有赖于始自士阶层的,并保持发扬了喜爱琴乐的传统。

"伯牙摔琴谢知音"的故事今已几近家喻户晓。春秋后期著名的民间琴家伯牙的事迹见于多种文献,比较生动的如《荀子·劝学》中的"昔者瓠巴鼓瑟而沉鱼出听,伯牙鼓琴而六马仰秣"。伯牙生平无可详考,"知音"故事可引较早的《吕氏春秋·本味》所载:"伯牙鼓琴,钟子期听之,方鼓琴而志在太山,钟子期曰:'善哉乎鼓琴!巍巍乎若太山。'少选之间,而志在流水,钟子期又曰:'善哉乎鼓琴!汤汤乎若流水。'钟子期死,伯牙破琴绝弦,终身不复鼓琴,以为世无足复为鼓琴者。"此例可以得见,早在春秋战国时期,我国纯器乐独奏曲的创作、表演和欣赏,已能够传达出和使人领悟到音乐中如同"高山""流水"那样的意境或意蕴。不仅于此,据明代朱权编撰的《神奇秘谱》解题所知,《高山》《流水》在唐以前是合为一曲的,唐后始分成两曲,但不分段数。经历代琴家的整理加工,目前《流水》版本达三十余种,可见人们更推崇《流水》一曲。清末川派琴家张孔山将描绘汹涌湍急水流的"滚拂"手法构成一"滚拂"段,加入乐曲作为高潮,造成音乐的异峰突起而具有撼人心脾之威力。这首号称"七十二滚拂流水"的川派琴曲,后收入泛川派《天闻阁琴谱》中。

该曲听后足以令人静思遐想良久。伯牙时代当绝无现代天体物理学的理论思维,但乐曲的构思极其奇伟而深刻。它完全以七根弦的琴音和技法,描绘由高山间点滴的泉流,经潺潺的溪流和湍急的河流,到波涛滚滚的江流,经"滚拂"段的巨大推力,从险峻的山巅汹涌澎湃地呼啸而下,直至浩浩荡荡流入远方的东海。以此隐喻弱小的新生事物之无限的和无可阻挡的生命力,必将穿越千山万壑,排除千难万阻,成长壮大的客观规律。而其中"志在太山""志在流水"中的"志",进一步证实了我国民族音乐以山水、自然拟人,以乐喻志咏志的艺术情怀,自古有之。

1977年8月20日,美国发射了两艘"航行者"号太空船,上面装有一张据称十亿年也将嘹亮如新的喷金铜唱牒作为"信件",以期寻找到地球以外的智慧生物。这张唱片上录刻有一百二十分钟的节目,主要是地球人类的各种音响,其中四分之三是音乐,包括中国的琴曲《流水》和有编码图解的中国长城。负责编制这张唱牒节目的安·德鲁扬在《地球的倾诉》一书中说:"我打电话给哥伦比亚大学的周文中,请他推荐一首中国乐曲,他毫不迟疑地回答:'《流水》!'他说:'这首乐曲描写的是人的意识与宇宙的交融,是首用古琴演奏的乐曲。中国古琴在耶稣降生前二千年就有了。自孔子时代起《流水》一曲就是中国文化的组成部分。选送这首乐曲足以代表中国。'我们决定采用它。这是二十七段乐曲中决定得最快的一首。"中国古人数千年前就已感怀"知音难遇""知音难寻"了,并向往着以琴乐来实现乐人与听众间完美沟通的理想。而身为华裔先锋派作曲家的周文中早就认为,《流水》是写地球人类的意识与宇宙的交融,那么这又将先秦音乐审美和琴乐的表现力提升到了一个何等的高度呢? 其实,器乐性质的琴曲的相传产生,可能比常人的想象还要再早一些。前述春秋时期楚囚琴家锺仪对晋侯鼓琴而"操南音"一事,说明此时地域风格的琴曲已有传世。孔子为哀悼被赵简子杀害的两名贤大夫而创作了琴曲《诹操》(《史记·孔子世家》),说明表情性的哀乐型的琴曲也早已有之。《史记·宋微子世家》载箕子谏商纣王,不为王所取,"乃披发佯狂而为奴,遂隐而鼓琴以自悲,故传之曰《箕子操》"。这就将自抒胸臆的琴曲的出现,又向前推移到更早的殷商时代了。

二、武陵山地区的器乐形式

(一)土家族打溜子

1. 组合形式

打溜子在土家族中又称"打家伙",局内人也称"家伙哈""家伙",原本能指的是"家用器具",而在土家族语言中,"哈"和"打"是相连的通用语,故打家伙原本打的是家用器具,后逐渐发展成相对固定的乐器组合形式,成为我国土家族一种古老而优美的民间打击乐乐种。

主要使用的乐器有以下几种。

头钹,民间又叫大钹。音响传播程度没有马锣和大锣好,但通过变换不同的演奏方法,可以演奏出七、其、得、令和去五种不同音色,并常用在打溜子的乐曲中。

二钹,局内人又叫小钹,比头钹略小,演奏音响却比头钹稍亮,传播程度也比头钹好,而通过变换不同的演奏方法,常常可以获得配、卜、丹、各、干和可六种不同音色,并与头钹形成不同的和色音块与基本和色织体。

马锣,局内人又称手锣,局外人还称其为小锣。敲击音响脆亮,传播程度有欢快跳跃的感觉,变换演奏方法可以获得呆、单、丁三种基本音色。

大锣,是土家族局内人的称谓,局外人就叫锣,音响宽而宏亮,给人以热烈、雄壮的感觉。通过变换不同的演奏方法可以获得仓、当、倾三种基本音色,并与马锣构成不同的和色音块,再与钹的和色音块构成有规律的和色织体,成为土家族打溜子的基本音乐形态。

主要组合形式有以下几种。

三人溜子:头钹、二钹、大锣。这应该是土家族打溜子最原始的组合形式,流布区域为湖南省永顺县、古丈县、保靖县西水河沿岸的土家族聚居乡镇。

四人溜子:头钹、二钹、大锣、马锣(基本组合形式)。流布区域为湖南省永顺、龙山、保靖三县交界的大山区。

五支家伙:头钹、二钹、大锣、马锣、土唢呐(向吹打乐发展的变异性组合形式)。流布区域在相对的平原乡镇地区,如永顺县石堤镇、灵溪镇、麻岔乡等。

土家族打溜子乐器排列位置基本有三类(以四人溜子为例),一是经向排列法。土家族居住在崇山峻岭之中,道路崎岖。娶亲时,打溜子乐队只能成单行前进,这种经向排列法在崎岖的山路上最为实用,故能流传千百年,直到交通发达的今天仍然沿用。这种排列法又可分为以下四种。

第一种:马锣领队

马锣　　大锣　　头钹　　二钹

第二种:二钹领队

二钹　　头钹　　大锣　　马锣

第三种:马锣领队

马锣　　二钹　　头钹　　大锣

第四种:大锣领队

大锣　　头钹　　二钹　　马锣

二是方块排列法:打溜子的四个人各占一方,使队伍形成"方块"形。这种排列法的优点是:音集中,四人彼此相近,便于互相照顾。它也可以形成以下四种排列方式。

第一种:马锣和二钹领队

马锣　　大锣

二钹　　头钹

第二种:大锣和马锣领队

大锣　　头钹

马锣　　二钹

第三种:头钹和大锣领队

头钹　　二钹

大锣　　马锣

第四种:二钹和头钹领队

二钹　　马锣

头钹　　大锣

在方块排列法的四人队形中,每排都可以左右交换位置,但只是在一排内左右两人交换位置,不能前后两人交换位置。

纬向排列法:纬向排列法和经向排列法是一样的,只不过是把纵队变成横队成纬向排列。队形同样也是四种,如同前面经向排列法。过去,土家族居住区群山起伏,连绵不断,没有宽阔的大道,只有羊肠小路通向山外和集镇,行路艰难,所以普遍采用经向排列法。而今乡乡有公路,百分之八十以上的村寨都有宽阔的大道,经向排列法已不适应宽阔的路面,逐渐被方块排练法取代。而纬向排列法是借鉴经向排列法产生的,由于直观的演出效果,在舞台上经常被使用。

2. 文化背景与功能

打溜子作为一种民间打击乐种,被当地老百姓喜爱,并常用于结婚、祝寿和新年过节等民俗活动,且跳摆手舞时也用打溜子助兴。相关历史研究文献证明,湘西龙山县不仅是土家族的发源地,也是打溜子的发源地。因为这里将商周、战国秦楚、巴蜀以及土家族等文化融合在一起。这里的土家人自称是古代"巴人"后裔"毕际卡"。在相当长的历史时空中,土家族的生活方式一直处于原始状态,长时间使用敲打家用器皿进行狩猎和生产活动。久而久之,他们便发现,敲打自制的各种土铜响器,不仅比敲打家什对野兽有威慑力,更对在狩猎后的人们具有强烈的鼓舞作用,这应该就是打溜子产生的缘由。每当喜庆之日、劳作之余,人们在一起娱乐敲打乐器,相互切磋技艺,并把朴实的生活情趣和对大自然的感悟融入打溜子的乐声里。作为我国民族传统音乐重要的组成部分,土家族打溜子具有鲜明的民族个性和深厚的文化底蕴,是土家族先辈集体智慧的结晶。它与湘西土家族人民的生产生活环境、人文历史以及民风民俗紧密相关且相互交融,凝结着湘西土家族人民特有的民族精神与对美好生活的向往。

打溜子的代表乐队几乎在流布地区村村镇镇皆有,流传至今的曲牌就有200多首。《双龙出洞》《金鸡拍翅》《鸡婆生蛋》《鸭子扑水》《八哥洗澡》《野鹿衔花》《牛搽痒》《喜鹊落梅》《鲤鱼晒花》《马娘子上树》《古树盘根》《铁匠打铁》《大纺车》《小纺车》《弹棉花》《风吹牡丹》等是土家打溜子的经典曲牌。

(二)四川闹年锣鼓

1. 乐器组合形式

四川闹年锣鼓是锣鼓乐乐种清锣鼓的一种,清锣鼓是汉族传统器乐乐种之一。锣鼓乐指的是纯粹击奏乐器合奏的音乐,所指的是锣类和鼓类击奏乐器的合奏乐种,也有所指的是吹打乐别称。为了区别于所指的吹打乐名称,人们就在锣鼓二字前加一清字,用以特指打击乐器的合奏。很显然,清锣鼓形式是多样的,就现在留存并受到相应关注的乐种主要有:四川的闹年锣鼓、陕西的打瓜社、江南的十番锣鼓、潮州的大锣鼓等。同时,清锣鼓也包括吹打乐中许多独立完整的锣鼓乐段、民间舞蹈秧歌、花灯的打击乐伴奏、戏曲中的开场锣鼓等。

清锣鼓的乐器组合形式可以分为简单与复杂两种。简单的就是由鼓、小锣、钹、大锣四件乐器组成;复杂的就是在简单四大件基础上同比例地扩充同类乐器。

中国无固定音高的击奏乐器的演奏技术,无论是怎样多种多样,其本质目的是为了实现音色的多元变化。这些变化多端的色点以及由色点组成的和色音块,以锣鼓经的形式,用不同的状声字承载着不同乐种以及不同区域的文化特征。如:

京剧锣鼓:大、台、才、仓。

四川闹年锣鼓:冬、弄、丑、状。

福州十番:达、页、七、他。

江南十番锣鼓:同、内、七、王,以及星、汤、蒲、大、各、勺等

仔细揣摩这些状声字会发现,每个状声字要么是一件乐器击奏所形成的音色点,要么就是两件以上击奏乐器合奏所形成的和色音块,它们组合在一起,形成了一个简化了的打击乐合奏总谱。实际上,每一个状声字就是一个和色音块与最基本的和色织体,它们在有规律的纵横交错中,呈示着我国传统锣鼓乐种独有的和色特征。

四川闹年锣鼓大多演奏川剧闲置的曲牌,因为演奏者多为民间艺人,所以在历史上被认为不是正统艺术,很少有文献记载。闹年锣鼓的乐器由盆鼓、锣、钹、马锣四件头组成,少者 4 人,多者 6～10 人,可单独表演,也可以与龙灯、狮灯配合表演。

2. 文化背景与功能

有学者研究表明,有着 300 多年发展历史的四川闹年锣鼓,从基因上看,是中原文化与巴蜀文化相结合的一种独特的民间乐种。

中原文化是以中原为核心的文化的总称,包含物质文化和精神文化两个方面。中原文化从纵向的时间上,可以追溯到公元前六千年;横向的空间上,作为主流文化,又辐射至以河南为核心的周边区域,成为中华文明的摇篮、华夏文明的重要源头以及该心组成部分。为此,从远古时期的新石器时

代，至少到唐宋时期，中原区域就一直是中国的政治、经济、文化中心，是绝对时空当中的中国传统文化。尽管如此，中原文化的地域性特征也是非常明显的。这就是中原文化的根源性、原创性、兼收并蓄性、辐射性与影响性，以及主体与主干等特征。

所谓根源性特征，所指的是在整个中华文明体系中，无论是史前的文明传说，还是有文字开始记载的文明创造，不可动摇地占据着发端和母体地位的还是中原文化。

所谓原创性，所指的是中原文化对整个中华文明体系所发挥的开创作用。这主要体现在伦理思想、政治制度、汉字、商业文明、重大科技发明和中医药的产生诸多方面。

所谓兼容并蓄，所指的是中原文化通过经济、战争、宗教、人口迁徙等众多渠道，多元吸纳周边多种文化中的优秀成分，从物质和精神两个层面不断融合和升华，构成了多元的中原文化。

所谓辐射力和影响力的集中表现：一是从横向的地域上辐射全国，远播异域，对内形成了诸如岭南文化、闽台文化以及客家文化等华夏文化；对外通过千年陆上和海上的丝绸之路，影响了西域诸国、朝鲜和日本等古代文明。二是从纵向上中原文化的观念行为，逐步化民成俗，形成了"万里同风"的社会效果。

所谓主体与主干特征，所指的是中原文化在华夏文化系统中，无可争辩地占据着主体与主干地位的同时，又辐射着周边的区域文化，更是把周边的区域文化带动得绚丽多姿。

巴蜀大地所指的是今天四川省、重庆区域，是中华文明的发祥地之一。在这里，已有5000余年发展历程的巴蜀文化，是与齐鲁文化、三晋文化并肩的中国上古三大文化体系中的重要一支。从秦汉到近现代，巴蜀大地作为丝绸之路的主经地和出发点，其文化不仅具有区域文化特征，更具有大西南特色的国际多元文化相互交融的文化特质。

除此之外，与中原文化相通的是，巴蜀文化也具有很强的辐射能力，并且与中原、楚、秦文化相互渗透影响，构成自己独有的文化特征。

为此，四川闹年锣鼓的乐种文化，从根本上体现的是中原文化与巴蜀文化相融合的文化基因。

（三）十番锣鼓

1. 乐器组合形式

梳理前人研究的文献我们不难发现，十番锣鼓的名称原本所指的是闽、鄂、皖以及江浙地区的民间鼓乐乐种，并在不同历史时空中，有着诸多不同称谓，例如十番、十番鼓、十番箫鼓、十番笛鼓、梵音、十不闲、十样景、吹打、苏南吹打等。在这里，之所以将十番锣鼓列为能指的丝竹锣鼓乐种范畴，主要依据以下缘由。

从严格意义上讲，能指的十番锣鼓中的十番有多重含义，其中内涵之一就是，多种乐器组合形式，因此，在我国能指的十番乐种中，十番锣鼓并非所指的是锣鼓乐或者吹打乐乐种，而是根据其乐器组合的不同，分为清锣鼓、吹打锣鼓和丝竹锣鼓三大类。其中，清锣鼓是纯击奏乐器组合，吹打乐或吹打锣鼓的乐器组合是击奏乐器和吹奏乐器的组合，丝竹锣鼓的乐器组合是丝竹乐器与击奏乐器的组合演奏。

十番锣鼓的曲式结构比较固定，常常是锣鼓段、锣鼓牌子、丝竹乐段的固定程式，三者要么交替进行，要么就是重叠进行。其中的清锣鼓段落曲式结构一般都是锣鼓牌子的连缀体，如苏南吹打锣鼓中属于清锣鼓（粗）乐段的《十八六四二》，其连缀结构形式:《急急风》+《求头》+《七记音》+《细走马》+《十八六四二》（变奏三次）+《鱼合八》+《细走马》+《金橄榄》+《急急风》+《螺丝结顶》。

再如，笛吹粗锣鼓曲《万花灯》的曲式结构形式:锣鼓《急急风》+旋律《万花灯》+锣鼓《急急风》+旋律《小桃红》+锣鼓《细走马》+锣鼓与旋律交错进行的《大四段》（变奏三次）+旋律《春景》+锣鼓《细走马》+锣鼓《蛇脱壳》+旋律《把花灯》+锣鼓《细走马》+锣鼓与旋律交错进行的《小四段》+旋律《呀》+锣鼓《细走马》+锣鼓《急急风》+锣鼓《螺丝结顶》。

十番锣鼓中的清锣鼓，虽然按一三五七的数列规范程式组合成乐节、乐句和乐段，但大四段（清锣鼓与丝竹锣鼓相间组成的主要段落，必须变奏四次）的结构特质已经成为十番锣鼓结构的主要标志。可以参照分析传统曲目《万家欢》《小桃红》《划龙船》《喜遇元宵》等。

2. 文化背景与功能

文献中记载的十番锣鼓起源于公元 1620 年的万历末年，起初在苏州一带的城乡各地以"堂名"形式存见，"万和堂""荣和堂""多福口""永和堂"等都是传统上比较知名的演奏班子。

然而，实际上，十番锣鼓起初是在宫廷之中盛行，相关文献记载如下:

明朝时的余怀所著《板桥杂记》中提道:万历末年南京秦淮河一带有游客演奏十番锣鼓。

明代沈德符在《万历野获编》中记载:"又有所谓《十样锦》者，鼓、笛、螺、板、大小钹、钲之属，齐声振响，亦起近年，吴人尤尚之。然不知亦沿正德之旧。"

明代张岱在《陶庵梦忆》中则称十番锣鼓为"宣传"。

清代叶梦珠在《阅世编》中称十番锣鼓为"十不闲""十番"。

清代钱泳《履园丛话》载："忆于嘉庆己巳年七月,余偶在京师,寓近光楼,其地与圆明园相近。景山诸乐部尝演习十番笛。每于月下听之,如云墩叠奏,令人神往。"

沔阳十番起源于明代,宗教民间皆用。又有仙桃十样锦、十番锣鼓、七星点子、清音、细乐、星当昌(昌读访)、襄河吹打等不同称谓。有笛吹十番和笙吹十番两种组合形式。局内人因为常用的击奏乐器组合音色规律,一般将组合乐器列成这样:打、堆、各、七、浪、星、当、昌,吹管乐器笛、箫、唢呐、笙。

实际的乐器组合情况如下:

笛吹十番:曲笛四支、背鼓一个(板鼓、堂鼓各一、方木梆子)、拍板、单星(铃)、小当锣、低锣、小钹、马锣、小锣等。

十样锦的乐器组合形式如下:

婚庆场合用击奏乐器:堂鼓、十样锦、小京钹、中虎音锣、小锣、马锣、响木。吹奏乐器:笛子(4支)、唢呐(1支)。

白喜事场合用击奏乐器:大鼓十样锦、小京钹、中虎音锣、小锣、马锣、响木。吹奏乐器:曲笛(4支)、中音唢呐(1支)、笙。

十样锦,也叫十不闲,实际就是将锣鼓镲板梆铃等击奏乐器,用一个架子组合成一件乐器,由一个人演奏的综合乐器的名称,也有人称其为中国的架子鼓。

第五章　武陵山地区的民间舞蹈

武陵山地区有着悠久的历史,更是我国众多民族聚居的地方,形成于各民族的舞蹈也是形式多样,精彩纷呈。本章主要对土家摆手舞及汉族舞蹈进行介绍。

第一节　少数民族舞蹈——土家摆手舞

土家族是武陵山地区的世居民族之一,主要居住在云贵高原东端余脉的大娄山、武陵山及大巴山方圆 10 万余平方千米区域,主要分布于湘、鄂、黔、渝毗连的武陵山地区。1956 年 10 月,国家民委通过民族识别,确定土家族为单一民族。土家族的民间舞蹈丰富而且历史悠久,最有名的便是其"摆手舞",这里便对土家摆手舞进行介绍。

一、摆手舞的起源

摆手舞是土家族最主要的标志性文化形态,是以摆手为基本动律特征的祭祀性舞蹈,是土家族祭祀神灵、酬报祖先、民族认同和民族文化传承的重要形式。摆手舞主要分布在渝湘鄂边的酉水河、沅水流域,范围包括鄂西的来凤、恩施,湘西的龙山、永顺、古丈、保靖和重庆的酉阳、秀山等县。舞蹈主要表现内容涉及民族起源、神话传说、民族迁徙、部族战争、狩猎捕鱼、刀耕火种、生产劳动、饮食起居等社会生活的各个方面。摆手舞不仅包含了土家族传统的舞蹈艺术,而且保存了土家族古老的宗教、戏剧、军事、体育等传统文化艺术信息。多数学者认为源自巴渝舞,还有人认为是古代白虎舞的演变和发展。[1] 有关摆手舞的文献资料多见于清代地方志和碑文中。如清乾隆《永顺县志》载:"各寨有摆手堂……每岁正月初三至十七日止,夜间鸣锣击鼓,男女聚集,跳舞唱歌,名曰摆手。"《龙山县志》记载较详:

---

[1]　中国民族民间舞蹈集成编辑部编．中国民族民间舞蹈集成·湖南卷[M]．北京:中国舞蹈出版社,1991．

土民赛故土司神,旧有堂,曰摆手堂……群男女并入,酬毕,披五色花被,锦帕裹首,击鼓鸣钲,跳舞唱歌,竟数夕乃止……歌时男女相携,蹁跹进退,故谓之"摆手"。

另外,在龙山县有一座《三月堂碑文》,碑主人是当地土司的后代,倡议修建庙宇,祭祀祖先,并立碑纪念,声称他家祖先造庙供奉已有数百年历史。碑文中记述摆手舞说:"每岁于三月十五日进庙,十七日圆散,男女齐集神堂,……击鼓鸣钲歌舞之,名曰摆手。"碑上刻有"辛巳年壬辰月建造"字样,当是乾隆二十六年(1761)所造,距今 200 多年。清永顺土家族举人唐仁汇的《溪州竹技词》写道:

千年铜柱壮边陲,旧姓流传十八司。
相约新年同摆手,春风先到土王祠。

民间诗传:

五代兵残铜柱冷,百蛮古风洞(峒)民多。
至今野庙年年赛,深巷犹传摆手歌。

公元 940 年,土家族上层统治者彭士愁和楚王马希范在溪州(今永顺)会溪坪结盟铸铜柱为记。这首古诗记录了立铜柱结盟的史实和跳摆手的风习,数百年前已称摆手舞为"古风",可见此古俗更悠远。土家族人民史诗《迁徙记》中,也有若干处提到摆手舞。如"摆手的人们啊,咱们的萝卜无论大的还是细的,都放到背篓里,摆手用的东西,全部放到背篓里"。据传土家族人民的这次迁徙约是五代前后,与公元 940 年立铜柱的时间相差不远。从上述资料分析,出现较完整的摆手舞的时间大概有千余年了。

土家族氏族社会分为八个部落,首领称为"八部大王",清代曾在保靖酉水北岸(现拔茅乡)修复了一座"八部大王"庙,此庙虽已被毁,但在一块残缺的石碑文上记有"首八峒,历汉、晋、六朝、唐、五代……为楚南上游,故谓八部者,盖以威镇八峒,一峒为一部落"。此碑文从民族史的角度,说明摆手舞的历史极为久远。

二、摆手舞的表现形式

根据表演形式、内容、规模和祭祀主体的不同,摆手舞可分为"大摆手"和"小摆手"两种。

（一）大摆手

大摆手是土家族为祭祀祖先八部大王而举行的大型祭祖活动，往往是几个县集中会祭三天，湘西龙山县的马蹄寨是大摆手最为著名之地，规模宏大，远及湖北的来凤、恩施，四川的秀山、酉阳等地。届时数千人云集摆手堂前，摆手队伍中有梯玛队（土家族巫师）、龙凤旗队、祭祀队、摆手队、乐队、披甲小旗队、炮仗队等。祭祀开始，由德高望重的梯玛带领各摆手队敬八部大王，全场行跪拜礼，唱《梯玛神歌》《摆手歌》，然后点燃篝火、放炮，由梯玛率领跳大摆手。男女老少围成圆圈，2人或4人一行，在行列前有"导摆者"，列中有"示摆者"，队尾有"压摆者"，在锣鼓声中众人应节，蹁跹进退，走出各式队形图案近30余种，气势宏伟，场面壮观。

大摆手由八个部分组成："排甲起驾"（顿兵出发）、"闯驾进堂""纪念八部""兄妹成亲""迁徙定居""建设家园""自卫抗敌""送驾扫堂"。

（二）小摆手

小摆手祭祀的主神是彭公爵主，也有的根据姓氏增加陪祭神。如田姓祭祀田好汉，向姓祭祀向老官人等。它是土家族以村寨姓氏为单位，在土王祠或摆手堂、调年坪①等地点进行的小规模的摆手活动。凡有土家人居住的地方，调年活动时都有小摆手活动和小摆手舞，村寨旁只要有一个小坪，竖立一个小庙（供奉土司）即可成为摆手堂。小摆手参加的人数少，规模小，跳的动作大都以农事动作为主，且和以歌。

三、摆手舞的特点

摆手舞主要特点是"摆"，可以双手在身体的左右、前后、上下摆动，也可以整个身体随之而摆，故称为摆手舞。其风格特点可概括为六个字：顺拐、屈膝、下沉。顺拐，即手向右摆迈右脚，手向左摆迈左脚；屈膝，无论做什么动作，都是在双腿稍屈的姿态下进行，上步起"泛儿"先屈膝，过程中间讲屈伸，动作落"泛儿"膝更屈；下沉，主要是指动作的重心下沉，使动作稳健有力。在体态上一般是屈膝走步，上身稍前俯，随着手摆的方向，稍侧身，微送胯，头稍前俯后仰或向两边微微摆动。在过去，艺人要求舞动时手不过肩，认为一过肩就没有味道了，现在动作幅度比过去要大一点。舞蹈的节奏是中速稍快，节奏性强。由于地域的不同，各地的摆手舞又有所区别（图5-1）。

---

① 村寨旁固定作为调年活动的地方称调年坪。

图 5-1　土家族摆手舞表演

摆手舞风格特点的形成,与土家人所处的地理环境密切相关。土家族长期居住在武陵山地区,按土家的说法,是聚居在九山半水半分田的大山里,山中只有羊肠小道,往往是身靠岩石,脚踩悬崖。行走时为了安全,多为侧身顺拐,重心下沉,上身前俯,这样养成了手脚同边侧身走的习惯,形成了摆手舞顺拐的特点。由于男女劳动无大差别,所以,在舞蹈上男女动作基本一样。

四、摆手舞的音乐乐器

摆手舞由一鼓一锣伴奏,吹牛角、土号,气氛十分热烈。锣鼓点与舞蹈紧密结合,打鼓者与领舞考配合默契。舞蹈动作的转换,队形图案的变化,均由锣鼓手敲锣鼓点来指挥。牛角号最早用于梯玛的祭祀,后来用于军事行动,明代土兵抗倭时,就由牛角号传递信号,指挥土兵英勇杀敌。主要曲牌有[高音吾里][低音吾里][快吾里][慢吾里]等,一曲用两口气吹完,声音深沉雄壮。

在摆手舞中,大摆手舞只舞不歌,小摆手舞有舞有歌。

五、摆手舞的动作

(一)手位

1. 双摆手

右臂屈肘于腰前,手心向里,左臂置于身旁 45°,手心向前称为左"双摆手"(见图 5-2)。对称手位为右"双摆手"。

2．缠腰手

右臂屈肘摆于腰前,左臂屈肘摆至腰后,双手心均向上称为左"缠腰手"。对称手位为右"缠腰手"(见图 5-3)。

图 5-2　双摆手　　　　图 5-3　缠腰手

(二)基本动作

摆手舞的基本动作众多,这里仅对其中的一些进行介绍。

1．单摆

第一拍　左脚向前迈,同时双臂向前摆45°(见图 5-4),然后摆回自然下垂位。

第二拍　右脚向前迈,双臂动作同第一拍。

第三～四拍　同第一至二拍动作。

第五～六拍　左脚向前迈同时向右转半圈成"大八字步半蹲",眼视右前方,双手摆向右,成右"双摆手"(见图 5-5)。

第七～八拍　右脚向左上一步,同时向左转半圈成"大八字步半蹲",左"双摆手"。

图 5-4　单摆(一)　　　　图 5-5　单摆(二)

2. 双摆

第一拍　右脚由前经旁划半圆向后,双手稍向右摆,身体稍向右转。

第二拍　左脚向后撤一步,同时向左转身成"大八字步",稍屈膝,双手左摆成左"双摆手",眼视右前(见图5-6)。

第三~四拍　双臂向右左各摆动一次,同时双膝一拍屈伸一次。

3. 侧身摆

第一拍　左脚向左移一大步,稍送左胯,双手心向上,摆成右"双摆手",眼随手走。

第二拍　右脚上成左"丁字步",稍屈膝,双臂摆成左"双摆手"(见图5-7)。

第三~四拍　同第一至二拍动作。

第五~六拍　左脚向前上半步,右脚"盖步"转身半圈成"大八字步半蹲",双手继续向左摆,成左"缠腰手"。

第七拍　双腿屈伸一次,同时双手身前交叉。

第八拍　双腿屈伸一次,双手由身前向两侧平打开。

图 5-6　双摆　　　　　　图 5-7　侧身摆

4. 小摆

准备"小八字步",双臂于两侧抬起25°(见图5-8)。

第一拍　右脚向右移一步,上身稍左倾,出右胯,同时双腿屈伸一次,双臂保持姿态稍向下压一次然后回原位。

第二拍　上身姿态不变,左脚往后移一步成"小八字步",双腿屈伸一次,双臂动作与第一拍相同。

以上为右"小摆",对称动作为左"小摆"。

5. 送摆

第一~二拍　"大八字步",双膝屈伸两次,双臂右摆成右"双摆手"。

第三～四拍 双臂左摆成左"双摆手",双膝屈伸两次。

第五～六拍 双手经胸前"端掌"向两旁平抬,手心向上,同时双膝屈伸两次。

第七～八拍 保持姿态,双膝屈伸两次。

第九～十拍 双手姿态不变,"大八字步"屈膝向右跳转半圈(见图5-9),落"大八步半蹲"。

图 5-8 小摆   图 5-9 送摆

6. 侧身下摆

第一拍 双膝先屈,左脚向右前上步后双膝直,向右拧身,双臂前后摆动一次。

第二拍 跟右脚成"正步",双膝屈伸一次,双臂再前后摆动一次。

第三～四拍 反复第一至二拍动作。

第五～六拍 左脚外撇向左前上一步,同时左转半圈,跟右脚成右"靠步",双臂左摆成左"双摆手"(稍高),扣右腰,眼视右下方(见图5-10)。

第七～八拍 双膝屈伸两次,同时双臂摆成右"双摆手",上身直。

7. 顺拐

第一～二拍 左脚前迈,同时右转身成"大八字步半蹲",双手摆成右"缠腰手",眼视左前(见图5-11)。

第三～四拍 右脚向左前上步,同时左转身半圈成"大八字步半蹲",做左"缠腰手"。

8. 老鹰搬鸡

准备"小八字步半蹲",上身稍后仰,双臂旁抬稍低于肩,手心向下(见图5-12)。双腿保持屈膝,双脚每拍向前擦地小跳两次,双手向下扇动两次。

图 5-10　侧身下摆　　图 5-11　顺拐　　图 5-12　老鹰搬鸡

9. 美女梳头

第一～二拍　左脚向左前上一步,上右脚成右"靠步",屈伸两次,双手从头右后至头左做梳头状,然后右手捋至右斜下方做将辫子状,眼视右前(见图 5-13)。

第三～四拍　做第一至二拍对称动作。

10. 转身团圆手

第一拍　右脚往右移一大步,双膝屈伸一次,双手虚握拳旁抬 45°。

第二拍　向右转身半圈,跟左脚成"小八字步半蹲",双膝屈伸一次,手姿态不变。

第三拍　右脚向右移一小步,双膝屈伸一次。

第四拍　跟左脚成左"靠步",双膝屈伸一次,左手摆至胸前成右"双摆手",稍扣右腰,眼视左前(见图 5-14)。

第五～八拍　做第一至四拍的对称动作。

图 5-13　美女梳头　　　图 5-14　转身团圆手

11. 背箭

第一～八拍　动作基本与"转身团圆手"相同,只是第四拍左臂屈肘与肩平,右手背后(见图 5-15),第八拍手做第四拍的对称动作。

12. 古树盘根

第一拍　左脚上一步,双上臂微夹,小臂向旁抬起 25°,手心向下,压腕,右小腿向右后勾脚抬起,双膝相靠,上身向左拧,稍扣右腰,眼视右下方(见图 5-16)。

第二拍　保持姿态,左脚原地小跳一次。

第三～四拍　做第一至二拍对称动作。

图 5-15　背箭　　　　图 5-16　古树盘根

13. 接麻

第一拍　左脚上一步,双膝屈,双手虚握拳,虎口向上举至嘴前。

第二拍　右脚上成"小八字步",双膝屈伸一次,双手拉开至肩旁(见图 5-17)。

14. 破麻

第一～二拍　右脚前迈,同时向左转身成"大八字步半蹲",双手摆成左"缠腰手"。

第三拍　左脚向右前上一步,同时向右转身,双膝屈,双臂下垂,眼视右前方。

第四拍　右脚原地小跳一次,同时左勾脚向前稍抬起,双臂"分掌"至两旁做破麻状,上身稍后仰,向左拧腰,眼视右前下方(见图 5-18)。

图 5-17　接麻　　　　　　　　图 5-18　破麻

15. 打蚊子

第一拍　左脚向前上一步,双手由两侧上举至额前方拍掌一次,眼视前下方(见图 5-19)。

第二拍　向前"蹉步",双手再拍掌一次。

16. 砍火畲

第一拍　左脚上一步,同时右脚前抬,双手虚握拳至右"高低手"做举刀状,上身后仰,眼视左前方。

第二拍　右脚落地,双手向左下砍去,上身前俯,稍扣左腰,眼视左前下方(见图 5-20)。

图 5-19　打蚊子　　　　　　　图 5-20　砍火畲

17. 栽秧

准备"正步",左手手心向上置于左腰前,右臂下垂。

第一拍　左脚往右前上一步稍蹲,右腿屈膝向后稍抬,上身稍前俯,右手于左手心上做拿秧状。

第二拍　右脚往左前上一步,双屈膝,右手向右前下方插下做插秧状,眼视下方(见图5-21),然后重心移左脚,右脚稍提起,上身立起,右手再至左手心上。

第三～四拍　右脚落地,左腿屈膝后抬,右脚向前小跳四次,同时双手做"挽麻团之一"动作。

第五～六拍　左脚落成左"踏步半蹲",上身前俯,右手向右下方做插秧状,眼视下方。

18. 薅草

第一拍　右脚后退一步,向右转身,双膝屈伸一次,双手虚握拳(左手在前)做握锄状于胸前。

第二拍　双手向右后摆去,上身前俯做锄草状,双膝屈伸一次(见图5-22)。

第三～四拍　做第一至二拍的对称动作。

19. 割谷子

第一～二拍　左脚上一步,屈膝,左手于前下方向里挽腕成抓谷子状。

第三～四拍　右脚上一步成"小八字步半蹲",右手手心向上由旁经前至左手下平划圆做割谷子状,眼视前下方(见图5-23)。

图 5-21　栽秧　　　　图 5-22　薅草　　　图 5-23　割谷子

20. 摘包谷

第一～二拍　双脚做"顺拐"的第一至二拍动作,双手虚握拳,左手在左肩做扶包谷杆状,右手划上弧至左手前上方做掰包谷状(见图5-24)。

第三～四拍　右脚向左盖一步,同时左转身半圈成"大八字步半蹲",右手上举至右肩上,拳口朝后做向背篓内丢包谷状,左手后摆。

21. 打粑粑

第一拍　左腿稍屈膝前抬,双手虚握拳至右前上方成"高低手",似举木槌状,上身稍后仰(见图5-25)。

第二拍　左脚向前一步成"前弓步",同时双臂向前下方打去,上身前俯。

第三～四拍　做第一至二拍对称动作。

说明:两人做此动作时要一抬一打交错进行。

图 5-24　摘包谷　　　　图 5-25　打粑粑

22. 纺棉花

第一～二拍　右脚向右前一步,同时向左转身成右"旁弓步",右手虚握拳在右前顺时针划一竖圆,左手由腹前向左上方做扯线状(见图5-26)。

第三～四拍　腿的姿态不变,右手继续划竖圆,左手盖回腹前。

第五～八拍　左脚向右盖一步,同时向右转半圈成左"旁弓步",手动作同第一至四拍。

图 5-26　纺棉花

23. 背粪

做法:脚的动作与"顺拐"相同,双手叉腰,第四拍时扣右腰,耸左肩一次,眼视右下方(见图 5-27)。

图 5-27　背粪

(三)双人动作

1. 牛打架

准备:二人面相对,各自双臂向前平抬,双手手指交叉抱拳。

第一拍　左脚原地踏一步,右勾脚向左前踢出 45°,向右拧身,稍扣右腰,眼对视(见图 5-28)。

第二拍　左脚原地跳一下,双手向前方推一下。

第三～四拍　做第一至二拍对称动作。

第五～六拍　左脚向左前一步稍屈膝,右勾脚向左前踢起 25°,向左跳转半圈,二人换位。

第七～八拍　舞姿不变,左腿直立,向右拧身。

图 5-28　牛打架

2. 种苞谷

准备:二人面相对。

第一~二拍 男右脚横移成右"旁弓步",双手从右上方向下做"挖土"动作;女左脚向左前一步,同时转向左侧,右脚上成"小八字步",左手"端掌"至左腰前,右手五指相捏放至左手心上做取种子状(见图5-29)。

第三~四拍 男重心移至左脚成左膝屈,右膝直,双手拉回至身左侧;女向前弯腰,右手伸向男方挖下的地方做放种子动作,眼视右手(见图5-30),然后上身立起。

图 5-29 种苞谷(一)   图 5-30 种苞谷(二)

3. 割谷子

准备:二人并排,男右女左。

第一~二拍 男左脚向前迈一步,再上右脚成"正步半蹲",双手向前、后各摆动一次;女右"盖步"成左"踏步半蹲",双手于左下方做"割谷子"。

第三~四拍 男右脚向前迈一步成右"前弓步",双手在前下方做拿谷子状;女起身,双手虚握拳,右手于身右前做握刀状,左手置于腰前(见图5-31)。

图 5-31 割谷子(一)

第五～六拍　男上左脚成左"前弓步",双手抬至左侧上方,做向上抱谷子状;女左"踏步半蹲",身前俯做割谷子状(见图5-32)。

第七～八拍　男右脚收回成"正步",双手向左前下方甩出,做"打谷子"。女起身,双手下垂。

4.双拜堂

做法:男右、女左并排而立。男动作与"双小摆"相同,第八拍时右手与女左手合掌;女做男的对称动作(见图5-33)。

图5-32　割谷子(二)　　　图5-33　双拜堂

(四)技巧动作

1.翻犁肚子

做法:甲"正步半蹲",双手"端掌",乙"正步",向前下腰,双手撑地,头部顶住甲双手,往甲右肩上翻"加冠"(见图5-34)。二人交替进行。

图5-34　翻犁肚子

2. 犀牛滚坨

做法：坐地，上身向后躺，双腿弯曲，脚心相靠，双手抱住脚，往左用肩背着地连续滚圆圈（见图5-35）。

3. 鸡走路

做法："倒立"，双手交替向前移动（见图5-36）。

图 5-35　犀牛滚坨　　　图 5-36　鸡走路

4. 蛤蟆晒肚

做法：甲向后下腰，双手撑地交替向前或向后、向左、向右移动，脚随手同边同步移动；乙骑在甲的腹部上（见图5-37）。

图 5-37　蛤蟆晒肚

5. 竖灯笼架子

做法：两组人数相等，甲组在下成圆圈，面向圆心，双手旁伸互相搭肩，"大八字步半蹲"；乙组每人双脚分别踩在甲组两人的肩上，双手动作与甲组相同。然后甲组站起向左转圈（见图 5-38）。

图 5-38 竖灯笼架子

(五)常用队形图案

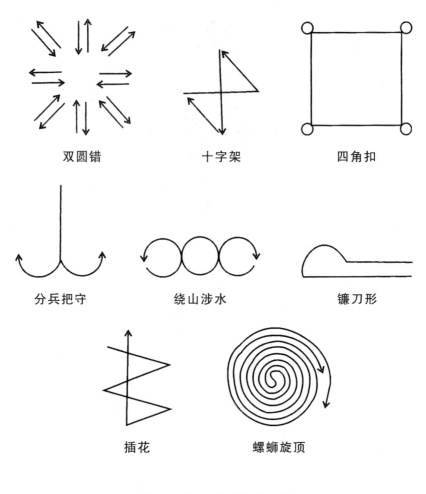

双圆错　　　　　十字架　　　　　四角扣

分兵把守　　　　绕山涉水　　　　镰刀形

插花　　　　　　螺蛳旋顶

第二节　汉族舞蹈

　　武陵山地区包括湖北、湖南、重庆、贵州四省交界的多个县,面积广阔。因此,在此主要对这四个省份的汉族舞蹈进行介绍。

一、湖北地区汉族舞蹈

　　湖北有着得天独厚的自然、地理条件,而其民族民间舞蹈便在这优厚的条件与社会历史的熏陶中,在传统和地域文化的氛围里形成、繁衍、延伸。湖北民族民间舞蹈内容丰富,品种繁多、色彩纷呈。除鄂西南土家族苗族地区外,湖北省其他地方的民间舞蹈绝大多数是汉族舞。因其汉族舞蹈的种类太多,这里仅对其中的《凤凰灯》和《高跷狮子》作简要介绍。

(一)凤凰灯

《凤凰灯》,民间俗称《玩凤凰》《凤凰舞》,主要流行于郧县。与郧县相邻的十堰市、丹江口市及郧县部分移民迁居地——武昌县,也有《凤凰灯》流传。

《凤凰灯》于每年春节、元宵节在街头、宅前或场院出演,尤以正月十五、十六最盛。每逢当地举办灯会,各种花灯舞蹈节目集结游行时,常以"龙"、"凤"为首,寓意"龙凤呈祥"。春节的舞队之中,玩凤凰的艺人往往最受人们尊重。

《凤凰灯》由男性青壮年二人表演,一人掌凤头,一人掌凤身。另有四盏鲜花灯,一盏牡丹花灯,一盏太阳灯,由六人分别举着立于表演场地四周,起陪衬、烘托作用。

《凤凰灯》的表演程序是"出巢—游园—寻牡丹—戏牡丹—擦痒—欹翅—理羽—打盹—朝阳—扑翅"(图 5-39 至图 5-42)。在表演"朝阳"、"扑翅"时,由专人撒"荞火",烘托和渲染热烈气氛。如遇到演出场地狭窄,人群拥挤,表演条件受到限制时,艺人们就改玩"凤凰戏牡丹",其内容从"出巢"表演到"戏牡丹"为止,后边的六个程序即省略不演了。如两队《凤凰灯》相遇,艺人们互相邀约,可同演《双凤朝阳》。

《凤凰灯》舞蹈表演文雅、细腻。经过长期的表演实践,已故民间艺人王春堂(人称"王七爷")根据《凤凰灯》的表演规律,总结出了"十字"艺诀,即"脚眼手身法,心肝脾肺神"。前五字为表演要领,后五字意指表演者要出神入化,一举一动都要进入"凤凰"这个角色,把自我的一切化入"凤凰"的神态之中。

图 5-39　出巢

图 5-40　游园

图 5-41　擦痒

图 5-42　欹翅

　　《凤凰灯》音乐伴奏古朴典雅。凤凰灯的音乐曲牌,大都来自戏曲音乐和民间吹打乐,经过民间艺人们加工提炼、杂揉混合而自成一体。整个旋律舒展优雅,清亮悦耳,既不失古朴风格,又富有民间特色,深为当地群众熟悉和喜爱。

（二）高跷狮子

《高跷狮子》俗称《跷狮》,流传于新洲县河西举水两岸的张店、孔埠、李集、方扬、仓埠、周铺等地,盛行于周铺、仓埠、张店。

《跷狮》由"高跷"与"戏狮"两部分组成。表演时,先由六至八人表演跷上技巧,如"劈叉""一炷香""黄鹰展翅"(图5-43)、"翻肚""双插""双挂""张飞卖肉"(图5-44)、"空中飞人""倒挂金钩""三层楼"等。接着,由二人踩着高跷,披上狮皮,表演"戏狮"。通过狮子"喝水""嗒嘴""觅食""搔痒"(图5-45)、"打盹""舔脚"(图5-46)、"打滚"等生活动作,生动地表现了狮子的各种情态和可爱的形象。

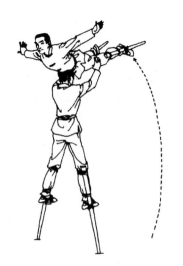

图 5-43　黄鹰展翅

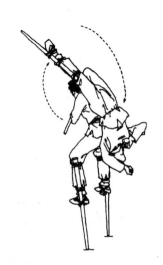

图 5-44　张飞卖肉

高跷狮子不仅在舞狮中增加了高难的踩跷技巧,还弥补了"地狮"在地上表演,外围人群不便观看,以及"天狮"需用方桌叠台搬撤麻烦之不足。它动作惊险,姿势矫健,形态可爱,场面壮观。它有跷、狮兼备的表演特点,并融入了较多的武术、杂要成分,在表演中,不仅着意表现狮子的形象和情态,还要在表演中显示武术功力和杂要技巧的高深。首先是"上跷"与众不同。其方法是先绑一只跷,然后单腿上跷立住,成"金鸡独立"状,再绑另一只跷,并作为舞蹈的开场,在观众面前表演,显示其熟练和快捷。其次是在动作上,尽力追求难度和惊险。如"狮子打滚"、"狮子朝阳"、"喝水"、"搔痒"、"坐肩"、"双挂"、"空中飞人"等,有的踩跷腾空,有的踩跷负重,有的踩跷跨步,有的踩跷爬高,十分惊险;"黄鹰展翅"则犹如矫健的雄鹰,"三层楼"恰似座座高塔,组组排列,场面尤为壮观;而狮子在跷上悬空做各种生活动作,既有较大的难度又显得格外活泼可爱。狮头制作工艺精致,富有立体感;狮皮色彩鲜艳,采用绿毛、红脊红边,形象醒目、突出。

图 5-45　搔痒　　　　　　　　图 5-46　舔脚

高跷狮子用锣、鼓、钹等打击柔伴奏。其口诀是:"锣叫狮子走,狮子叫锣歇",就是锣一响,狮子开始走"圆圈"或"线子箍""箱子扣",用[拗锤]伴奏;而狮子头一摇、口一张作叫状时,锣就轻打[斗恶浪]或[拗锤],狮子表演各种套路。音乐与舞蹈配合自如、默契。

每年正月初一至十五期间,高跷狮子常与"彩船"等形式搭队联合表演,或于街头巷尾,或于场院门前,深受广大群众喜爱。

二、湖南地区汉族舞蹈

湖南有着悠久的乐舞文化传统,尤其是丰富多彩的各民族的民间舞蹈源远流长,是中华民族乐舞文化的重要组成部分。湖南地区汉族民间舞是湖南地区传统文化的重要组成部分,湖南地区汉族民间舞具有一脉相承的楚乐舞文化特征,也是区别于其他地区的汉族民间舞蹈。湖南汉族舞蹈主要包括地花鼓、花灯、打莲湘、采茶灯、采莲船、竹马灯、车儿灯、十盏灯、伴嫁舞、龙舞、狮舞、灯舞、皮老虎、蝴蝶戏梅、楚鼓舞、青蛙舞、捉龟舞、蚌舞等多种,限于篇幅,这里仅对其中的几种进行介绍。

(一)地花鼓

"地花鼓"流行于湖南广大农村。由于表演是在广场、晒谷坪、农户家的堂屋等场所进行,故而称为地花鼓,意在地上打的花鼓。各地还有一些俗称,如:因这种形式在节日期间常到各家表演,表示庆贺,在湘东等地称之为"排门花鼓";衡阳地区有的群众因其常在广场、路边表演而称之为"路边花鼓",把在农户堂屋表演的称为"板凳堂子花鼓";因其主要是一旦、一丑两人对舞,在湘南有的地区就称之为"对子调";因其有简单的情节,在湘西一些地方又称之为"地故事";由于它主要流行于农村,故有的又称之为"乡里花鼓";节日期间地花鼓常和龙灯、狮子及其他灯彩一道游行于乡里,因而有些地方又称之为"花鼓灯"。称呼虽有不同,形式和内容却都一样,如在形式上都是以一旦、一丑为主,在内容上都以反映农民的劳动、爱情生活为主,并都以扇子为主要道具(图 5-47)。因此,在全省大多数地方还是统称为地花鼓。

图 5-47　湖南地花鼓

地花鼓是劳动人民创造的一种民间歌舞艺术形式,它源远流长,在湖南各地的史书中多有记载。现在查到的有关地花鼓活动的最早史料是清同治《城步县志》卷四《风土·节序》引康熙二十四年刊本的一段记载:"元宵,花灯赛会,唱玩薄曙。"这说明约在三百年前,地花鼓一类的歌舞演唱就已在湖南流传。康熙以后,各地有关地花鼓的记载更是屡见不鲜,如清道光《衡山县志》记载:"新年民间无事,五、六人扮为采茶,男女一唱一酬,互相赠答,以长笛倚之,以胡琴、月琴应之,觉悠扬动听,不厌其聒耳。"清同治《宁乡县志·风俗志》记载:"上元灯有龙灯、狮灯、鱼灯;男女妆唱插秧采茶等曲,曰打花鼓。"从这些记载中可以看出,地花鼓有着悠久的历史,但目前尚很难确定它的具体产生年代。

地花鼓是在民间山歌小调的基础上演化而来的。湖南民间自古以来就有在劳动时唱歌的习俗,明人吴申在《栽秧歌》中写道:"咏也呵,咏也呵,楚人竞唱栽秧歌。栽秧歌,时已及,闻得村村鼓声急。"又如清乾隆二十年

(1755)编纂的《辰州府志》中记载:"刈禾既毕,群事翻犁,插秧耘草,间有鸣金击鼓歌唱以相娱乐,亦古田歌遗志。"明嘉靖编纂的《澧州志》记载:"插秧耘草,多打鼓唱歌,鄙俚中亦间有说古道今者。"这些都说明了在很早以前,湖南各地就已有边插秧、采茶,边唱歌的风俗。日久天长,由农人插秧采茶时所唱的山歌、小调,逐渐变成新年农闲时节日游艺性的化装演唱,形成一定的曲牌和舞蹈,以后,又逐步发展成为一种较完整的歌舞形式。在众多的史料中都提到"打鼓",说明初时表演离不开鼓,而且又是在广场、田头表演,地花鼓一名,是否与此有关,值得探讨。我们分析,地花鼓的雏形,是带鼓表演的,只是后来由于舞蹈成分增加,带鼓表演多有不便,因而逐渐把鼓变为一种兴歌、节舞的伴奏乐器。地花鼓的许多曲牌与现在民间流行的山歌、小调很相似,只是山歌节奏比较自由,而地花鼓要配合舞蹈,在节奏上就不能那样自由了。

地花鼓形成以后不断演变、发展,由一种情节简单的歌舞形式逐步发展为带有故事情节、人物较复杂的戏曲。湖南省各地流行的花鼓戏,就是在地花鼓这种形式的基础上发展起来的,也就是说花鼓戏胚胎于地花鼓。在花鼓戏的许多传统剧目中,都保留了地花鼓的曲牌和舞蹈。如花鼓戏身段中的"荷花出水""半边月"等,仍和地花鼓中的舞蹈动作一样;花鼓戏曲牌中的"对口淮调""望郎调"等,也保留了地花鼓中的调子。

花鼓戏形成以后,反过来又促进了地花鼓的发展。过去表演地花鼓时,一开始就是唱和舞,而且都用第一人称,表演者直接向观众倾诉,现在的许多地花鼓节目中则加上了一些插白,在人物上也有所发展,有些节目由第一人称的代言体变为第二人称的叙述体,这些都是受到了花鼓戏的影响。

地花鼓多为一旦一丑的双人表演。此外也有一旦表演的"单花鼓",两旦一丑表演的"双花鼓",和两旦两丑表演的"群花鼓"等。以伴奏乐器分类,有以唢呐为主配合锣鼓的"唢呐花鼓",大吹大打,热情欢快;以弦乐器如大筒、二胡为主要伴奏的"弦子花鼓",柔和抒情;以唢呐引调,以弦乐器伴奏为主,一人领唱、乐队和唱的叫"唢呐喊花鼓",激昂而热烈。

地花鼓的演出,通常是在春节期间,由民间艺人组织地花鼓班子,与龙灯、狮灯等一起在城乡各地表演。地花鼓的表演不受场地限制,在村头、广场上能演,在家里堂屋中也能演,甚至由于室内地窄人多看不见,就在一张方桌上表演。表演时演员都要化装。小丑画成"小花脸",就是用白粉在鼻子上画一道,在两眼上各画一道好像"小"字,称"小花脸"。也有在额和鼻梁交接处画上三道横杠的,叫"三花脸"。丑穿马衣马裤,头戴罗帽,手舞花扇。小旦一般化粉妆,穿彩衣彩裤,梳蝴蝶头,结一条大辫子,头上插花,有时也戴花冠,一手舞扇,一手舞帕。

地花鼓中的丑和旦,不代表特定的具体人物,丑的形象也并非表示坏人,而是代表机智聪明、心地善良、行动滑稽的劳动群众形象。

地花鼓所表现的内容大多是反映农民的生产、生活,用的是淳朴、亲切的乡音土语,朴实风趣,隐伏机巧,寓庄于谐,体现了劳动群众乐观、欢快的生活情趣。

反映爱情生活的节目占有较大的比重,如《十月望郎》《跳粉墙》《摘菜苔》等。歌颂劳动,表现劳动生活题材的节目为数也不少,如《十二月采茶》等。此外,还有讲古论史的;赞美生活的;抒发内心情感的;宣传伦理道德观念,劝善惩恶的;也有祝贺佳节、喜庆丰收等不同的内容,比较全面地反映了人民的生活感情和追求。

地花鼓的舞蹈动作具有十分显著的地方特色。艺人们把丑角的表演归纳为:"走的矮子步,站的丁字桩。腰似蛇儿头似猴,手如虎掌眼如豆。"对旦角的表演总结为:"眼带媚,嘴半开,脚走碎步肩脆颤,手似兰花渐抽芽。"丑、旦手舞花扇、手帕,自演自唱,每唱完一段,在过门音乐和锣鼓伴奏下,两人互相交换地位,叫作"扯窝子"(或叫"车窝子")。男女对舞时要求紧密配合,艺人总结为:"旦角踮几步,丑角紧紧跟。郎是盘根藤,围着妹儿转。"

地花鼓的程式动作,有的是劳动动作的提炼,如采茶、插秧动作等,动作简练,富有表现力;有的是根据飞禽走兽的千姿百态象形变化而成的,如"鲤鱼摆尾""蝴蝶双飞"等。此外,还吸收了一些民间武术动作,通过艺人的再创造,使之成为一个新的技巧,如"扑虎看妹",就是把武术中的"扑虎""窜毛""叠筋"等和舞板凳结合在一起的技巧动作。

地花鼓舞蹈动作的动律特点,主要体现在矮、扭、曲等方面。

矮,是丑角动作的主要特点之一。丑做所有动作和姿态两腿都保持半蹲,静止时腿一般是做"丁点步"或"骑马桩"。行走时最主要最常用的是"矮子步",这种步法变化多端,在双腿保持半蹲的基础上,有时两膝朝前,小腿或前踢或后踢;有时两膝向旁,小腿旁抬走动;有时又两膝向内,小腿向旁拐抬行走。配合各种手臂动作,眼手相应,形象活泼、机敏、诙谐。

扭,是地花鼓旦角动作的特点。如"扭胯步"等,以腰部为主动,结合胯的运用,双臂的摆动,步伐小巧,上下起伏,使旦角形象灵活俊俏。

曲,是地花鼓舞蹈动作和姿态普遍具有曲线美的特点。旦角舞动时曲臂、扣胸、送胯,配合腰部的拧、转、倾、扣,静止时俯、仰、倾、斜,柔媚婀娜,充分勾绘出形体的曲线。"斜身走,三道弯,扣胸俯身手扶栏"(手扶栏即"扶栏手",是旦角双手的一种姿态),这是艺人对旦角动作"曲"的特点的归纳。"曲臂摇肩,出手起步都要圆"则是对丑角动作的要求,弯腿松腰,一投足,一伸臂,都要保持一定的曲和圆。

地花鼓中丰富的花扇动作,构成了其舞蹈的又一特点。花扇动作灵活多变,有倾扇、倒扇、垂扇、一字扇、顶梁扇、搭扇、圆扇等十几种基本扇形(图5-48～图5-50),以及挽扇、团扇、插扇、抛扇、滚扇、揉扇等多种基本扇花(图5-51 图5-53)。在此基础上,可以演化出各种各样的动作,表达多种事物以及人物的情绪、性格。如"圆扇",男女两人的扇子相靠,使两扇成为一个圆形,配合舞姿,形象地表现出男女相爱、心心相印的情意。又如旦在丑手上"抖扇"(丑双手做成一朵花状),配以眼神、舞姿,就像是蜜蜂采花的情景。

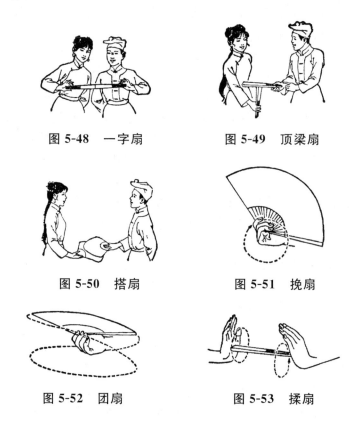

图 5-48　一字扇　　　　　　图 5-49　顶梁扇

图 5-50　搭扇　　　　　　　图 5-51　挽扇

图 5-52　团扇　　　　　　　图 5-53　揉扇

由于流行地域和艺人经历不同,受方言差别、音乐特点等的影响,各地花鼓艺人形成了特色各异的表演风格。有的含蓄深沉,有的热情奔放,有的直露大方,有的妩媚羞涩,涌现出一批像廖春山、吴神保、肖克昌、郭玉红等著名花鼓艺人。

(二)花灯

"花灯",有的地方称为"茶灯",流行于湖南各地,尤以西部的怀化市、湘西土家族苗族自治州的汉族聚居区最为盛行。它以质朴、爽朗、幽默、风趣的艺术特色，赢得广大群众的喜爱。在民间曾流行这样一首顺口溜："一套锣鼓一排灯，拿起扇子就出门。千响花炮来迎接，一更唱起到五更。"形象地说明了过去群众喜爱花灯的情景。

花灯是在民间流行的竹马、车灯等歌舞（民间称之为灯调）基础上发展起来的。音乐部分吸收湖南流行的"丝弦小调""江南小调"等民间曲调。表演方面，借鉴传统戏曲中的人物行当，融汇、变化其表现手法、动作，同时也吸收了其他民间表演艺术的特点，在群众传统欣赏习惯的影响下，逐渐演变为能表达一定生活内容的歌舞艺术形式。

花灯有"文花灯"（有的地方叫"文茶灯""玩调子""地故事"）和"武花灯"（有的地方叫"跳灯"）之分。文花灯表演性强，节目多带叙事性，如《娘试女》《十想郎》《赠金钗》等。一般除在音乐过门时带有一些程式性动作外，主要是按词意进行表演，重在抒发内在情感。武花灯舞蹈性强，技艺高，如《打枣》《十打》等节目，都吸收了许多民间武术中的翻、滚、拳术等技巧。

花灯的表演多为一旦一丑，由十几岁的男少年扮演。除此之外，还有二旦一丑的如《姊妹观灯》、二旦二丑的如《文茶灯》、多旦多丑的如《大采茶》等。文花灯一般由表演者自唱自演，武花灯表演者只舞不唱，由"掌灯师"（灯班的负责人）领唱，伴奏人员伴唱。

花灯所反映的内容十分丰富，它涉及社会生活的各个方面，以表现劳动群众的生产、生活、爱情为主，同时也反映了各个历史时期群众对当时社会的态度、理想、愿望和风土人情等。

花灯从生产、生活、自然现象及花鸟鱼虫的形象中汲取、提炼出大量舞蹈动作，并广泛吸收其他民间艺术、武术的精华而逐渐形成了一套古朴、淳厚、特色鲜明的舞蹈语汇。取材于群众日常生活的如"美女梳头""照镜"等动作，以扇当梳，用扇绕头做梳辫状；用扇做镜，描绘日常生活中照镜的各种情态。这些动作配以轻盈小巧的步法，身体的扭摆，肩部的颤动，从容雅静、欢快明朗，富有节奏感。虽说动作难度不大，但表现手法细腻，层次清晰，生活气息浓厚，形象地再现了农村妇女的生活情趣。又如"鸡啄米"（图5-54）动作，通过扇子一上一下的舞动，融合具有特点的矮桩步法，把鸡啄米的情景表现得极为生动。其他如"老鹰展翅""燕子放游"等舞蹈动作，凭借腰部的扭动，或前俯后仰，或左右摆动，两膝有控制地屈伸，犹如飞鸟展翅，不仅形象地表现了动物的机敏个性和情态，同时也表达了人民群众渴望幸福生活的美好愿望。

图 5-54　鸡啄米

　　花灯舞蹈分为"套子"和"圈子"两部分。"套子"一种是丑、旦配合表演的单一动作,如"飞蛾扑灯""犀狗望月"等;另一种是一人表演的单一动作,又分"旦行套"和"丑行套",如"美女梳头""羞扇"(图 5-55、图 5-56)等。"套子"多运用在唱词表演中。"圈子"则包含若干个"套子",由旦、丑配合,是有固定路线的程式化舞台调度的动作组合,如"踩四门"等。"圈子"多在每段唱词过门中运用。

图 5-55　美女梳头　　　　　图 5-56　羞扇

　　花灯舞蹈的丑角动作以矮桩为基础,即动作几乎都在两腿半蹲姿态的基础上进行。由于矮步的特点,加上丑角的打扮、表演上的嬉戏逗耍,一举手、一投足都充满着生活情趣,给人以灵活敏锐、滑稽诙谐的感觉。

　　旦角动作起伏不大,步法小巧轻盈,舞步跳踏起伏,和谐融洽,韵味十足,富有俏丽、泼辣的风情,刻画出一个逗人喜爱的山村姑娘形象。

　　武花灯中的许多舞蹈动作是一些高难的传统技艺,技巧性强,与民间武术动作融为一体,翻、滚、扑、打,幅度较大,对比强烈,舞姿雄健有力,具有造型性特点。

花灯的舞蹈动作是和扇子紧密结合在一起的,那倾、斜、倒、竖的扇形,冲、挽、团、抖的扇花,使花灯舞蹈千姿百态。

(三)狮舞

"狮舞"在湖南全省普遍流行,少数民族亦甚喜爱,每逢喜庆节日,不论城镇还是山冲,都以舞狮为乐,庆贺佳节,并以此祈求吉祥。

在湖南历代地方志中有不少有关狮舞的记载。乾隆五十四年编印的《黔阳县志》载:"……又为百戏,若耍狮、走马、打花鼓,唱四大景曲,扮采茶妇,带假面哑舞诸色,人人家演之。"嘉庆时编纂的《常宁县志》载:"以布作狮形,宛转跳舞,仿古傩礼。"道光丙午年编的《永明县志》(即今江永县)也说:"元旦,乡人装狮子跳掷为戏。"同治年间编印的《浏阳县志》说:"上元内乡村……或制狮首缀布,令童子披之,曰狮子灯……晴日沿村喧舞,杂以金鼓,主人燃爆竹,剪红帛迎之为乐。"可见湖南的狮舞活动一直盛行,而且遍及城乡。

流行于湖南的狮舞种类很多,名称各异。从狮子体形大小区分的有"大狮"和"小狮";以狮子多少区分有"单狮""单狮生双仔"以及"双狮灯";以操纵狮子的表演者人数区分有单人、双人、三人舞;以狮披的不同装饰和色彩区分的有金毛狮、抖皮狮、香火狮、鸡毛狮;以不同角色配合狮子表演或有简单情节的有"勇士斗狮""罗汉戏狮""猴子戏狮"以及"美女逗狮";以不同形式表演狮舞的有踩着高跷的"高跷狮",有将狮的头尾置于木棍上端,两人举着木棍而舞的临湘县的"天狮""高脚狮";有在方桌和板凳上表演的"台狮",以及将双狮与彩球悬于空中,操纵绳子表演的江永县的"双狮抢球";以木雕狮头其唇能击出夸夸响声、表演各种造型的蓝山县的"南岳狮";有一人手持小木狮头,上身斜披狮被,另一人在后执狮被配合表演的双峰、衡山、黔阳等县的"手狮";有在表演时伴唱赞词并随词意而舞的衡山县"赞狮";以及"手提狮""线吊手狮"等。

根据表演风格的不同,大致可分为文狮和武狮两大类。

文狮是以表现狮子温顺、善良的性格为其特征的舞蹈,它模拟狮子抓痒、理毛、打滚、打瞌睡、伸腰、戏球等生活动作(图5-57、图5-58),细腻而又逼真地刻画狮子娇、憨、懒、谑的神态,以及表现戏狮者爱狮、怕狮、逗狮等多种神情。这类节目有"罗汉戏狮""猴子戏狮""赞狮""抖皮狮""单狮生崽"以及通过狮子体现山、船、井、椅、鱼等二十多种造型而见长的"夸夸狮"等。

图 5-57　抓痒动作

图 5-58　侧滚翻动作

　　武狮是通过举、扑、跌、跳、翻等高难技巧，表现狮子勇猛的性格和威武的气势，以及勇士运用叉、耙等器械与狮子英勇搏斗，最后使之驯服的过程。这是武狮共同的情节。其中还穿插拳、棒、刀、叉等武术表演。如"勇士斗狮""狮子赶叉""雄狮"及个别"手狮"等均属此类。曾获全国第一届民间艺术会演一等奖的祁东县的"勇士斗狮"，是武狮中的代表性节目，其中舞狮尾者将舞狮头者高高举起，然后扑下滚地的"挂牌"（图 5-59、图 5-60），狮子跳越桌子的"双跳涧"，狮子从叠起的几张桌子上翻滚下来的"猛虎下山"等动作，都是颇为惊险的精彩场面。

图 5-59　勇士逗狮动作

图 5-60　挂牌动作

　　狮舞多在春节期间表演,走乡串寨向乡亲们祝贺新年,送去吉祥的祝愿,增添节日的欢乐。有的和龙、灯一起活动,有的单独活动。每到一处,主人鸣放鞭炮迎接,狮子在大门前作施礼动作,再到堂屋内绕一圈,表示送福呈祥,然后到坪上进行表演。此外,解放前在迎神和婚丧喜庆等场合,一些地方也有表演狮舞的习惯。

　　狮舞艺人利用农闲期间在附近的村寨中传授技艺,并亲自表演或进行临场指导,从而使舞狮的技艺代代承传下来。

　　狮舞以打击乐伴奏为主,有的也采用唢呐。服装及道具视舞蹈的不同形式而定。舞球者或斗狮者一般都头扎白色毛巾,身穿对襟便装彩服,系腰带,穿缀有红球的草鞋。舞狮者亦与此穿着大体相同。戏狮的罗汉与猴子,头戴绘成笑面或猴形的纸壳面具,身着便装即可。

　　狮舞的动作不完全受音乐节奏的限制,大部分狮舞的音乐伴奏只起烘托气氛的作用。乐队一般吹奏的是民间流行的曲牌,如[八板子][将军令][大开门][耍孩儿]等;也有的是用[耍狮牌]等专用曲牌。个别地方的狮舞用竹笛伴奏,其曲调亦不同一般。

　　新中国成立后,人们盼望的吉祥如意的日子终于降临到中国大地,从此狮子不再作为求神的工具,而是幸福和欢乐的象征了。在人民政府"百花齐放,推陈出新"的方针指引下,这一古老的舞蹈形式,获得了前所未有的发展。每当节日,群众舞着狮子表达喜庆欢悦的感情,以它矫健英武的雄姿表现人民新的精神风貌。

三、重庆地区汉族舞蹈

重庆民间舞蹈绚丽多彩、枝繁叶茂,其源于民间、传于民众、风格鲜明、个性突出。在众多的重庆民间舞蹈中,汉族舞蹈占据着很大的比重。重庆地区的汉族舞蹈主要有秀山花灯、铜梁大蠕龙、高台狮舞、车车灯、鲤鱼灯舞、梆梆舞、肉莲花、年箫、架香童子舞、傩舞、巫舞等多种。限于篇幅,这里仅对其中的秀山花灯与铜梁大蠕龙做具体介绍。

(一)秀山花灯

秀山花灯广泛流传于重庆、湖南、贵州、湖北四省交界,以重庆市秀山县为中心的武陵山地区土家族聚居地区为中心。秀山花灯从秀山县全县范围来看,虽然格调基本一致,但是由于武陵山地区的自然环境、地理条件和演出范围的不同,也存在着一些差异,有着"花灯不过坡""花灯不过寨子"的说法。按照秀山县的地域分布来看,秀山花灯可分为 5 个流派:即龙凤、溶溪、龙池、洪安、梅江,每个流派都有各自的民间艺人世代相传。每个流派在曲调、唱腔、舞蹈动作、演出地点和方式、角色扮演、灯彩造型上都分别有各自的特点,形成了丰富多彩的秀山花灯表演形式(图 5-61)。

图 5-61 秀山花灯

秀山花灯表演一般在每年正月初三至正月十五举行,是秀山当地迎春、闹春中一项极其重要的民俗活动,同时也是当地人民迎接新春的主要节庆文化表现形式。民间的花灯演出时间一般从正月初三夜晚开始,叫"启灯"

（又名出灯），至正月十五元宵节"辞灯"（又名烧灯、送灯）为止，有一套较为规范的演出程序和具有浓郁地方特色的演出习俗。按顺序先后分为设灯堂、启灯（请灯）、跳灯、辞灯。在出灯前，必须要在灯头人家的堂屋摆设灯堂，安放花灯神位，启灯请神。花灯通常设有金花小姐、银花二娘和蜡光先人等六个神位。由掌灯师傅点燃香烛，烧纸钱敬奉花灯神，祈求保佑跳灯人诸事顺利、平安吉祥。祭拜仪式后要把今年表演的花灯正调类排演完一遍，主要包括红灯调、开财门、送寿月、谢主、祝贺调五种，然后出灯。演出队伍执掌着象征两个花神（金花小姐、银花二娘）的两盏花灯（图 5-62），挑灯夜行，到邻近的村户乃至数十里的村寨演唱花灯歌舞。花灯班到村寨中进行挨家挨户表演，村民们都会热情地迎接花灯班的到来，因为在秀山民俗中以花灯到来为祥瑞之兆示，预示新的一年里，家族或者村寨能够兴旺发达。花灯班每到一户人家，主人便要燃放鞭炮相迎，灯班先要耍狮子，既能活跃气氛又使得围观的乡亲让出表演的场地，这叫"狮子扫堂"。灯班先以演唱《开财门》开始，祝福主人新春大吉，再唱《贺喜》《拜年》等新春吉祥调，离开主人家时要唱《谢主调》。这户演出完毕后再去另一户，这寨演完后再赴另一寨，直至正月十五后结束辞灯。

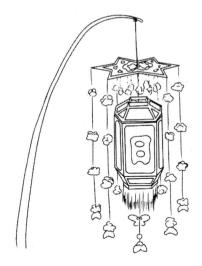

图 5-62　正灯（金花灯和银花灯）

秀山花灯的演出团体称为"花灯班"。在秀山当地，一个花灯班又叫"一扑花灯"或者"一泼花灯"。每个花灯班子都有自己的名字，通常以村名、寨名来命名，如："大毛坡花灯班""八卦村花灯班"，也有以花灯艺人的名字命名的，如："熊家花灯班""蒋三花灯班"等。一个花灯班通常由十二个人组成。花灯唱词中对这一班人的角色分工有描述:"有两个三花脸(丑角),有两个穿裙襦,有四个打锣钹,有两个掌灯作照明,有两个拉丝弦,将将逗拢十二个,一行十二人",也有再加两个丑角后由十四人组成的花灯班。还有些花灯班还加上掌调师和帮腔的,人数可达二十人。旦角和丑角是花灯班的主要演员,丑角叫"花子"或者"赖花子"(图 5-63),旦角叫"幺妹子"(图 5-64),中华人民共和国成立前幺妹子主要是男扮女装,中华人民共和国成立后才由姑娘或媳妇扮演。掌调师负责指挥整个花灯班的演出,履行的是导演的角色,同时一般兼任领唱和伴唱(帮腔)。掌调师傅的水平是花灯班演出水平发挥高低的决定性因素。

图 5-63 花子   图 5-64 幺妹子

秀山花灯主要通过歌舞的形式来展现当地人民迎春祈福、追求生活瑞兆的美好愿望,同时歌颂美好生活和爱情的真挚情感,其内容通过花灯唱词地能清晰地展现出来,主要分为以下几个大类:一是祝贺新春。由于花灯是在春节期间表演,所以这几乎是必不可少的表演内容。花灯的新春歌舞恭贺主人家新春祥瑞,增添节庆期间的喜庆吉祥的气氛,如《贺喜》《拜年》《闹元宵》就是其中的典型代表。二是赞颂美好真挚的爱情,如《绣荷包》《四季相思》《送郎送到豇豆林》等。三是反映劳动的生活,如《幺妹栽花》《采茶调》等。四是传唱历史典故。如《桃园结义》《祝英台》《薛刚大闹花灯》等。

秀山花灯歌舞俗称"跳团团"。秀山花灯舞蹈以"颤"动律为核心,俗称"崴",有无"崴"不成灯的说法。幺妹子和花子的动作都以"颤"动律贯穿始终,即寓颤于转,融颤于扭,边颤边行的舞蹈动律(图 5-65、图 5-66)。

图 5-65 黄龙缠腰　　　　图 5-66 膝上栽花

　　旦角幺妹子的舞蹈端庄、秀丽、乖巧,最能体现其风格特点的是单边动律(动作中强调往一边摆动后,又回到正直的体态上),长期在民间流传的"单摆柳"(图 5-67)、"单推磨"是最典型的动作;丑角花子均为俊扮,舞蹈朴实、健壮、诙谐,唱词风趣、幽默,动作多在"矮桩"的基础上,以膝盖有韧性的屈伸带动身体的舞动,舞姿的变换均带有与旦角对舞而相让避身的感觉,形成其特殊的韵律,最具代表性的动作是"矮桩步""风摆柳"(图 5-68)。

图 5-67 单摆柳　　　　图 5-68 风摆柳

　　秀山花灯以歌曲旋律优美、节奏明快、风格独特而脍炙人口,广泛流传。著名的花灯歌曲《黄杨扁担》《一把菜籽》等,早就登上了大雅之堂,享誉国内外。

　　秀山花灯音乐,除外来的音乐成分外,还融合了当地的民歌、山歌、小调、戏曲等的有益成分,形成了具有当地民族风情的音乐形态。音乐旋律优美、转调新颖、结构规范、节奏鲜明,富有舞蹈性,给人以诙谐风趣、喜庆欢乐之感。

秀山花灯伴奏有打击乐和丝弦乐两类,锣钹地位很重要,敲起锣钹才大跳。秀山俗语说:"丝弦不拉不要紧,锣钹不敲不能跳"。

秀山花灯已经成为秀山县的文化名片,并被收入国家非物质文化遗产保护名录,正式成为国家重点保护的国家级非物质文化遗产。

(二)铜梁大蠕龙

铜梁龙舞系流传于重庆市铜梁县境内的一种以"龙"为主要道具的舞蹈艺术形式,通常于每年的新春佳节之时,在民间最为重大的娱乐活动——"龙灯会"期间进行表演,尤以正月十三至十五为舞龙高潮,以传达人们祈求来年人寿年丰、消灾祛病的美好愿望。"大蠕龙"是铜梁龙舞中最有特色的,其延续了铜梁龙舞的优良传统并奠定了现代铜梁龙舞在中国龙舞界中的地位(图 5-69)。

图 5-69　铜梁龙舞

中国龙舞从最早的图腾崇拜、求雨祈福,逐步扩展到耍龙拜年,期望来年风调雨顺、人畜兴旺、五谷丰登,保佑人寿年丰等多项内容,已承载了人们太多的情感与向往。铜梁大蠕龙与其他地区的龙舞一样,主要通过动作套路与龙具造型的特点生动展现人们观念中的龙形与龙韵,以抒发祈福避灾、愿望达成的情感需求。铜梁大蠕龙的龙具由龙头、龙身、龙尾共 24 节组成,代表着中国农时的 24 个节气,寓意四季太平、五谷丰登;众舞者通过对舞龙力度、幅度、速度的轻重缓急的掌握,在行进动态中完成"龙"的游弋、起伏、翻滚、腾越、缠绞、穿插等动作,表现龙的各种形态、情态,以展示出中国龙的精气神韵；龙舞中云牌的运用及如雷震耳的锣鼓伴奏，暗含着人们舞龙以祈求上苍抛洒甘露的迫切愿望；铜梁大蠕龙由二龙二珠表演的代表性剧目《二龙戏珠》，其中的套路"龙出洞""龙摆尾"（图5-70）、"龙抢宝""龙戏珠"（图5-71）、"梯形龙""龙跳连环""高攀龙塔""龙回宫"（图5-72）等，完整地表现了龙出游、玩宝、回宫的整个过程，每个套路环环紧扣，各有寓意，已具备一定的故事情节。从表现内容上可见，铜梁大蠕龙表演鲜活地将中华民族内涵丰富的文化符号——龙，动态、立体地呈现出来，并赋予其人格化的特征。

图 5-70　龙摆尾

图 5-71　龙戏珠

铜梁大蠕龙从龙形动作的角度来看，动作套路极为丰富。有龙出洞、之字拐、龙舔颈、下钻洞、大盘龙等大量模拟爬行类动物、写实风格极强的动作；也有三点头、拜四方、翻江倒海等以情绪化、拟人化风格为主的动作。在丰富的套路变化中，还同时采用游、滚、翻、穿、绕、盘、腾、跃等多种技法，对龙的动势进行淋漓尽致的表现。由于铜梁大蠕龙龙具长而大的特点,因此舞龙参与人数众多,一般舞一条龙需要1名执宝者和25名执龙者共同完成。从执道具者动作的角度来看,在多人共舞一个道具的情况下,需要舞者之间高度默契配合,必须随时与前后保持一定的距离,眼观四方紧跟前者,走定位。铜梁大蠕龙作为集体性的道具舞蹈,在一定程度上约束了舞者的上肢动作,龙具的物质形态特点决定了舞龙者的动作必须在一定的范围内,因此脚步动作较为丰富。舞龙过程中,表演者需通过大量空间调度,即圆场步、矮步、弧行步、单碾步的快慢、大小运用来展现构图变化,营造出鲜活、灵性的龙形。20世纪80年代,铜梁大蠕龙经川剧艺人的改造,在增加动作套路的基础上,大量加入川剧中的手眼身法舞蹈语汇,如要宝人出场时的亮相、舞龙者在队形调度中统一使用的圆场步、龙在舞动中与伴奏音乐——川剧锣鼓的配合,使龙舞动作更具程式化与艺术化特点。

图 5-72　龙回宫

铜梁大蠕龙的伴奏音乐有着浓郁的巴渝地方特色,主要伴奏乐器有川大锣、川大钵、川堂鼓、川唢呐等民间吹打乐器,为了烘托气氛,有时加进了战鼓(高缸鼓)和小打乐器包包锣、二心、苏绞、云锣等。由于是现场套打,可以与龙舞动时的节奏快慢和队形调度进行配合。打击乐与唢呐套打演奏相结合,或急或徐,或扬或抑,时而优美抒缓,时而高昂激越,有强烈的艺术感染力与民间风味。曲牌多用"长锤""合牌""赶眼""陕锣""快扣板""水龙吟""朝天子""霸王鞭""伴灯鼓""双竹马""将军令""火把二流"等。

四、贵州地区汉族舞蹈

贵州民族民间舞丰富多彩,品种繁多,覆盖面广,风格迥异。其汉族舞蹈主要包括灯舞与龙舞两大类,其中灯舞包括独山花灯、红军灯、旱船舞、钱杆舞;龙舞包括大龙舞、十三太保龙、嘘火龙、小彩龙、板凳龙、人龙等。限于篇幅,这里仅对独山花灯与板凳龙进行介绍。

(一)贵州花灯

1. 贵州花灯概述

花灯,是流行于贵州全省各地的民间艺术样式,它包括花灯歌舞、花灯说唱和花灯戏,后者是在前二者的基础上发展起来的,三者长期共存,并相互渗透、相互影响、相互吸收。

贵州花灯与民间巫傩活动关系密切,清道光二十年(1840)夏修恕主修的《思南府续志》云:"祈禳,各以其事祷神,逮如愿,则报之,有以牲醴酬,有以采戏(花灯)酬者。冬日傩,亦间举,皆古方相逐疫遗意。迎春则扮台阁,演古戏文。"贵州花灯在其形成的发展过程中,受到民俗信仰的影响除一年一度的"闹灯"外,花灯班社还为愿主酬神还愿唱"愿灯""寿灯""喜灯""孝灯"等,为主家驱邪纳吉,祈求平安、吉祥。黔南、黔北、黔西等路的花灯演出中,都有一套"请水""安神""请神""开光""拜祭""扫堂""辞神""回坛"等十余道祭祀仪式,这与省内普遍流行的傩戏、阳戏的法事科仪,大同小异。三者往住相互补充相互影响,班社、艺人也常常三者皆能,"一班三戏",同场演出,或"灯夹戏"(花灯夹阳戏)或邻近省区的民间歌舞、戏曲对贵州花灯的形成发展也不无影响。湖南的花鼓、辰河戏,"坛夹灯"(傩戏加花灯)。

贵州花灯可依其区域、语言、习俗等分为东南西北四路,东路花灯以铜仁、印江为中心;南路花灯以独山、都匀为中心;西路花灯以安顺、普定为中心;北路花灯以遵义、仁怀为中心。演出语言以当地乡音土语为主,各有特色。各路花灯的演出形态大同小异,由于地域、民族等原因,各路花灯又有其自身的特色和风格。南路花灯音乐轻快、活泼,舞蹈粗犷、刚劲,语汇丰富,扇帕舞法和矮桩步尤具特色;西路近广西,语言略带桂腔,很有音乐性。《打头台》《踩新台》等花灯歌舞,在全省很有影响。该地区灯班众多,难以计数;东路花灯因地域紧靠湖南,与湖南的花鼓、辰河戏渊源密切,该路花灯音乐十分丰富,各类曲调在千首以上,锣鼓牌子也很丰富,常用的就有数十种,该地有"半台锣鼓半台戏"之说,该路花灯锣鼓表现出特殊的地区性和浓郁的民族风味。其舞蹈有程式化、戏曲化的倾向,动作较为规范,且吸收了土家族民族舞蹈欢快热烈、豪放粗犷的风格;北路花灯以说唱见长,音乐"辞情多而声情少",长于叙事,旋律细腻平缓,节奏自由,唱腔衬词多。语言风趣,词汇丰富,舞蹈舒展优美,刚中有柔,绵中带刚,音乐优美抒情,曲调丰富,广为流传的[梅花调]就出自该路花灯,其腔调悠扬高昂,很有韵味。

2. 独山花灯

独山花灯,是贵州南路花灯的代表,它不仅曲调丰富,舞蹈洒脱诙谐别具特色,还有广为流传的《打头台》《踩新台》等较为完整的传统节目和《三访亲》《七妹与蛇郎》等曲目。从现有史料和民间口碑得知,独山花灯大约于明代由江淮地区的移民传入,扎根于清代中叶。元宵观灯、唱灯和社火祭祀等民间习俗信仰是其主要依托,也是其赖以生存发展的基础,在全省很有影响。

从演出形式上看,独山花灯大致分为"地灯"和"台灯"两大类。地灯是台灯的基础、雏形,台灯是地灯的演变发展。

花灯歌舞的传统形式以一旦一丑的对舞为主(也有一丑二旦或二丑二旦)。舞法有大致的套路和程式化倾向,二人手执彩扇、手帕相对而舞,边歌边舞中穿插简短的乡间俚语,插科打诨,逗笑取乐,因无固定的脚本,艺人们往往即兴发挥,有较大的随意性,因此,每个艺人的舞蹈语汇、动作风格、表演特色都不尽相同。

地灯的舞蹈动作丰富多彩,约有二十余个组合动作。

"地灯"舞蹈的表演有如下规则:基础动作约有四十余个,一套完整的地灯系列往往由众多的单一动作(舞蹈语汇)各自连成套子(组合动作),由众多套子串成折子(即将各套子按照一定的位置、路线和画面编排、组合起来)。其动作可分为:

(1)步法:"矮桩步""拐子步""花旦步""浪拐步""梭梭步"等。

(2)扇帕执法:有"握扇""三指叉扇""五指扣扇"(图 5-73)、"三指捏扇""中指夹帕"(图 5-74)、"满把抓帕"等十余种。

图 5-73　五指扣扇　　　　　图 5-74　中指夹帕

(3)扇帕舞法:有"扭扇花""招扇""蝶扇""点扇""丢扇"(图 5-75)、"磨扇"(图 5-76)、"拖关扇""抖扇""燕舞海棠""翻扇""内挽花""外挽花"等。

图 5-75　丢扇　　　　　　　　图 5-76　磨扇

　　(4)身段:有"金蝉蜕壳""岩鹰展翅""犀牛擦痒""双凤朝阳""扫地莲花""怀中抱月"(图 5-77)、"蜘蛛牵丝"(图 5-78)、"喜鹊登梅""关公挑袍"等。

图 5-77　怀中抱月　　　　　　图 5-78　蜘蛛牵丝

　　热情奔放、刚柔相济、洒脱大方、诙谐幽默是地灯的艺术特色,表现在舞蹈的动律、速度、节奏、调度、身段等各个方面。

(二)贵州龙舞

1. 贵州龙舞概述

　　"龙舞"又称为"舞龙"、"耍龙",是广泛流传在贵州城乡的一种群众性娱乐活动。龙舞在贵州各民族中均有流传,尤以汉族地区为盛。

　　贵州龙舞的种类很多,常见的有布龙、纸龙、筋骨龙、草龙、水龙、火龙、板凳龙、十三大保龙、菜龙、人龙等。

　　舞龙一般由舞龙头、龙身、龙尾和逗宝几部分组成,人数视龙的大小长短而定,少则三五人,多则数十人。龙舞一般由耍逗宝(亦称宝灯)者为指挥,龙头随逗宝的舞动而翻转舞动,整个龙身及龙尾则随之忽上忽下、忽左忽右舞动。

　　龙的种类不同,舞龙的动作和阵法也各不相同。如贵阳地区龙舞的基本动作有"举把"、"平把"、"抛把"、"换把"、"大龙翻身"、"大龙摆尾"、"小摆尾"等,其中"大龙翻身"(图 5-79)和"小摆尾"(图 5-80)颇具特色;阵法主要有"8 字阵""盘龙""滚天龙""滚地龙""懒龙翻身""游龙戏宝""双龙抢宝"等。

图 5-79　大龙翻身

图 5-80　小摆尾

　　由于耍龙是一种大型活动,牵涉面广,需要一定的经济条件,加之龙为吉祥神物,舞龙又有祈愿风调雨顺、保佑平安、大吉大利之意,所以,一般都有一定的组织机构。这些组织机构或称为"龙灯会",或称为"接灯会"。灯会的主持人多是龙舞活动的指挥者。灯会下设后勤(负责编扎、送帖、集资)、管账(负责来往账目出入)等小组,各组在灯会负责人(亦称灯头)召集下,研究和安排龙舞活动的有关事宜。龙灯会通常以街道、部门,也有的以乡、村为单位进行组织。参加舞龙的龙灯会组织,一般在二十至三十人左右;有些大的龙灯会每条龙舞龙者可多达二百至三百人。过去,也有各省旅居贵州各地的同乡会馆行业行会牵头组织的龙灯队参与龙舞耍龙活动。

龙舞除极个别如板凳龙加入唢呐伴奏外,均用打击乐器伴奏。主要乐器有大鼓、大锣、小锣、大钹、小钹等。舞龙和龙行进时锣鼓声不断。所奏鼓点、曲牌及风格特点等,各地不尽相同,视舞龙时的需要选用曲牌,随龙的动作变化而不断反复,总体上有着较大的随意性。

由于龙舞表演热烈奔放、气势宏大,加之龙在民间习俗中具有纳吉驱邪、护佑平安的神圣地位,深为群众喜爱,成为贵州城乡节日喜庆中不可或缺的传统习俗活动。

2. 板凳龙

"板凳龙"在贵州广为流传,龙的制作和舞龙的套路基本相似。流传在贵阳市南明区四方河村的"板凳龙"颇有特色。

板凳龙因将龙的造型扎制在板凳上而得名。龙身裹住板凳呈波浪形,龙爪在四条板凳腿上。板凳龙一般由两条同舞,七人表演。每条龙有舞龙者三人,其中两人各执龙头的一只凳腿,一人执龙尾的两只凳脚;一人舞宝,为场上指挥。两条龙多以对称的位置进行舞蹈。

板凳龙表演的步伐以"四方步"为基础,变化出"平四步""跳四步"等,并根据具体的情节表现"龙出海""龙滚水""龙戏水""龙发怒""龙翻身"等阵法,以体现龙游水时的优雅、戏水时的顽皮、失去龙宝时的愤怒和获宝时的欢喜等多种形态,生动活泼,饶有风趣。

板凳龙的表演中,"龙翻身"为最具特点的阵法,由"十大翻"组成。动作中舞龙尾者连续从前边两个舞者间穿过,并不断地转体前后奔跑,龙身在舞龙者的操纵下,呈划立圆的形态连续不断地翻动。"十大翻"动作有相当的难度,需要三个舞者的紧密配合和相互默契,是整个舞蹈的高潮和最热闹的舞段。

第六章 武陵山地区非物质文化遗产的传承与发展

与物质文化相比,非物质文化遗产更多地体现与蕴含着一个国家和民族所特有的精神品格、群体思维和文化意识,因此"非遗"是活态文化,更多地要依靠社会中人的有意识地保护与传承。在漫长的历史时期内,只有通过传承群体或者传承人的传承,"非遗"才能得到有效保护和发展。

第一节 非物质文化遗产的价值

一、文化多样性价值

尊重文化多样性是发展本民族文化的内在要求;尊重文化多样性是实现世界文化繁荣的必然要求。应遵循的原则是:既保持各民族文化差异和平等竞争的权利,又维护文化互动交流、自由创造的权利。2005 年 10 月第 33 届联合国教科文组织大会上通过的《保护和促进文化表现形式多样性公约》中,"文化多样性"被定义为各群体和社会借以表现其文化的多种不同形式。这些表现形式在他们内部及其之间传承。文化多样性不仅体现在人类文化遗产通过丰富多彩的文化表现形式来表达、弘扬和传承的多种方式,也体现在借助各种方式和技术进行的艺术创造、生产、传播、销售和消费的多种方式。文化多样性是人类社会的基本特征,也是人类文明进步的重要动力。非物质文化遗产是维护文化多样性的有效载体和重要方式。它是一个民族古老的生命记忆和活态文化基因,蕴藏着族群传统文化艺术之根,保留着该族群文化艺术原生态和其特有的思维方式,是族群归属感之所在。在当代国际舞台上,国家对外输出和交流越来越倚重民间特色文化的输出和交流,让具有民族特色和独特魅力的非物质文化遗产唱主角,非物质文化遗产成为国家对外交流的桥梁,成为民族之间密切联系的催化剂。一旦一个国家的民族文化受到其他国家人民的认可和喜爱,则会大大促进两国之间的友好交流和合作,增进民族和国家之间的感情和友谊,同时满足本民族的自豪感和向心力。为了实现民族文化的一脉相承,我们必须珍视代代相传的宝贵文化遗产,特别是承载着我们文化记忆、灌注着民族文化精神的非物质文化遗产。因为受人类社会结构和环境改变的影响,以及其本身存在形态的限制,必然带来它的社会存在基础日渐狭窄的发展趋向,所以它的生存也遇到了前所未有的危机,有不少甚至已经消失或面临消失的危险。只有各民族增强民族文化危机意识,切实可行地保护和传承非物质文化遗产,才能避免全球范围内的文化同质化,实现世界文化多样性。

二、实用价值

实用价值即"非遗"客体实用性,"非遗"产生之初,来源于农耕社会的需要,"非遗"具有无形性的特点,但绝对不是纯精神的,其精神内涵也会有物质外壳,以便传播。所以"非遗"本身及其制成品,或是为了满足精神消遣,或者为了满足生活实用,或是为了维系感情,等等,如一幅剪纸、一个面人、一段曲艺等,都是底层百姓的顺手之作,在当时的社会背景下,其文化价值不一定很高甚至还会很低,有着明显的实用主义痕迹。

三、文化基因价值

"非遗"蕴藏着民族的文化基因、精神特质、价值观念等,"非遗"保护的核心和最终目的在于其内在文化价值的传承与弘扬。随着时代的发展,"非遗"的实用价值随着岁月积累早已失去了往日的光彩,但由于这些作坊和手工"土得掉渣"的"非遗"直接来自生活,寄托了当时人们的信仰和精神追求,所以其文化意义和时代价值逐渐提升,直接关系到民族大文化、大精神的孕育滋生,更重要的是这种文化价值生命力不是一个阶段或一个时期,而是一个民族的群体记忆和文化基因。随着世界各地工业化和城市化的进程,全球化的步伐也在加快,全球化在推动世界范围内资本流动和文化交流的同时,也造成了经济、文化、地缘的模糊和地方特性的消解。在全球化大潮的冲击下,地域文化的特色日渐衰微,标准化的商品生产与设计使人们生存的环境、景观趋同;同时在外来的种种强大经济、文化势力下,地方传统与历史文脉被割裂,文化的多样性遭到扼杀,这时,人们不在乎其"丑俊",而是重视其所承载的历史信息。作为价值的主体,增加了一层传统的美、情感的美,承上启下"血脉"的自主尊严,从而使人们在当代社会更加珍惜"非遗",更加重视"非遗"。

四、经济开发价值

"非遗"能延续千年,本身就说明它们有强大的生命力和文化活力,在市场经济条件下,完全可以将"非遗"中有条件的文化资源转化成文化生产力,形成产业化并带来经济效益,将古老的"非遗"资源古为今用,适度开发,在赋予开发者合理利润的同时,使其逐步融入现代生产和生活中,这是行之有效的方式和途径,不仅如此,充分发挥其作为文化资源的经济价值,不仅能带来可观的经济效益,也能使它得到传承与保护。目前,综观国内外,丰富的"非遗"为美术、电影、旅游、餐饮、服装、制药业等产业的发展提供了基础资源与有利条件,民间文化、民间手工艺、民俗民趣成为很多国家和地区发展经济的重要组成部分,不仅为所在地区创造了丰厚的利润,也向外界传播、弘扬了民族文化,提高了本地"非遗"的知名度。当下是一个消费社会、商品社会,当"非遗"得不到社会的认可与需求的时候,技艺传承就只局限于师徒、学者等小部分人群之间。只有非遗资源成为社会的一个整体需求,有一定的市场价值,才能刺激它继续延伸和扩大。但应该注意的是,现在社会对"非遗"经济价值过于关注,而忽视了其他价值。文化遗产不能直接变为产业,它应该是做产业的人从中去汲取灵感,汲取一些元素来再创作。另外,以"非遗"资源为基础的产业化可以追求利益的扩大化,但是不能唯利是图。因为文化还有一个传播真善美的责任。同时,应该坚持分门别类,对于一些传统手工技艺或历史上本来就具备市场交换价值的"非遗"资源,可以复兴其原有功能,实现价值,或者通过转化功能,提升价值。

对传统音乐、舞蹈、曲艺等,自古以来就有一定经济功能。因时代变迁逐渐失去生存土壤的项目,可通过功能转换实现价值。但对于一些神圣的民间仪式和礼俗,则应该将保护与传承放到首位,并不能盲目追求经济价值。

五、文化主权价值

非物质文化遗产不仅承载着民族的认同感和自豪感,更代表着国家悠久历史文化的"根"与"魂"。当今社会,世界经济全球化和信息全球化进程不断加快,世界已经成为名副其实的"地球村",世界各国政治、经济、文化交流日益频繁,呈现国际化的特征。在此背景下,基于人类社会各种思想文化依托现代传播技术,在世界范围内的传播、交流和碰撞也有日益扩大的趋势,西方国家凭借其经济与技术上的优势,积极拓展甚至谋求垄断世界思想文化市场,控制世界思想文化资源,文化霸权已经成为西方国家全球霸权战略的重要组成部分。改革开放以来,我国经济国际化进程不断加快,西方文化霸权对我国的影响更为直接和突出,我国经济、政治、文化乃至社会生活的各个方面都已经不可能回避西方文化霸权的影响和挑战。所以,对发展中国家来讲,历史悠久,有着丰富的非物质文化遗产,属于国际竞争中的优势资源,同时也是一个民族文化主权的符号与标志,起着凝聚民族精神、激发民族奋进、抵制文化霸权的重要作用,从某种意义上讲,它起着维系国家安全、捍卫国家主权与民族生存的重要作用。

第二节　民族产业振兴

武陵山地区拥有丰富的竹材资源和地域民族文化资源,开发武陵山地区竹编产业资源和创新竹编工艺题材,是党中央划分扶贫经济开发区攻坚战略中的重要构成部分。本章对武陵山地区旅游竹编产品、竹编艺术品、竹编日用品开发和创新,进行了一定的探讨,将地方竹材资源优势转化为竹编产业发展优势,使武陵山地区竹编产业成为区域经济发展新的增长点,以期促进武陵山地区经济建设的快速发展。

当前竹编工艺产业的国内发展环境良好,中国竹制造业发展正进入高速发展时期。因此,武陵山地区的地方政府相关部门、竹编企业、竹编作坊等,要充分利用自然赐给我们的竹材宝藏,有效结合现代人们生活和竹加工技术的进步,在产品造型、文化寓意、工艺创新上下工夫;在竹编装饰性、实用性、艺术性上提高附加值;在竹生态旅游等产业领域取得较大突破。由此,将竹材资源优势转化为竹编产业发展优势,使武陵山地区在竹编加工业上形成一个由资源培育、加工利用到出口贸易,再到竹业生态旅游颇具潜力和活力的新兴产业,以促进武陵山地区地方经济建设的良性发展。

一、武陵山地区旅游竹编产品的开发与创新

(一)武陵山地区旅游竹编产品开发

武陵山地区竹编产业开发,就是指武陵山地区各族人民利用当地竹材资源开发制作各种竹编器具与竹编工艺品,形成产业链。

武陵山地区旅游景点享誉国内外,旅游业成为武陵山地区国民经济中的新型产业和支柱产业,已形成了以特色旅游产业为主导的发展趋势。在

这种极好的机遇下,武陵山地区人民应以旅游业带动竹编产业的发展,以竹编产业促进旅游业的发展。

目前,从武陵山地区各大旅游景点竹编旅游产品来看,竹编产品还很少,具有很大的发展空间。因为竹编是自然资源与文化资源的结合体,蕴藏着人文和民俗意蕴、独特的品位和特色,具有书画的意境,融编织、书法、绘画艺术于一体,散发出独特的艺术魅力,享誉海内外。所以,在旅游竹编产品的开发上,一是要积极开发具有武陵山地区地方文化特色的竹编旅游纪念品,特别是携带方便、带有地方文化符号和民族元素的竹编高端旅游纪念品。二是要将竹编与相关企业结合,将前卫的设计理念融入传统的手工行业,制作出极具创意且不规则图形的竹编产品,赋予竹编产品时尚潮流的特点。像胡廷贤创意编织的《高脚果盘》立体竹编 1 套(获金奖作品),既可以盛装物件或作为家庭中的摆饰品,又可做艺术展示品。三是要研发具有传统文化气息,并富有寓意吉祥如意含义的竹编纪念品,既可作家庭摆饰纪念品,又可作展示艺术品。比如,像徐克双编织的《龙凤呈祥》混合竹编(获金奖作品)小簸箕,肖体贵编织的《福》字四方平面竹编挂屏,可以说,这些小而精的旅游竹编纪念品,既可使编织者获取一笔可观的经济收入,又宣传了当地的竹编文化和吸引着旅游者的念想;既可作为旅游者馈赠亲朋好友的佳品,又可作为本人收藏纪念和家庭装饰的精品。四是要培植风景如画的竹林园,以竹林撑托旅游竹编工艺品的发展,以竹编工艺品的艺术魅力感动游客。这不仅增长了地方的经济收入,更重要的是造福于子孙后代。

(二)武陵山地区旅游竹编产品的创新

旅游竹编产品的创新,依竹而居,以竹为器。我们知道,旅行者购买的目的是作为旅行纪念,或是赠予家人、朋友。要便于携带,价格也不能太高,销售网点一般设在旅游景点附近。这类产品应该属于低端产品,在制作上可以适当采用稍微简便点的方式,如有的可以考虑在编织方式上简单化,器型上也可以做一些小巧的实用品,如竹编小花瓶、瓷胎竹编茶具、竹制餐具、竹编首饰盒、竹编小动物等。

武陵山地区被誉为"竹艺之县""竹艺之乡""竹艺之村"。当前最主要的任务就是要思考如何使传统竹编手工艺在现今社会站稳脚跟。作为旅游纪念品的竹编产品应体现本地特色,可以将本地历史文化的典故、遗迹,以及本地历史文化名人的书画作品、诗词歌赋等作为产品开发的题材和内容。当然,目前武陵山地区竹编的题材和内容上已经有这方面的内容了,但还得进一步提升和完善。所以,我们必须在传统文化和竹编工艺的基础上大胆创新,这不仅是在编织技法上的创新,还是在表现形式上的创新,内容上的创新。一是要在竹编产品的类型中创新。随着人们生活水平的不断提高，竹编旅游产品要针对人们的审美情趣、生活习惯、个性爱好、年龄特点等差异不同的人群，结合现代生活理念，提炼传统竹编文化精髓，构建新一轮竹文化美学，以艺术、文化、健康、时尚新趋势融入现代竹编设计之中。不仅是对传统竹编文化的发扬，更是对现代设计的丰富与提升。由此，将外表沉静下的跃动活力清晰地表现出来，如视觉对比的把握、动感元素的加入、文化元素的融合、竹材质地的凸显等，使竹编艺术品中蕴含深厚的生活智慧和古朴雅致的造物观念，以丰富的细节和精美的质地样式彰显竹编艺术品的静谧之美。设计制作竹编旅游工艺品时，不能脱离人们的生活，而应以满足人们的生活需求为己任。一般来讲，设计中老年所需的竹编旅游品，就要倾向于竹编字画、提篮等方面的设计与制作；设计青年人所需的竹编旅游品，就要倾向于书画、折叠扇、竹编花卉、竹编台灯等方面的设计与制作；设计少年儿童所需的竹编旅游品，就要倾向于竹编动物、竹编玩具等方面的设计与制作；设计妇女们所需的竹编工艺品，就要倾向于竹编化妆盒、竹编首饰、竹编花卉、竹编针线笸箩等方面的设计与制作。可以说，一件好的竹编工艺旅游产品，可以影响一群人。所以设计制作优美高雅的竹编旅游产品，是竹编旅游工艺品销售的源泉。二是要在编织过程中创新。不论何种类型的竹编制品，都应在传统的经纬编织基础上穿插各种编织技法，如疏编、插、穿、削、锁、钉、扎、缠、贴、套等，使编织出的图案和类型多样化。按照现代人的审美情趣，发挥创意灵感，设计制作旅游纪念品和艺术欣赏品，让竹编旅游产品更加丰富多彩，以提高竹编旅游产品的附加值。

二、武陵山地区竹编艺术产品的开发与创新

(一)武陵山地区竹编艺术产品的开发

竹编艺术产品的开发来源于竹艺师对人们生活需求的感悟，从而产生创意灵感和智慧，体现竹编工艺和绘画艺术的完美结合。因为设计是人类为了实现某种特定的目的而进行的创造性活动，它包含于一切人造物品的形成过程当中。设计以人为本，而传统手工艺是其发展的基础，各国在继承发展传统文化的同时，都注重吸收其他民族的文化特色，而我们的现代设计理念是在西方传统手工艺基础上发展起来的，没有自己的民族特色，因此，中国的产品缺乏自己独特的东西。所以，我们应该通过调查研究，探究传统与制造、传统与市场的关系，努力发掘具有中国特色设计理念的元素，创作出做工精细，风格独特，集艺术性、观赏性、实用性、收藏性于一体的竹编艺

术品,给人们一种美的享受和质感。作为中高档的竹编艺术品,它的开发可以从如下几个方面入手。

1. 以人为本,选择主题

尊重人的情感、审美需求与习俗是设计创作竹编艺术品的根本,在重视设计的不同定位的基础上强调设计的生动性与创造性,营造有机结构与人情味,既要见"物",更要见"人"。创作出既有精湛的工艺,又有民族风格特色;既有艺术性,又有观赏性;既有实用性,又有收藏性的艺术竹编佳品。

2. 传承发展,疏通文脉

从非物质文化遗产根源来看,可以说,非物质文化遗产的根基在农村,文化的多样性在农村,民族之根深深扎在农村。各民族各地域的文化都是那一方水土独特的精神创造和审美创造,是人们乡土情感亲和力和自豪感的凭证,也是永不过时的文化资源和文化资本。作为非物质文化遗产的传统竹编手工业,有着数千年的历史文化渊源。传统是指一个民族中具有生命力的、一直在起作用的因素。虽然有些民族的传统会被一些陈旧的、落后的形式所包裹,但它并不是内容本身。传统之所以能够源远流长并且一直主宰着民族的精神,就在于它具有容纳新的文化因素的功能。

由于传统手工艺的特殊性,决定了其设计与制作不可能完全分离,是一种互补的关系。工艺制作实际上是一种非常生动的创造性行为,是设计的延续、发展和完善。因为工艺制作中出现的偶然效果甚至过失,往往会带给新的工艺表现以启发,进而推动工艺技法的革新和发展,使之更富于个性。由于传统手工艺产品全过程都是手工制作,因此,有很强的人与物的亲和力。因此,要重视传统的延续性,选择、抽象、提炼、再创造,在精湛的传统技艺、材料运用、装饰手法的基础上,以现代设计观念结合新技术、新工艺、新材料,以新的造型手段、艺术形式,创造出具有文化内涵、符合现代审美、高品位的艺术装饰品、陈设品,以提高人类生存的质量,使现代生活更加艺术化。

3. 由表及里,举一反三

艺术化的竹制品装饰,使工艺设计具备更多的社会文化功能,适当的装饰和创作过程可以表达出设计的功能、目的和深层的文化含义。那么,运用古代和现代的设计创作手法,强化竹编艺术品设计与制作的完美结合,旨在完善"造物",使之推动现代设计的发展,从而提高竹编艺术品的欣赏价值和艺术价值。

4. 绿色设计，保护生态环境

重视自然材料的运用与废弃材料的再利用，返璞归真。竹编艺术品的用材，取于低碳环保的天然性竹材，有利于保护环境，就地取材，取于自然，回归自然。利用自然材料生产竹编艺术工艺品，在生产和消费过程中很少产生污染，这是与自然共生，是循环经济社会中的代表性产业。因此，要坚持生态环境可持续发展的理念，把握市场，稳妥开发，促进地方经济发展。

5. 多元特色，突出地域文化

民间竹编艺术品的开发，强调的是尊重、肯定，保留区域性文化特色，尊重发展地域、民间、传统化，形成良性循环的多元化格局。

所谓多元特色是指多种多样事物表现出来的独特的色彩和风格。这里我们要讲的是竹编艺术品的多元特色。竹编艺术品的多元特色，是指我们设计制作出来的各种竹编制品，都要体现出各自的艺术特色和风格，这样能给人感染力和亲和力。

所谓地域文化是专指先秦时期中华大地不同区域的文化。有专家主张，地域文化专指中华大地特定区域的人民在特定历史阶段创造的具有鲜明特征的考古学文化。一些学者则将地域文化划分为广义和狭义，认为狭义的地域文化专指先秦时期中华大地不同区域范围内物质财富和精神财富的总和；而广义的地域文化特指中华大地不同区域物质财富和精神财富的总和。时间上是指从古至今一切文化遗产。经过再三研究、反复探讨，多数专家学者认为，地域文化专指中华大地特定区域源远流长、独具特色，传承至今仍发挥作用的文化传统。因此，我们开发的竹编艺术品，就要凸显出地域文化、民族文化、民俗文化、艺术文化的特点。

(二)武陵山地区竹编艺术产品的创新

现代手工艺，是一种相对于传统手工艺而言的形态和概念。传统和现代实际上都是相对而言的，我们的"传统"实际是古人的"现代"，而我们的"现代"也将成为后人的"传统"。所以说现代手工艺应该说是传统手工艺的现代形态。

现代手工艺处在传统与现代之间，既有艺术的元素，又有技能的元素。手工艺的创作和生产应该是一种作坊的形式。严格地说，它的最终表现形式是"艺术作品"而不是"批量产品"。当下，传统手工艺技能与作品在慢慢减少，但是随着中国经济的发展和人们生活水平的不断提高，手工艺产品会愈加显得以稀为贵，越来越成为人们文化生活中的必需品。因此，我们应该强化手工艺的现代意识,将手工艺从传统形态向现代工艺推进,既保留手工艺的本质,又赋予当代艺术的意义,推陈出新。同时遵循一定的艺术规律,这样的创新才会被认可,才会沉淀下来,形成"传统"。传统是创新的传承,而创新的东西将逐渐会变成传统。

1. 主题创新

任何一种艺术都有其文化内涵和主题思想,武陵山地区传统的竹编艺术品主要有:竹扇、晒簟、枕席、小簸箕、提篮、提盒等。随着社会进步,人们欣赏能力逐步提高,竹编艺术家追随时代步伐,与时俱进,开拓创新,从传统的题材中汲取营养,从现实生活中发现新的主题和题材,在传统的基础上,融入现实生活元素和情调,挖掘地方文化,突出地方特色,不断研发制作出让广大消费者看得上、买得起、带得走、耐欣赏、可实用、能收藏、能升值的武陵山地区竹编艺术新品,如《针线簸》《木胎竹编食盒》《梅兰竹菊》《家和万事兴》《做人箴言》《骏马图》《鲁迅诗词》《正气歌》《松鹤图》《心经》《和谐》《竹编灯具》等,形成了武陵山地区竹编特有的风格。通过主题创新,得到社会广泛认可,使传统的竹编艺术焕发新的生机。

2. 工艺创新

武陵山地区传统的竹编工艺编织技法主要有"十"字、"人"字、"玉簪格""千秋格""四方眼纹""菊花纹"等,编织技法简单,色彩单一,缺乏立体感。竹编艺术家在传统的基础上,大胆创新了绞纹"菱形""花星""坐标""描图"等竹编编织技法,增加彩色竹编等工艺。从形体上分为"平面竹编""立体竹编"和"混合竹编"三大类;从技艺上分低、中、高、精四个档次;从功能上分生产用品、生活用品、观赏品三大类。彩色竹编《龙凤呈祥》《高脚果盘》在2014年荣获第49届全国工艺品金奖。其中《龙凤呈祥》小簸箕作品卖价20000元,《高脚果盘》一套作品卖价80000元。通过增加新工艺、新品种,传统的竹编工艺焕发出新的活力、新的文化、新的思想、新的看点,不但继承传统的工艺特点,而且迎合现代审美情趣,使传统的竹编工艺实现多样化、市场化。通过竹编工艺创新,让传统的竹编艺术更具生命力,拓展了进一步生存和发展的空间。

3. 视野创新

第一,竹编艺术家放下架子走到民众中去,与大众交朋友,从民间艺术中汲取营养,形成新的创作思路,让竹编艺术扎根在民众当中。第二,竹编艺术家积极参加工艺品展览会和旅游文化博览会,主动宣传自己,推荐自己,力争获取各级政府和民间协会组织的表彰和奖励,提高知名度。武陵山地区的竹编艺人们获得过第49届全国"金凤凰"创新产品设计大赛金奖、中国工艺美术"百花奖"大赛银奖、全国"百花杯"大奖赛铜奖、湖南省第四届工艺美术精品大奖赛金奖、湖南省第五届工艺美术精品大奖赛金奖、湘鄂渝黔边区首届民族民间旅游商品暨民间工艺大师评选大赛金奖等各项殊荣。还有不少竹编精品被相关专业部门收藏。第三,主动与国内外竹编艺术家交朋友,了解信息,汲取营养,触类旁通,形成新的创作思路。通过思路创新,不断提高竹编艺术水平,不断培养收藏爱好者队伍,从而使武陵山地区竹编艺术得到传承、发展和壮大。

三、武陵山地区日用竹编产品的开发与创新

(一)武陵山地区日用竹编产品开发

日用竹编,又称"常用竹编",是指人们在生产生活中常用的竹编器具。常用竹编可分为生活用品竹编、生产用具竹编和家禽鸟类喂养类竹编。日用竹编的类型和品种较多,从竹编编织的类型上可分为立体竹编、平面竹编和混合竹编三大类。如立体竹编的品种有:背篓、背箩、畚箕(又叫土箕)、撮箕、挑篮、竹篓、普通花瓶、筷子篓、茶叶篓、蛐蛐笼、鸡笼、鸡仔笼、鸭笼、鸭仔笼、鱼篓、捞鱼杠、虾子钻、泥鳅钻、灯笼、斗笠、菜篮、花篮、菜搭、蒸搭、鸡鸭罩、烘烤罩、竹编动物、折叠扇、灯具等;平面竹编有:竹扇、晒垫、竹席(凉席)、捕鱼船顶棚等;混合竹编有:椭圆形提盒、大小簸箕、灰筛、提箱、挑箱、收纳箱、饭盒等。常用竹编使用率高,应用范围广,特别是在南方农村,这类竹编需求量大,是值得继续坚持开发的产业,不能失传,这是老祖宗留给我们竹编编织技艺的宝贵遗产。要开发好这类产品,最好的办法是要形成合力,组建竹编合作社,推行生产、加工、销售一条龙。同时还可以培养一大批竹编技艺传承人。

(二)武陵山地区日用竹编产品的创新

20世纪70~80年代,竹编产品在全国各地尤其是农村地区应用相当广泛。从90年代开始,塑料制品的出现,不仅对竹编产品造成了巨大的冲击,而且给生态平衡和环境带来了很大的破坏性影响。进入新世纪以来,党和国家高度重视竹编和藤编产业的发展,这将使竹编产品和藤编制品再次焕发勃勃生机。因此,武陵山地区日用竹编产品的创新,同样存在产品主体和产品式样上的创新。例如,竹编衣柜、竹编收纳箱就存在着创新的可能,

可以从品种和样式上创新,提高档次。因为用竹子编织出来的器具盛装衣物通风性能好,不易长霉,特别是在湿度比较大的地区,这类竹编产品是家庭存放衣物和食物的最佳工具。

总之,武陵山地区的竹编文化源远流长,竹编技艺代代相传,经久不衰。有了党和国家的高度重视、当地政府和相关部门的支持和扶持,以及竹编艺人的精心设计和制作,相信今后武陵山地区的竹编文化也将成为一朵绚丽绽放的奇葩,香飘万里。

第三节　旅游资源开发研究与实践

一、旅游资源开发模式研究

(一)旅游开发与旅游资源开发

旅游开发与旅游资源开发是一对联系紧密而又有明显区别的概念。一些旅游研究者将旅游开发与旅游资源开发等同起来,认为"旅游资源开发工作并非仅仅局限于有关旅游资源或景点本身的开辟和建设,更多的工作是以此为核心,对与其有关的旅游接待条件进行开发和建设,以使旅游资源所在地能够成为一个具有吸引力的旅游环境或旅游活动空间。由此,所谓旅游资源开发实际所涉及的是该地旅游业的开发"①。在这个意义上,旅游资源开发概念得到广义的延伸。

当代旅游为旅游目的地带来了经济、社会和文化等各方面的变迁。旅游开发也被赋予了多重意义。旅游开发被用来指旅游产业的总体开发,即"根据当地条件,运用适当的资金和技术,通过科学的调查、评价、规划、建设、经营等使未被利用的资源得到利用,已被利用的资源在深度和广度上得到加强,并对资源、市场、产品、人才等进行综合研究,确定发展方向,搞好相应的配套设施,创造更好的效益,使旅游业在区域内得以建立、完善、发展和提高的过程"②,涉及包括资源、市场、产品、人才等一系列资源和配套设施的开发和建设。因此,旅游开发比旅游资源开发的内涵要丰富得多。

----

① 李天元.旅游学概论[M].天津:南开大学出版社,2009.
② 陈远清.旅游项目开发可行性研究与经济评价实务全书[M].北京:中科多媒体电子出版社,2003.

　　旅游资源开发是旅游开发的重要一环,也是其核心。旅游资源开发是指借助现代科学技术手段,把资源改造成旅游吸引物,并促成旅游活动得以实现的活动。从原初的意义上说,旅游资源开发是一项经济产业的技术活动,即通过适当的方式使资源的吸引力得以发挥、改善和提高。旅游资源是旅游业发展的关键物质基础,随着旅游业的发展,对旅游资源的深层次开发、多元开发和发现利用新资源成为旅游资源开发的重点,而旅游资源开发只有以资源特色为基础,以市场为导向,才能顺应旅游业健康快速发展的要求。因此,旅游资源开发是以旅游业发展为前提,以资源特色为核心,以市场需求为导向,以发挥、改善和提高资源对旅游者的吸引力为着力点,有组织有计划地对旅游资源进行建设性开发的经济技术系统工程。简而言之,旅游资源开发就将旅游资源从自在物质形态改造成为吸引游客的旅游产品的过程。

(二)旅游资源开发研究相关理论

　　旅游资源开发是一项系统工程,经过多年的研究与实践,已从社会、文化、经济、环境等方面形成了一系列学术研究理论,也使旅游资源相关研究从单一走向多元。

1. 旅游资源开发学术理论

　　(1)旅游可持续发展理论。可持续旅游是可持续发展思想在旅游领域的具体运用,强调了旅游资源在资源代际公平的基础上可持续利用,依靠经济手段、法律手段和行政手段防止和限制对资源特别是不可再生资源的过度耗用和提前耗用,以及防止超越资源最大允许利用强度。1997年《世界旅游宣言》提出了"旅游可持续发展"的概念。它所包含的主要内容包括:"其一,政府或相关部门应制定规划,避免对当地环境和文化造成损害;其二,政府或相关部门在开发旅游之前,或阻止旅游进一步开发之前,应制定全面详尽的环境影响评估报告;其三,政府或相关部门应评估某一地区旅游发展之能力,内容包括土地、水、能源、基础设施、健康生态环境、物种多样性和文化历史等各个方面。"①

　　学者们围绕旅游可持续发展问题大致有两类意见:第一类意见认为旅游可持续发展是一种产品模式,是指以绿色旅游产品取代黑色旅游产品,以好的旅游产品取代不好的旅游产品,以新的旅游产品取代旧的旅游产品,以可持续发展的旅游产品取代不可持续发展的旅游产品(Godfrey,1993)。人

---

　　① 弗里德・波塞尔曼. 弯路的代价(世界旅游回眸)[M]. 北京:中国社会科学出版社,2003.

们围绕着集中与分散、高消费与低消费、控制力与所有权、游客与居民等问题展开深入研究与讨论。第二类意见认为旅游可持续发展是一种产业模式,大众旅游不可避免,需要一种方式来促进所有旅游形式实现可持续发展;认为旅游可持续发展问题实质上是旅游资源的管理问题,旅游发展既要保持经济上的可行性,又要保证旅游资源本身的完整性,在确保社会和环境目标的框架下,使旅游业的需求和供给保持平衡(Inskeep,1991)。

(2)区位理论。区位理论关注的实质是生产的最佳布局问题,即如何通过科学合理的布局使生产能以较少的投入而获得较大的收益。其理论的基本内涵有两层:一是人类活动的空间选择;二是空间内人类活动的有机结合。

"旅游区位是指该地区在其所在大区域的旅游活动中占据的地位,以及在区域旅游发展过程中形成的与周边地区的相互关系,其研究的主要内容包括旅游客源地、目的地和旅游交通的空间格局、地域组织形式,以及旅游场所位置与经济效益等等。区位理论在指导旅游资源开发方面,综合考虑规模效益、旅游资源合理配置、旅游目的地开发布局、旅游吸引力、可进入性、客源市场等诸多影响因素,影响着旅游资源的开发层次、开发类型、开发等级和旅游交通线路和旅游业空间布局等多个方面。"[①]

(3)景观生态学理论。"景观生态学引入了生态与环境的研究视角。景观生态学是基于支配一个区域不同地域单位的自然—生态综合体的相互关系研究,以研究水平过程和景观结构(格局)的关系与变化为特色。这些过程包括物种和人的空间活动,物质(水、土、营养)和能量的流动,干扰过程(如火灾、虫害)的空间扩散等。[②]"

"景观生态学理论将景观空间结构抽象成三种基本单元:斑块(葩嵌)、廊道和基质(基底),简称斑廊基结构。斑块是空间的点结构或块结构,是具有活化空间结构的性质,如由景点及其周围环境形成的旅游斑。廊道指不同于两侧相邻土地的一种特殊带状要素,起着分割或连通空间单元的作用。基质是斑块镶嵌内的背景生态系统或土地利用类型。景观结构的斑廊基及其比例组成的不同,将直接影响物种、能量、物质流等功能特征的变化。景观异质性可强化物种共生,但减少稀有边缘物种的种类。[③]"

---

① 卢云亭. 生态旅游学[M]. 北京:旅游教育出版社,2010.

② 约翰·O·西蒙兹,巴里·W·斯塔克著,朱强,俞孔坚译. 景观设计学:场地规划与设计手册[M]. 北京:中国建筑工业出版社,2009.

③ 吴必虎. 区域旅游规划原理[M]. 北京:中国旅游出版社,2001.

(4)旅游地生命周期理论。巴特勒(Butler)1980 年提出旅游地生命周期理论,认为旅游地的演化包含六个阶段,即探查阶段、参与阶段、发展阶段、巩固阶段、停滞阶段、衰落或复苏阶段。伦德伯格(Lundberg)从不同的视角出发,也认为旅游地的演化包含六个阶段,即政府鼓励发展旅游—旅游开发在短期内取得成功—政府开始意识到旅游开发的实际问题—旅游走向衰退—旅游地暴露出更深层次的矛盾—政府、投资者、开发商和当地社区开始反思旅游开发的问题,重新评估过去的开发模式。"德·阿尔布奎尔奎(De Albuquerque)和麦克尔罗伊(Mcelroy)认为旅游地的演化包含三个阶段,即旅游开始出现或初始探查阶段(萌芽阶段)、快速扩展阶段(发展阶段)、成熟阶段。这个模型与巴特勒提出的模型基本相符,但更加详尽地描述了旅游的影响、旅游者的变化、季节性以及政府的介入等。旅游地生命周期理论提出了一种新的思路和分析框架,试图解释旅游地衰退的原因,并提出解决问题的办法。分析各种不同旅游地的具体生命周期特点及规律,剖析其影响因素,可以为旅游地、旅游产品规划、开发、建设和管理提供有效的决策指导。①"

(5)旅游资源评价理论。旅游资源的评价研究主要涉及旅游资源的调查和旅游资源的评估两个方面。

旅游资源的调查研究主要包括:其一,关于调查方法。调查方法分为两种:一是直接记录资源的特征,而不考虑任何规则和管理目标。二是根据特定的旅游形式对旅游资源进行调查。其二,关于调查内容。人们认为调查内容也有两种:一是自然因素,关注自然特征,包括地文、水域、生物、天象与气候等。二是人文因素,关注非自然特征,包括交通、建筑、民俗与遗产等。

"旅游资源的评估研究主要包括:其一,旅游资源评估的一般研究。主要涉及评估指标和评估方法两个方面。前者通常使用承载力、可用性、可进入性、数量、质量、多样性等指标;后者通常依据主客两个方面的情形,来确定各项指标的权重,各项指标得分的总和,即为特定旅游资源的品质。其二,旅游资源影响力评估研究。这方面主要涉及总体影响力评估、社会影响力评估和环境影响力评估等。总体影响力评估研究创造了内容和形式各异的定量分析模型,如投入产出模型等。社会影响力评估研究主要集中在犯罪、交通堵塞、文化影响和社会秩序等问题上,所讨论的多为负面影响,正面影响很少涉及。其三,关于旅游资源经济价值评估。它的显著特征是以游客到达旅游目的地的所有花费来表征旅游目的地的价值,即条件价值法,又称意愿调查法,这种方法通过直接调查人们的支付意愿和接受赔偿意愿,从

---

① 余书炜."旅游地生命周期理论"综论——兼与杨森林商榷[J].旅游学刊,1997(1).

而计算出旅游资源的经济价值。①"

(6)旅游资源保护理论。从保护层面出发,学者们提出了品质控制、数量管理、位置强化等理念。例如,在位置强化中提出了扩大策略、分散策略、集中策略等;在品质控制中提出了分区策略、交换策略、执行标准策略等;在数量管理中提出了限制发展策略、渐进发展策略、保护发展策略等。从方式方法出发,学者们提出了多种替代性和可持续性旅游方式,如"后大众旅游""新式旅游""后福特主义旅游""替代旅游""责任旅游""生态旅游"等。这些概念都有一个基本确定的内涵。如"责任旅游"强调一个框架,其基本点是开发精心策划的旅游产品;"生态旅游"强调行为模式,其基本点是要求游客承担更多的环保责任和社会责任。

2. 旅游资源开发模式的理论研究与分类

模式,原本的意义是指事物的标准样式。在多数学科研究之中,用来指从生产经验和生活经验中经过抽象和升华提炼出来的核心知识体系。模式其实是解决某一类问题的方法论,就是把解决某类问题的方法总结归纳到理论高度。"模式"一词的指涉范围很广,它标志了物件之间隐藏的规律关系,而这些物件并不必然是图像、图案,也可以是数字、抽象的关系,甚至思维的方式。因此,模式强调是形式上的规律,而非实质上的规律。只要是一再重复出现的事物,就可能存在某种模式。旅游资源开发模式研究从本义上说是将旅游资源生产成旅游产品的一般性过程,从中强调旅游资源的特性和旅游市场的导向。由于旅游资源性质、价值、区位条件、规模、组合、结构以及区域经济发达程度、文化背景、法律法规、社会制度、技术条件等方面因素的不同,加之旅游资源开发的深度和广度不一,使得旅游资源开发的模式也趋于多元化。随着旅游研究的逐渐深入,从不同学科或交叉学科研究过程中,又出现了多种类型、多种层面的旅游资源开发模式的型构。

(1)基于学科视角的旅游资源开发模式。西方学术界一直积极尝试基于多学科交叉研究的总体框架,他们立足于自身学科背景,进行跨学科研究,综合旅游开发的本质与变迁,构建不同类型的系统模型,从不同面向对旅游开发或旅游行为进行讨论,形成多种公认的旅游研究范例。

1)旅游空间模式。澳大利亚学者雷帕(Leiper)在 1979 年就提出了旅游空间模型。该模型抓住旅游者空间移动这一显著特征,将旅游开发视为

---

① 彭京宜. 三亚旅游资源的开发与保护——兼论旅游资源研究的理论与方法[D]. 北京:北京地质大学,2011.

建立客源地与目的地及旅游通道相连的空间系统的过程。旅游空间开发模式强调了客源地、目的地和旅游通道等空间要素的关系，提示了旅游空间结构的本质含义。该模式提出了"以人为本"的拉动，旅游者并非单纯地受旅游地"吸引"或"拉动"，而是旅游者本身的出游愿望。作为一个关联性很强的模式，旅游空间模式强调各种要素的相互关联、相互作用和相互影响，把旅游开发作为整体。同时，旅游空间模式也可以统合历史文化旅游与自然生态旅游，显示各类旅游活动的所具有的共同要素。

2）旅游功能模式。学者奎恩（Gunn）从经济学和营销学出发，认为旅游供给和需求是两个最基本的要素，两者之间的相互匹配构成了旅游系统的基本结构，从而构建了旅游功能开发模式。该模式强调了旅游吸引力、服务与设施、交通、信息与引导和旅游者等要素之间强烈的依赖性。在供给子系统中，吸引物、促销、交通、信息和服务之间存在着相互依赖的关系，它们共同实现整体供给子系统的功能，即提供符合市场需求的旅游产品。

3）社区生态模式。社区方法源于整体的、小规模与当地导向的经济增长与社会变迁的发展理念。社区生态是将社区参与引入旅游研究之中。将旅游开发等同于生态过程，即旅游目的地构建的是一个"由生命组织和非生命物质组成的任何自然地"，并且它们之间进行着物质能量的交换。社区旅游产生于大众旅游，但不简单地追求投资者利益的最大化，而是将重点放在旅游发展对社区环境资源的影响上，重视社区居民本来面貌的考虑，从而谋求旅游业及旅游目的地的经济效益、环境效益和社会效益的协调统一和最优化。

（2）基于旅游资源特色的开发模式

1）自然类旅游资源开发模式。自然类旅游资源一般具有观光游览、休闲体验、度假享乐、康体健身、参与性游乐、科学考察以及各种专题性旅游等功能。此类资源的开发一般要尽量突出资源的本色特点，在保障旅游者可进入以及环境保护设施达到要求的前提下，尽量减少和避免人为的干扰性建设以及资源地的城市化倾向，使之源于自然，体现自然。

2）文物古迹类旅游资源开发模式。文物古迹类旅游资源是人类文明的瑰宝，具有观光游览、考古寻迹、修学教育、学习考察、访古探幽、文化娱乐等多种旅游功能。文物类旅游资源的魅力在于其历史性、民族性、文化性和科学艺术性，其开发也应从展现资源的历史价值、科学价值、艺术价值、民族文化价值、美学价值、稀缺性价值等方面入手，着重反映和展示资源所代表的历史时期的政治、经济、文化、社会、文学艺术等的发展水平及其历史意义，着力打造特色鲜明、主题突出的文物类旅游产品。

3）社会风情类旅游资源开发模式。异国风情、少数民族风俗习惯也可以成为吸引旅游者的重要因素,我国的56个民族是社会风情类旅游资源最广泛的基础。武陵山地区是少数民族聚居区,有着丰富的少数民族文化。与其他旅游资源地开发方式不同,社会风情类旅游资源的开发利用更强调参与性、动态性和体验性,要尽可能地使旅游者参与到旅游地的社会活动和民俗仪式中去,让他们对当地的社会风情、民族习惯有一个切身的体验。

4)现代人工吸引物开发模式。改革开放以来,我国经济得到了持续快速的发展,由于交通条件的改善、各种基础设施的不断完善,可用于旅游开发的各种现代人工吸引物大量涌现,成为一种新兴的旅游资源。这些资源主要可分为观光型和游乐型两大类。现代人工吸引物一般具有参与性娱乐、演艺体验、观光游览、休闲游乐等旅游功能。建造人工吸引物投资大、周期长,且要和周围的环境、已有建筑物相互协调,是一种难度较大的旅游资源开发模式。它需要在地点选择、性质与格调确定、产品定位、市场定位、规模体量、整体设计等方面都进行认真细致的调研,并要特色突出,个性鲜明,在某一方面具有垄断性,注意大众化、娱乐性和参与性。

此外,还可以根据投资主体的不同而构成旅游资源开发模式,包括政府主导型资源开发模式、企业主导型资源开发模式、民间投资型资源开发模式、外商投资型资源开发模式等;根据地域不同而划分的旅游资源开发模式,如东部地区(精品开发)模式、中部地区(特品开发)模式、西部地区(极品开发)模式等;按资源、区位和经济条件综合划分的旅游资源开发模式,如全方位开发模式(价值高,区位优,经济条件好)、重点开发模式(价值高,区位一般,经济条件差)、特色开发模式(价值高,区位、经济条件差)、参与性游乐开发模式(价值低,区位好,经济条件好)和稀有性开发模式(价值、区位、经济条件都一般)。

(三)武陵山地区旅游资源开发模式的形成

从实践层面看,旅游资源开发模式是旅游资源开发过程中所形成的经验性、高效性的运作方式。要对旅游资源开发实践模式有深刻的了解,必须从旅游开发模式的属性特征、结构层次入手,并将其放置在特定的时代背景和区域空间中,才能全面把握旅游资源开发模式。

武陵山地区旅游资源开发模式是武陵山地区旅游业在长期发展过程中形成的规律化、模式化的运作经验的总结,其中,各个时代的政治、经济和文化发展对其产生过重要的影响。具体而言,是武陵山地区旅游在政府主导的开发过程中,政府行政力量、旅游资源管理事业单位、旅游经营单位以及武陵山地区旅游社区与公民在进行旅游运作实践基础上所总结出来的更高效、更合理的经验。

1. 旅游开发的基本属性

旅游资源开发模式是在长期总结某个局部地区的经验中形成的,因而具有稳定性特征。如张家界旅游开发的成功经验构成以自然旅游资源为基础的实践模式,早在20世纪80年代,张家界率先以"张家界国家森林公园"为核心进行旅游开发,经过策划、运营、提升等各个阶段,进行了长期的旅游开发工作,目前已成为武陵山地区最为成熟的旅游产业样本。

同时,一旦某一种开发模式被作为经验加以宣传就不可避免地具有可借鉴性。一种旅游资源开发模式的形成是长期经验的积累,是在多次重复实验的基础上得出的符合本地发展特色的运作方式,因而具有经验性。经验一旦形成,必然会被宣传和学习,成为其他地区学习的范本。再以张家界旅游开发为例,在"政府主导、市场运作、公司经营"的主要运作模式下,经营武陵源风景名胜区、天门山旅游景区、黄龙洞旅游景区、茅岩河九天洞旅游景区、江垭温泉等景区,还开发了民族文化歌舞剧《魅力湘西》等将产业进行延伸,另外还涉及旅行社、酒店等产业,带动了周边地区商业地产,形成具有较强吸引力的旅游产业集群。由于张家界旅游开发的成功,武陵山地区各地纷纷效仿,张家界旅游开发经验作为以自然资源为主、民族文化为辅,扩大旅游产业关联度的集群式开发的典范被广泛推广,在区域内多地形成了各种富有特色的"张家界模式",如凤凰、梵净山以及武隆仙女山等著名景区都有张家界旅游开发模式的影子。

2. 旅游资源开发结构层次

综观开发旅游资源丰富的研究成果,绝大部分的研究视角都集中于研究资源的保护与开发对于环境的影响,并提出各种不同的开发方式建议。针对不同的旅游资源提出不同的开发模式。王兴中的《中国旅游资源开发模式与旅游区域可持续发展理念》[①]较早地关注到旅游资源的开发与区域环境保护的问题;张建雄的《滇西北旅游资源开发三大模式比较分析》[②]则分析了三个开发模式的优劣,提出优化策略。综上所述,在众多成果当中,关注资源与环境的研究较多,多从资源特色入手探讨具体资源开发的可行方式与方法,侧重于仅以某一平面或层次上进行讨论,从而忽略了旅游资源开发模式的层次性以及模式间的结构互动。

---

① 王兴中. 中国旅游资源开发模式与旅游区域可持续发展理念[J]. 地理科学,1997(3).
② 张建雄. 滇西北旅游资源开发三大模式比较分析[J]. 旅游学刊,2002(5).

(1)旅游资源开发主体系统的基本结构。从旅游资源开发实施主体来看,武陵山地区旅游资源开发系统有着多层次主体存在,以及各主体的多样性诉求,丰富了武陵山地区旅游资源开发的多元性和多层次的结构。在多元旅游资源开发实施主体间存在着基本的关系架构,这种关系架构具有动态性,从而将旅游资源开发模式引向动态变化的多维型构。

旅游资源开发实施主体是旅游资源开发的"实践者、认识者或任何对象性活动的行动者本身"①。在武陵山地区旅游资源开发场域,致力于旅游资源开发的实施主体主要可以分为三类:一类是国家及其行政管理部门,二类是旅游产业企业,三类是涉及旅游资源开发的文化社会力量,主要包括旅游社区、旅游从业者和当地居民。

国家及其行政部门是区域旅游资源开发的总策划者,对于维护区域自然与人文生态、区域经济产业发展的规划指导具有绝对的权威,在当前国家发展趋势和战略部署之下,通过制定文化发展战略、文化指导方针、文化发展原则等形式规约武陵山地区的文化管理体制,从而构成旅游资源开发的最高决策者和战略指挥者。

旅游企事业是旅游资源开发具体的组织者、实施者,根据其所从事的旅游资源开发工作各类,进行相应的普查、评估、规划、建设以及旅游资源培育工作,是一种生产与服务导向型的旅游资源开发者。

文化社会力量是除国家及其行政部门、旅游相关的企事业单位以外的社会补充力量,包括了文化类非企业、文化类基金会、文化志愿组织以及参与旅游开发的个人。

自然旅游资源的开发是一项涉及多重利益主体的经济活动,因而其开发涉及面广,利益诉求多元,要均衡这些需求,旅游开发必须在自然环境保护与社会经济效益中找到平衡点。

以生态环境为中心,以自然资源、社区、经营者和旅游者组成核心利益群,只有四者的诉求得到一定程度的满足,才能达到保护旅游生态环境和谐的整体效果。在核心利益群之外,地方政府与决策管理部门是自然遗产区的主要管理者,自然遗产区则必须在管理部门的业务指导、人事任命和经费支持下运行。科学研究是服务于整个自然遗产开发管理系统的,成功的旅游开发和良好的生态环境保护,离不开科学合理的探索性研究、描述性研究、解释性研究、因果关系研究、比较研究、评价性研究以及预测性研究。

在科学合理的生态旅游开发与管理理论的指导下,武陵山地区自然遗产旅游资源开发不断纠正认识误区,拆除景区破坏环境的人工建筑;理顺旅

---

① 李德顺. 价值论[M]. 北京:中国人民大学出版社,2007.

游管理关系,建立合理的管理体制和机制;建立自然保护体系,走开发与保护相结合的良性发展路子。大部分自然旅游景区生态环境得以改善和恢复。

由旅游资源开发实施主体出发,不同主体在其三元架构之中所占地位与比重不同,则可以形成不同的旅游资源开发模式。如由于旅游资源开发实施主体的层次高低,我们可以清楚地划分出国家战略开发模式、区域策略开发模式、旅游业务开发模式等层级式旅游资源开发模式系统。

(2)旅游资源开发模式的结构层次。层级式旅游资源开发模式系统中的国家战略开发模式、区域策略开发模式、旅游业务开发模式构成了武陵山地区旅游资源开发模式系统的结构框架,并且逐层逐级地呈现了旅游资源开发由抽象到具象的递进关系。

1)国家战略开发模式。武陵山地区旅游资源国家战略开发模式是一种宏观管理模式。区域旅游资源的宏观管理模式与区域旅游发展的战略目标和根本任务直接关联,是对区域旅游资源开发的系统整体性、全局性的指导。一般而言,旅游资源开发宏观管理模式具有间接性和宏观的特点。在旅游资源开发领域中,主要表现为避免直接进行旅游资源开发的实务性工作,主要通过统筹安排、保障旅游资源开发活动开展所需要的素质与环境,并对其进行公共服务和监督协调。武陵山地区作为国家整体扶贫的战略区域之一,在政策方针方面要求在不损害区域自然与社会环境的条件下快速发展,其战略目标是成为三峡库区的生态保障和著名国际旅游胜地。从国家战略的主观诉求出发,则要求武陵山地区旅游资源开发必须创建区域旅游扶贫模式、区域生态保护模式(自然和人文)和少数民族地区发展模式有机结合的模式体系。

2)区域策略开发模式。区域策略开发模式属于一种中观管理模式。中观管理模式介于宏观管理与微观运作模式之间,它将宏观管理模式的职能进一步细化,并对微观旅游资源开发活动实施指导、管理和监督。武陵山地区旅游资源区域策略开发模式的实施主体包括所属各地区的行政管理部门和区域旅游开发企业(集团),它们通过经济政策、税收优惠政策、财政政策在内的政策机制;通过完善相关法律体系,加强执法措施、严正司法程序以及开展普法教育等措施;借鉴国家有关旅游业发展的规划内容,确立本区域旅游发展的目标体系;积极探索旅游资源开发投入主体的多元化,鼓励社会力量参与旅游资源开发,合力营造有利于武陵山地区旅游发展的良好氛围。各旅游企事业依据“自律、协调、服务”的宗旨使行业服务、行业自律、行业代表、行业协调的基本职能得以实现。在党和政府的引导下,旅游行业协会会员自我发展、自我教育和自我服务,企业间进行跨省际、多渠道协同合作,提升旅游行业单位的活力,最终形成区域协同创新,共享旅游资源,共建旅游品牌的武陵山地区"大旅游"格局。

3)旅游业务开发模式。旅游业务开发模式是旅游资源开发最直接的开发模式,属于微观运作模式,是在国家和区域旅游发展总目标下,对旅游资源进行有计划、有组织、有目的的开发活动。在当前旅游业迅猛发展的态势下,创新旅游资源开发具体方法,创造富有吸引力的旅游产品;坚持降低成本,提高产品质量;面向市场,明确服务范围,改进服务方式;采取多种有效形式整合旅游资源,实现合理布局,扩大武陵山旅游知名度和影响力。武陵山地区旅游资源开发旅游业务开发模式是根据旅游资源特色,分类开发。在其30余年的发展过程中,积累了丰富多彩的旅游资源开发的具体程式,其中包括景区物理空间构成模式、民俗活动再现模式、特色村寨模式、舞台展演模式、博物馆模式等;生产多种各具特色的旅游产品和吸引物,奠定了武陵山地区旅游发展的最直接、最厚实的基础。

二、武陵山地区旅游开发实践模式

民俗风情泛指一个地区的民族在特定的自然环境下,在生产生活和社会活动中所表现的风俗习惯。民族风情旅游的主要吸引力来自旅游者所属民族与其他民族的文化差异性。不同民族各具特色的民俗活动,尤其是民族节日、地方集市、宗教祭拜、文化娱乐、社会礼仪等多方面的民俗事象和综合性的文化活动,能让旅游者大开眼界,丰富知识,得到新鲜有趣的生活体验。武陵山地区是一个传统的少数民族聚居区,保留了众多少数民族风情,这些民俗成为旅游开发的特殊资源。综观武陵山地区少数民族民俗的旅游开发方式,主要有两种,即以村寨日常文化活动为载体的村寨民俗展演,以民族节日为载体的现代节会。

(一)民俗活动再现模式

1. 村寨民俗活动:以湘西凤凰勾良苗寨为例

民族民间风俗习惯散落于人们生活各个角落,根据时间、场合、参与人的不同,轮流上演。对于民族民间风俗的旅游开发,目前最有效且最合适的方法莫过于对民族民间风俗的舞台情境化模拟再现。因为,游客不可能像人类学家一样在当地待上很长一段时间,从而有机会体验到民间风俗过程。

勾良苗寨是一个纯苗族村落,也是湘西凤凰县规模最大的苗寨,占地面积约6平方公里。全寨分为2个自然寨,8个村民小组,共有361户,1987

人,其中龙、麻、吴、伍、何等姓村民居多。勾良苗寨是凤凰县"民族民间文化艺术之村",建寨历史久远,苗族传统文化积淀深厚,至今仍保留着鲜明的苗族传统风俗,素有"苗疆第一寨"之称。勾良苗寨旅游以民族文化旅游为主,在苗寨这个旅游场景中,游客移步换景,处处能体会到苗家的风土人情。其主要形式是用具体的舞台表演,将原生态的生产、生活情境通过编排好的节目在舞台上展现出来,即舞台情境再现。

来勾良旅游,第一道景观就是寨门,寨门是类式风雨桥式的建筑,跨建于小桥之上,木质青瓦,飞檐立鳌,颇为气派。每天上午8时左右,勾良民族艺术团的演员们就等候在寨门前。有客人来时,她们就牵起红绸拦住寨门,并用苗语唱起迎宾歌,歌词大意是:

欢迎你们,尊敬的客人,
苗寨虽然偏僻贫寒,
但苗家个个都有一颗火热的心,
没有什么好的东西接待你们,
苗家的米酒格外甜蜜飘香,
喝了这碗香喷喷的拦门酒,
你们的身体将会格外健康强壮。

这时,游客也会在导游的指导下,唱起歌来。如:

苗寨开出十朵花,
谢了九朵剩一朵,
阿哥来到苗寨游,
品酒赏歌看桃花。

唱完了拦门歌,姑娘们便放下红绸,端出甜米酒,让游客们每人喝一碗。

进入寨门,一群小伙子打起大鼓,拦住游客,这就是苗寨拦门鼓。大鼓直径约80厘米,鼓槌头上系两条彩绸,一红一绿,鼓动起来很是好看。跳完一段鼓舞后,小伙子也端出甜米酒,让游客饮用。

在勾良旅游,苗寨最好的看点是苗寨老房子和苗寨文艺演出。

凤仙阁是展示苗族神秘巫傩文化的场所,由私人投资修建,为2层木质吊脚楼。凤仙阁中共有从业人员5人,2人负责讲解与导游,3人自称为巫师,为游客看相祈福。凤仙阁大厅悬挂12幅佛教神像,在神像下放有12生肖的吊坠,导游介绍说12生肖对应有佛教的本命佛,本命佛会保佑主人一生平安。大厅立了三根木柱,上面绘有蚩尤大神像,导游说摸一摸蚩尤柱,好运常伴左右。在游客拿到生肖坠饰后,向右进入一间法堂,法堂里的巫师为生肖坠饰系上红绳,并为游客看相,卜问前程与平安。事毕,要求游客给神积功德,即投一定数量的钱进入功德箱。投钱的多少不计,数字多选带9的,如99元、199元、299元等,意为久长久远、平平安安。

凤栖阁是一栋青砖2层民居建筑,呈四合院模式。2004年凤凰县民宗局投资修复后向游客开放。凤栖阁外层是由青砖建造,屋顶盖瓦,两侧墙头筑封火墙,起鳌头和花边装饰。里层为两层木质建筑,中间是庭院,在房间中摆设了一些展品。导游称这是勾良的苗王府,一些村民在门口摆摊设点,从事工艺品、小吃、出租民族服装、拍照等有偿服务活动。

跳花坪是专门用来表演文艺节目的场所,由凤凰县民宗局投资修建,占地面积约0.25公顷。整个跳花坪呈扇形,西面是舞台,中间为石砌坝子,围绕着坝子修建了半圆形长亭,长亭内摆设板凳,供游客休息和观看节目表演。北面是餐厅,也是木质长亭式建筑,中有荷花池。长亭围绕荷花池而建,用于游客吃饭时摆"门板席"。

沿跳花坪向东北方面100米左右,有村里最古老的建筑——古吊脚楼。古吊脚楼建于清光绪年间,楼高约11米,共有4层,是私人产权建筑。吊脚楼上有一位79岁高龄的老大娘从事传统手工纺纱、织布、挑花、刺绣等表演,产出的手工布、衣服等也作为旅游商品向游客出售。

文艺节目由村民们自己编排,在编排的过程中借鉴了其他旅游区的经验,也请了凤凰县的专业老师作了补充与修改。文艺节目演出从2000年开始,一直保留到现在,是苗寨最主要的旅游热点。每天从上午11点起到下午5点,共演出3场。主要节目有"迎宾鼓""敬酒舞""舞牛""竹竿舞""赶边边场""纺纱织布""民间绝技表演"等。

"迎宾鼓"是一段热闹喜庆的苗家迎宾鼓,是以鼓为舞蹈中心,边击鼓边舞蹈的鼓舞。在舞台上一字排开7面大鼓,横架在支架上,中间一鼓较大。鼓舞共有8人表演,7人站立在鼓前,按三点一节的节拍敲打鼓面,1人站在鼓侧敲鼓边,鼓点整齐、质朴而浑厚。表演者执前端系红绿彩绸的鼓槌,在敲鼓的同时,做出不同的舞蹈动作,舞步简洁而奔放,展现着苗族人的勤劳和善良。

"敬酒舞"向游客展示了苗家人酿造美酒的过程。约20名男女青年在舞台上抬出各式各样的酿酒器具,表演出筛米、煮米、发酵、出酒、饮酒等情节,场面热闹,诙谐可爱。

"舞牛"表现的是苗家农耕生活情景。牛是用黑布扎成的,由两个小伙子共同表演,两人钻进牛中,一人执牛头,一人在后撑起牛身。表演时模仿牛吃草、打滚、嬉戏、打架等情节。牛时而低头吃草,时而高昂牛头耀武扬威。姑娘、小伙儿们拿着各种农具,牵着"耕牛",背着锹、锄、耙、箩筐、簸箕、筛、扫帚等各式各样的农具。舞牛,斗牛,犁田,插秧,收割,打谷,舂米……为游客上演了一首和谐美妙的田园交响曲。

舞蹈"纺纱织布"是与"舞牛"相似的模仿性舞蹈,舞蹈讲述了种棉、采棉、纺纱、织布,成衣等情节。在舞蹈中,为游客展示了各种纺纱织布的工具及其操作方法,让游客感性地认识了传统的手工制布的方式和方法。

"竹竿舞"是一个互动的游乐节目。竹竿舞是借鉴了其他兄弟民族的传统舞蹈,由6人架上竹竿,按节奏移动竹竿,打出清脆的响声。一群姑娘和小伙子,随着节拍跳入竹竿阵中,脚步按节拍快速跳,手也跟着身体做出各种舞蹈动作。当演员们跳完一节后,就会邀请游客们一起跳竹竿舞。这时节目主持人拿着麦克风指挥着大家按节拍跳过竹竿阵:"开合开合开开合,点一点一跳跳跳,开合开合开开合,一二一二跳过去……"简单的节奏,欢快的舞蹈,让游客玩个尽兴。

"赶边边场"再现了苗族传统婚礼。演员们先在舞台上用舞蹈形式,唯美地演出苗族少男少女赶边边场的情节。然后,有两对苗家少男少女将手中的玫瑰送给台下的游客,这样,游客中的俩小伙儿和俩女孩儿就被邀请上台参与体验。被选中的游客分男女分别加入男女双方阵营,开始对唱情歌,演员们先用苗语、汉语分别对唱了几首歌之后,就请选中的嘉宾也对唱情歌,一些游客不会唱山歌,就唱流行歌曲。对歌完毕后,对歌的少男少女,分别找到了自己的意中人。先是小伙子拿着玫瑰,走到意中人跟前,扯一扯姑娘的衣角,然后把花送给她。如果姑娘不中意这位小伙子,就会避开;如果姑娘中意这位小伙子,那么姑娘会"狠狠"地踩上小伙子一脚,男女双方就要确立关系了。接着是"找新娘",新郎的眼睛被布蒙上,脸上也被出其不意地抹了两大块锅底黑灰,然后,几位新娘手拉手围成一圈边跳边转圈,新郎必须在最快的时间内找到自己的新娘。找到新娘后,双方就要喝交杯酒,然后在一帮姑娘、小伙儿的护送下将新娘背回家。背的方法很特别,只能是双手后背,用手掌托住新娘的双膝,绕场一周,不能奔跑,更不能让新娘掉下来。

一位巫师带着几个小徒弟表演与苗巫文化有关的"上刀山""下火海"绝技。巫师左手里拿着"柳巾",右手拿着牛角。他们闭着眼,嘴里念念有词,不时吹着牛角。"柳巾"和牛角是苗巫师的法器,"柳巾"是驱魔降妖的法器,牛角则是召唤神兵的号角。待巫师敬师、驱魔、招来神兵后,将手里的"柳巾"递给徒弟,将牛角别在腰间,撩起长袍,卷起裤脚,脱下鞋,开始上刀山。开始时,巫师双脚双手并用,一蹲一跳,几下就蹿上刀杆的中部,在上面停留了一下,做出展翅、倒立等动作,然后手脚并用,爬上刀杆的顶端,在刀杆顶上做展翅状,并吹响牛角。小徒弟们在下面转动刀杆,巫师随着刀杆的转动迎风做好几个造型动作之后下刀杆。"下火海"表演更惊险。"火海"是由烧红了的 3 块铧犁组成,铁质铧犁一字儿排开,再浇上白酒,瞬间燃起熊熊大火。巫师先是口里念念有词,然后大喝一声,光着脚丫踩着一块块铁板走过去,技惊四座。

除了上刀山、下火海等每场必演的绝技外,一些时候还会穿插一些民间绝技,如口含尖刀拉车,一位苗家大嫂表演口拉车,口里衔尖刀,尖刀的一端用绳子拉着一辆板车,板车上坐满了人,大嫂毫不含糊,用嘴拉着车着满场跑得欢。眼皮吊水桶绝技,一位苗家小伙子能用眼皮吊起半桶水绕场一周。

2. 传统民族节日的现代开发:以恩施土家族"女儿会"为例

有着 300 多年历史的土家"女儿会"被人们喻为"东方情人节",是恩施土家族独特的民俗文化,是土家族青年在追求自由婚姻过程中形成的以择偶为内容的节日盛会,其主要特征是以歌为媒,自主择偶。每年农历七月十二日,土家族青年男女都会穿戴一新,前往乡场赶会。姑娘们借赶集售物寻觅意中人,小伙则身背空背篓假装买货,看中哪位姑娘便上前搭讪。双方在"讨价还价"中增进了解。若姑娘有意相许,便降低价钱,两人退出闹市,找一偏僻处对唱山歌,自订终身。

恩施土家"女儿会"与"州庆""摆手节""牛王节"并称四大民族节,它的历史悠久,是恩施土家族女儿在华夏大地上独显女性文化特征的一朵艺术奇葩。

从 1949 年至今,土家"女儿会"的发展可分为四个阶段。1949~1966 年为第一阶段,属"女儿会"自然发展阶段。大山顶和石灰窑及其周边群众在端午节、月半节,在农历五月初三、七月初九、七月十二日几个场期赶场,在集市上,青年男女自由来往交流,谈情说爱。"女儿会"上以文艺表演和体育比赛为主要活动,同时组织商品下乡进行物质交换。第二阶段是"文化大革命"时期,是"女儿会"的黑暗期。在此期间"以阶级斗争为纲"是工作重点,加之"左"的思想影响,石灰窑、大山顶的集市被当作资本主义的尾巴而割掉,不许人们上街汇聚,街上物资匮乏,无东西可买,场面冷清。"女儿会"也受到冲击,认为是封建和反动的东西。真正的"女儿会"转入地下状态,男女青年不能在公开场合谈情说爱,换用其他方式寻找爱情。1979~1994 年为第三阶段,属"女儿会"的复苏阶段。党的十一届三中全会后,破除了"女儿会"是迷信的看法,其被当作珍贵民俗受到当地政府的重视,每年公开举行。第四阶段,1995 年以后是"女儿会"的探索发展阶段。1995 年"女儿会"成为恩施州民族节日,在旅游景区和重大节庆活动上,土家"女儿会"向世人展示土家族民俗风情。2007 年,恩施州政府把"女儿会"作为恩施的三张名片之一,进行重点打造和宣传。

土家族社会文化当代变迁的起点是其近代传统,而不是古代传统;而其近代传统又是由古代传统一步步演变而来。近代以来,由于受到西方文化和近代工业文化的冲击,土家族文化变迁更加多元化。20世纪以来,特别是改革开放后,随着市场经济体制的建立,湖北恩施地区从传统型向现代型转变和过渡,与之前相比,石灰窑和响板溪"女儿会"也发生了变迁,"女儿会"从以物资交流为由寻找意中人发展成为文艺汇演、体育比赛、旅游观光、招商引资的多功能集会。

与传统"女儿会"相比,当代的土家"女儿会"呈现出全方面变迁趋势,由传统的民族节日逐渐转型为当代以民族节日形式为载体的集民俗展演、产品展销、文化交流、旅游、相亲为一体的综合性文化产业,其在内容、形式和功能正在发生着多样的变迁。

(二)舞台展演模式

旅游的舞台展演也称为旅游演艺。随着旅游业竞争日益激烈和旅游市场消费取向趋于多元化,越来越多的旅游新业态出现在旅游者面前。在这些新业态中,满足旅游者追求独特性、新、奇、美和不可替代性旅游需求的文化旅游,也越来越成为区域旅游产品开发提档升级、增加旅游内涵、展现地方文化底蕴的行业利器。而旅游演艺业则是文化旅游发展的创新点,以2004年桂林阳朔推出《印象·刘三姐》以来,这种演艺业和旅游业结合的新型旅游形式——旅游演艺也越来越受到人们的喜爱。在接下来的短短五六年间,旅游演艺业雨后春笋般地出现在中国大陆的各大著名旅游景点,其中著名的有印象系列——桂林阳朔的《印象·刘三姐》、杭州西湖的《印象·西湖》、云南丽江的《印象·丽江》,杭州宋城的室内立体全景式大型歌舞《宋城千古情》,云南昆明的大型原生态歌舞集《云南映象》,等等。

综合各类旅游演艺的特色,其基本特征大体上可以概括为:编演阵容庞大、艺术叙事宏观、音乐舞蹈原创、舞美声光时尚、服装道具华美、演出场地自由、观众层次广泛、观赏效果逼真、市场需求稳定、经济效益明显等十大特点。旅游演艺的"舞台"演出空间,已不完全受制于"四堵墙"的传统剧场内部舞台,由于演出规模和表演内容的需要,特别是某些特殊的依托于自然山水的实景演出,已突破或不得不突破传统剧场"四面墙"以及由此带来的对观众人数的限制,有些实际上已经实现了对传统演出观念与实践的彻底颠覆。在民族化、地方化、民俗化的引导下扩大文化产业的技术含量,增加游客的参与性,使其成为持久不衰的旅游吸引物。在表现特点上,旅游演艺产品也十分重视对艺术的表现,但它对观赏性、时尚性、商业性演出目标的追求,与传统表演艺术产品以演员个人艺术创造作为第一追求已有较大区别,因而同一产品驻场演出和外出巡演时,会表现出更多的"克隆性"。在运作和经营模式上,旅游演艺以驻场演出为主,特别是实景演出,极受天时地利因素的影响。而非实景演出则以驻场为主,辅以有选择的城市巡演活动。在观赏方式上,有些实景演出已经改变了传统的被动观赏方式,而是更多地让观众置身演出环境之中,去寻求某种体验式感觉。在艺术表现形式方面,旅游演艺产品大多采用歌诗类、章节型的大型歌舞综合表演方式,当然也有时装表演式、剧目式、音乐会式,等等。在营销上,旅游演艺往往与旅游产品本身捆绑在一起,共同打造品牌效应。其目的是改变旅游消费者"白天看庙、晚上睡觉"的被动状态和单调感觉,使自然山水与人文风情在旅游过程中相得益彰,增加旅游活动的魅力,也使之成为吸引旅游消费"回头客"的重要因素。

1. 印象·武隆

2012 年 4 月 23 日,重庆第一个旅游演艺项目《印象·武隆》在武隆天生三矼景区与广大旅游者见面。在长达 70 分钟的演出中,观众不仅能体验到武隆的灵山秀水、空雾苍茫,还可以欣赏到巴蜀大地上的风土人情和爱恨悲歌,重新聆听豪迈壮阔的"号子"。《印象·武隆》大型山水实景歌会的主题是"消失",节目涵盖了关于巴渝的历史与文化的记忆,通过展现巴蜀文化的风土人情,和已经濒临消失的艺术形式、生活方式,以及现代文明和传统文化的冲撞,来反思、号召传统文化的传承。《印象·武隆》从 2011 年 10 月 1 日开始试演以来,受到广大游客的关注,可容纳 2700 名观众的席位上座率达到 80% 以上。《印象·武隆》可以说是一个较为成功的旅游演艺。其旅游产品开发中利用旅游资源、切合旅游市场,开发高质量旅游产品的实现路径,为我们提供了一个很好的研究素材。同时,《印象·武隆》不仅具有旅游经济学研究意义,而且还能在挖掘、拯救重庆地方文化方面作出贡献。《印象·武隆》旅游演艺项目的实施,收集、整理和宣传了一系列重庆地方文化,如川江号子、哭嫁等行将消失的民族民间传统文化。

《印象·武隆》实景歌会由印象"铁三角"张艺谋任艺术顾问,王潮歌、樊跃任总导演,100 多位特色演员现场真人真情献唱,以濒临消失的"号子"为主要内容,让观众在 70 分钟的演出中亲身体验自然遗产地壮美的自然景观和巴蜀大地独特的风土人情。

剧场选址在重庆市武隆县干沟峡谷,距仙女山镇约 9 公里。峡谷呈"U"形,高低落差 180 米,远山神秘、近山雄奇,沟壑清幽。剧场的选择不仅保护了生态,也为演出提供绝佳的表现空间。剧场共设计安装观众座位约

2700 个,舞台延伸至看台,看台又融入舞台,演员与观众零距离接触。

观众在仙女山镇景区售票大厅买票后,会有景区车辆载客进入演出地。车抵峡谷后,游客要穿过一条长长的隧道,隧道两边的斜上方有 44 个投影仪打在墙壁上,以动态画面呈现武隆各大景区的景观,呈现出七彩绚丽的梦幻景致,让游客产生一种穿越时光隧道的幻觉。从隧道出来后,有一条曲折的林荫路连接观众席,观众座位摆放在露天阶梯上,可容纳 2700 多人。实景舞台几百米开外,有零散农家小院。

川江号子是川渝地区川江流域船工们为统一动作和节奏,由号工领唱,众船工帮腔、合唱的一种一领众和式的传统民间歌唱形式。工业文明之后,机动船取代了人工拉纤,这种劳作景象虽然消失了,但父辈留下的气息和血脉不应消失。尊重先辈、尊重自己文明的脉络来源,就是尊重历史,尊重我们的记忆。文明的传承是民族繁衍的根基。《印象·武隆》实景歌会就是以濒临消失的"号子"为主要内容(传统的劳动号子按不同工种可分为川江号子,平水号子,上滩号子,拼命号子,打夯号子,筑墙号子,抬石号子,劳工号子等),在 70 分钟的演出中,观众不仅能体验到武隆的灵山秀水、空雾苍茫,还可以欣赏到巴蜀大地上的风土人情和爱恨悲歌,重新聆听豪迈壮阔的"号子",怀着好奇,怀着责任,怀着敬意,不为留恋,不为传承,为的是知道我们从哪里来,为的是不断了血脉。

《印象·武隆》大型山水实景歌会的主题是"消失"。节目涵盖了关于巴渝的历史与文化的记忆,通过展现巴蜀文化的风土人情,和已经濒临消失的艺术形式、生活方式,以及现代文明和传统文化的冲撞,来反思、号召传统文化的传承。

2. 魅力湘西

能容纳 2800 人的演艺场——魅力湘西大剧院,位于武陵源区入口处,毗邻专家村宾馆,距离市区 33 公里,由市区驱车往武陵源,过百丈峡及高云桥即到。坐落于风景秀美、奇峰耸立的张家界世界地质公园、武陵源风景名胜区内,古朴典雅,大气厚重,与武陵源自然景观相得益彰。魅力湘西大剧院,是张家界武陵源景区历史最悠久的一家剧院,它创办于 2001 年 3 月,历经 11 年的发展,已逐渐成为全国著名旅游文化演出实体,湘西民族特色浓厚鲜明,在大陆、港澳台等华人地区,乃至韩国、日本、东南亚等地都享有较高知名度和美誉度。

有专家指出,认真研究旅游市场,把文艺演出与旅游开发有机结合起来,找准切入点,准确定位,精心编排等,都是魅力湘西成功的法宝;她强化宣传造势,力求人人必看;实现雅俗共赏,人人爱看。长期以来,《魅力湘西》

仍以发掘、整理、保护和表演湘西民俗文化为己任,公司成立之初就树立了"走出去、请进来、出精品、创一流"的经营理念,为打造湘西本土民族民间旅游文化精品而孜孜以求。以总经理杨吉红为首的管理团队,每年都会扎根土家吊脚楼和苗寨采风,搜集、整理了一大批民俗文化表演素材,将民间艺人请出山寨、请上舞台,使诸多隐匿深山、濒临失传的湘西民俗文化和民间技艺重新展现在世界面前。几年来,魅力湘西还先后与古丈县、凤凰县阳戏剧团、省民族歌舞团合作,在保留湘西原生态民俗文化的前提下,将民族音乐和舞蹈与声、光、电完美结合,让观众欣赏到一台原汁原味的湘西文化大餐。在提高演出质量的同时,满足了不同文化层次的审美需求,实现了经济效益和文化效益的双丰收。随着剧院容量的不断扩大,游客接待量也节节攀升:2001~2005 年,"魅力湘西"大剧院共计接待游客 40 万人次,2006 年,观众数量开始呈井喷式增长,全年接待游客达 25 万人次;2007 年再次刷新历史纪录,超过 40 万人先后走进"魅力湘西"大剧院。

在各级党委和政府及各职能部门的殷切关怀和大力支持下,在张家界经济社会发展和旅游文化产业的带动下,《魅力湘西》迅速壮大,不仅将晚会打造成了热情绽放、饱含民族风情的篝火歌舞盛会,更已铸就成一块张家界文化旅游界的金字招牌。

魅力湘西大剧院虽有 1000 余个座位,但已很难满足不断增长的游客观赏需求。有鉴于此,张家界魅力湘西旅游开发有限责任公司正在武陵源区建设新魅力湘西大剧院,2008 年 7 月,占地 31.22 亩,座位 2800 个,拥有顶级灯光、音响、机械设备的魅力湘西国际文化广场开始施工,《魅力湘西》4.0 版本正在进行最后联排,身为湘西古丈人的艺术家宋祖英为《魅力湘西》演唱主题歌。张也、陈思思等湘籍歌唱家也为《魅力湘西》分别演唱一首由王原平作曲的湘味歌曲。

如何在已经取得良好社会效益的基础上,进一步拓展市场,提高演出品质,以实现最大的市场效益和文化效益,成为了摆在《魅力湘西》面前的课题。从开始到现在,《魅力湘西》就得到了当地政府的大力扶持和关爱。2003 年,市、区两级政府将魅力湘西大剧院指定为民族民间文化的定点表演单位。各大旅行社也不甘落后,纷纷将魅力湘西文化表演作为张家界之游的必看节目之一。如今,"白天观奇山秀水,晚上赏魅力湘西"正成为海内外华人和国际友人们的共识。在 2007 年春的湖南旅游产业大会、2008 年夏的"珠洽会"和 2008 年秋的湖南国际旅游节上,《魅力湘西》均为展演节目,成为湖南对外文化交流的窗口。2008 年 9 月,《魅力湘西》被文化部授予"国家文化产业示范基地"光荣称号。

《魅力湘西》总编导、国家一级编导胡明珠说:"台上一分钟,台下十年功"。这台节目凝聚了湖南省民族歌舞团所有工作人员数十年的心血,凝聚了湘西民族文化工作者的共同心血。"魅力湘西用节目的形式演绎出湘西神奇的民族、民间文化是一件富有挑战性的工作。"魅力湘西大剧院董事长宋宏彬感叹:"湘西民族文化博大精深,用舞台形式表现本来就受到了局限,加上我们的受众更多的是来自世界各地的游客,有着不同的文化背景,难度不言而喻。"《魅力湘西》围绕旅游演艺市场这一特性,挖掘神秘的湘西文化,凸显湘西性格最深处的原生态艺术,充分针对游客对湘西文化的需求,将观赏性、娱乐性、参与性进行兼容,使节目形成精品。

10年时间里,《魅力湘西》用事实证明,从一间小舞台到现在的具有浓厚湘西民居风格,顶级灯光音响配置的专业剧场;从胡拼乱凑的演出班子到实力歌舞团的全力加盟;从家族经营到现代企业经营模式的转变,为了把握市场需求,《魅力湘西》多次去云南、广西、四川等地实地考察,将《云南印象》《丽水金沙》《印象·刘三姐》等同类节目与《魅力湘西》比较,取长补短,让世界各地的观众都有机会享受这一湘西民族神奇文化大餐。

3. 夷水丽川

《夷水丽川》是恩施州利川市腾龙洞风景区主要的旅游演艺产品。腾龙洞风景区位于大巴山与武陵源交汇部,地处清江的发源地,距利川市6.8公里,是恩施自治州土家族、苗族儿女的聚居地。腾龙洞是中国目前最大的溶洞,而且是世界特级洞穴之一。由水洞、旱洞、鲤鱼洞、凉风洞、独家寨及三个龙门、化仙坑等景区组成,整个洞穴系统十分庞大复杂,容积总量居世界第一,是中国旅游洞穴的极品,2005年10月被《中国国家地理》杂志评为"中国最美的地方"。

利川腾龙洞风景区洞内有5座山峰,10个大厅,地下瀑布10余处,洞中有山,山中有洞,水洞旱洞相连,主洞支洞互通,且无毒气,无蛇蝎,无污染,洞内终年恒温14℃～18℃,空气流畅。旱洞全长52公里左右,洞口高74米,宽64米,为亚洲第一大旱洞;水洞则吸尽了清江水,在此跌落形成"卧龙吞江"瀑布,清江水至此变成长16.8公里的地下伏流。神奇的是,水、旱两洞仅一壁之隔。腾龙洞景区展演出两种不同类型的旅游演艺形式,一是利用激光等高科技设计的激光表演(激光秀),一是以土家族族源传说和土家族民俗再现的真人演艺。

(三)博物馆模式

博物馆是征集、典藏、陈列和研究代表自然和人类文化遗产的实物的场所,并对那些有科学性、历史性或者艺术价值的物品进行分类,为公众提供知识、教育和欣赏功能的文化教育机构、建筑物、地点或者社会公共机构。博物馆是非营利的永久性机构,对公众开放,为社会发展提供服务,以学习、教育、娱乐为目的。地方博物馆收藏了大量的实物、标本、复制品和模型,集中展现了区域自然与社会发展的现象和规律,是人们快速了解区域自然、社会与文化风情的场所。从旅游发展开始,博物馆就是大众熟知的景点。随着武陵山地区旅游的发展,公办博物馆与民间私人博物馆建设发展迅速,如恩施土家族苗族自治州博物馆、秀华山馆、凤凰山江苗族博物馆等各种形式的博物馆已成为旅游者必到的景点。

1. 恩施土家族苗族自治州博物馆

恩施土家族苗族自治州博物馆地处恩施市凤凰山东麓,是湖北省规模最大、文物藏品最丰富的地区级综合性少数民族博物馆,也是湖北省少数民族文物陈列、保管、研究的中心博物馆。该馆占地面积约 33400 平方米,依山傍水,风景宜人。主体建筑为一座具有民族建筑风格的四层陈列、库房综合大楼,面积 3500 平方米,其中陈列展览面积 2000 平方米。现有工作人员 17 人,设有办公室、陈列部、保管部、考古部和保卫科等业务机构。

恩施土家族苗族自治州博物馆前身为恩施地区文物工作队,1976 年 9 月改名成立恩施地区博物馆,1983 年 12 月改称鄂西自治州博物馆。1993 年 4 月,随着鄂西土家族苗族自治州更名为恩施土家族苗族自治州,又改为恩施土家族苗族自治州博物馆,并沿用至今。1996 年 12 月正式对外开放。

恩施土家族苗族自治州博物馆位于鄂西的恩施土家族苗族自治州,"东襟荆楚,西通黔渝,南极潇湘,北达中原",土家先民世代生息在这块土地上,用智慧、勤劳和质朴创造了独具特色的巴土文明,也给我们留下了大量珍贵的文化遗存。恩施土家族苗族自治州博物馆肩负着弘扬民族文化的历史使命,自建馆之始,就十分注重对文物的征集和收藏。目前通过调拨、征集、购买、考古发掘等多种方式收藏文物 7 万余件,极具巴文化特色。如"双虎钮錞于""巴式甬钟""巴式矛""巴式剑"以及"土司帽""土司印章"、土司夫人使用的"金凤冠"等珍贵文物。特别是"双虎钮錞于"于 1999 年 10 月参加了法国钟铃艺术节,可谓是该馆的镇馆之宝。

恩施土家族苗族自治州博物馆有馆藏文物(传统计量)7 万件,主要为反映巴文化、崖葬文化、土司文化以及民族风情的历史、民俗文物和革命文物等,以巴文化的实物最为珍贵,土司文化和崖葬文化又独具特色。

博物馆设有《巴风土韵》、《红色土地》等专题陈列。《巴风土韵》是恩施土家族苗族自治州博物馆建馆 30 年来第一次将巴文化及土家文化融为一体进行综合展示的基本陈列,共展出文物精品 678 件,包括巴人使用的"虎钮錞于""巴式编钟""巴式矛""巴式剑"以及本地少数民族地区出土的"土司帽""土司印章"、土司夫人使用的"金凤冠"等珍贵文物。该陈列由两个部分组成:"历史文物篇"重点从"建始直立人"、清江流域的巴文化到元、明、清时期的土司文化及奇特的崖葬文化中,展示恩施这片神奇土地上人类形成、发展、壮大的整个历程。"民族民俗篇"则从土家族、苗族的吃、穿、用、行等方面,重点反映恩施州各民族创造的丰富而又绚丽多彩的民族民俗文化。

《红色土地》革命文物展则以实物、图片、文字等,反映了第二次国内革命战争时期在恩施这块红色的土地上革命前辈们的战斗经历,以及生活、文化方面的情况,并突出介绍了忠堡、板栗园大捷的战斗过程。

恩施土家族苗族自治州博物馆配合宣传教育需要,举办了多个临时展览。如 1996 年举办了"孔繁森生平事迹图片展",1997 年举办了"香港回归大型图片展",1998 年举办了"周恩来诞辰 100 周年图片展",2001 年举办了"为了明天——预防未成年人违法犯罪大型图片展"等,通过这一系列的展出活动,使广大观众受到了深刻的爱国主义教育和社会主义教育,树立了博物馆良好的社会形象,受到了社会各界的一致好评。

恩施土家族苗族自治州博物馆工作人员刻苦钻研,甘于奉献,在文物保护、考古发掘等方面展开了研究。迄今为止,现已出版《土家族区域的考古文化》《鄂西古建筑文化研究》《恩施自治州碑刻大观》等专著,发表学术论文 200 余篇,并参与了中国科学院古脊椎动物与古人类研究所在恩施州进行的"中国早期人类及其环境背景综合研究"项目(简称"攀登计划"),把恩施州的考古工作推向了一个新的高度。

2. 秀华山馆

秀华山馆位于湖南省张家界市区教场路,距武陵源风景名胜区约 35 公里。秀华山馆是中国第一家土家秀华山馆迎宾鼓私藏博物馆,被海内外游客誉为"土家族的灵魂"。张家界秀华山馆是中国第一家土家人家庭博物馆,集参观游览购物为一体,使游客在饱览张家界超凡脱俗的自然美景之后,又领略到这片少数民族聚居地浓厚的民族文化。

秀华山馆具有土家族民族建筑风格,造型优美又颇具特色。居室古朴典雅,园林意境超远,是土家传统建筑趋于完美的体现。秀华山馆建筑采用土家族传统的井院式走马转脚楼结构,内部陈列保持了土家大户人家原样格式,其藏品囊括了土家族明清木质雕花家具、土家刺绣服饰、土家挑花织锦、土家日常用品等各种精美绝伦民间艺术珍品,共计 15000 余件,其中尤以土家雕花滴水床和明代五彩石雕闻名于世。馆内收藏和保存了大量湘西地区的民族艺术精品,是馆主陈楚华、龚道秀夫妇 20 年持之以恒收藏的结晶。藏品以土家明清时期豪华典雅的古代家具为主体,配有琳琅满目的土家服饰、民间服饰、民间绣品、古玩字画、古代木雕等,并采用家庭式布局,内容丰富。山馆还开设了土家风情表演项目,游客可在充满土家风情的庭院中参与活动。

秀华山馆取创始人陈楚华和夫人龚道秀名字中各一字,得名"秀华山馆",在张家界城市中心,山馆内井院幽静,宅院小巧、精致、淡雅。走进山门,整个院落酷似某个土家族大户人家,房屋内的一砖一瓦、一窗一石,都是陈楚华先生的收藏品镶嵌而成,这些"坛坛罐罐、花花朵朵"均来自田野山头、村寨古堡、曾显赫的门第和无数土家人生活的点滴之中。

秀华山馆聚集了大量的木质雕花家具、刺绣服饰、青铜瓷器、挑花织锦、日常摆件,其中包括湘西贵族人物的雕花大床、土著军官珍玩的石雕木刻、历尽繁华的老妇的挑绣荷包、还有沿河码头黝黑壮硕水手的牙骨烟斗等。秀华山馆将静态的古代博古参观与动态的土家民俗风情相结合,专门挖掘展示土家族的歌舞音乐、节日庆典、宗教历史、生葬嫁娶等特有的民俗文化,从而使秀华山馆成为张家界久负盛名的人文景观。秀华山馆将无声与有声,静态与动态结合,挖掘土家族的歌舞、音乐、生葬嫁娶、宗教、历史等特有的文化艺术,排演出各种土家传统节目,如茅古斯、摆手舞、咚咚喹、打镏子、土家山歌、花灯等,使精彩的文艺表演与浓郁的民族风情达到和谐的统一。

3. 凤凰山江苗族家庭博物馆

凤凰山江苗族家庭博物馆,坐落在凤凰县山江镇叭崮苗寨,2006 年由文化部直接命名为"中国苗族博物馆",是"中国·湖南·凤凰·山江苗族家庭博物馆"的简称。中国苗族博物馆历时 20 年筹备,于 2002 年 10 月 1 日正式开馆。

湖南省人民政府督学、湖南省湘西土家族苗族自治州人民政府原副州长龙文玉和他的家人,在世界乡土文学大师、著名苗族作家、教授研究员沈从文和著名苗族歌唱家宋祖英的大力支持下,创办了"中国·凤凰·山江苗族博物馆"。博物馆占地 1864 平方米,建筑面积 2600 平方米。藏品 10000 多件,总投资 200 多万元。里面共分为九个馆,还有一场一园。即第一馆,普通农家;第二馆,古代住所;第三馆,殷实人家;第四馆,武士家居;第五馆,服饰掠影;第六馆,绣女之家;第七馆,匠人居室;第八馆,巫师小屋;第九馆,文人陋室。还有新修的库房楼、贵宾楼、生活区和苗族风情园。把实物布置、专业演示的群众活动紧密结合在一起。

在"古代住所"展馆里,你会听到关于盘古、伏羲、蚩尤等神话传说,看见古代苗民住在山洞中、大树上、木舟里,修建了"A形房"、"三角棚"、"多柱多挂屋"。这些苗族先民喜欢三脚架,发明"打三棋",好唱"三脚歌",创立了"一分为三,三生万物"的学说。

在"殷实人家"展馆里,你会发现昔日的苗家富户比之汉族富裕人家毫不逊色。这里家庭的日常用品和摆设成了苗文化与汉文化有机结合的典范。苗族是个讲究生态平衡的民族,长期生活在山坡水边,与花鸟做伴,花情、鸟情、人情、情情相通。仅一架雕龙画凤、刺山绣水的木床,其美学思想与工艺水平就足以令人叹为观止。

在"绣女之家"展馆里,可以看到苗家传统刺绣的精美。帐檐是苗族少女出嫁前潜心绣制的精品。据说,有的帐檐是一个苗女十几年的劳作成果,甚至是母女两代人续作的结晶。其构图的巧妙、绣艺的精湛堪称美轮美奂。其中有一件用"江宁锡素"厂生产的绸布布头做的清代"巴裙头",以油桐花为主要图案,镶边吊须,十分素雅。有趣的是"江宁锡素"字样居然是反的,这说明绣女应该是不识字的文盲,反写的字样,经她无意间地自然巧组神合,居然成为一件艺术珍品。

在"服饰掠影"展馆里,一顶婴儿帽上的银质帽徽直径3厘米,上面雕刻制作着六件东西:算盘、剪刀、量尺、弓箭、银秤、镜子其中算盘上有100多颗算子,比小米还细,用针尖拨动却能算账,可见精细到何种程度,其价值不可估量。

"巫师小屋"展馆突出了"行善积德、惩恶扬善、为民建功、为国创业"的主题,有巫师的"鬼床",客老司的"神坛",佛教和道教的画轴以及一些民间名家作品。

参 考 文 献

[1]段超.2012武陵山地区民族文化发展报告[M].武汉:长江出版传媒·湖北人民出版社,2013.

[2]龚义龙,王希辉.武陵山地区历史移民与民族关系研究[M].北京:民族出版社,2018.

[3]何滢,王兴业,江哲丰.中国民间美术教程[M].北京:海洋出版社,2014.

[4]湖南文化厅.湖南民族民间舞蹈集成[M].长沙:湖南文艺出版社,2009.

[5]华梅.中国服装史[M].北京:中国纺织出版社,2016.

[6]纪兰慰.邱久荣.中国少数民族舞蹈史[M].北京:中央民族大学出版社,2016.

[7]金秋,莎日娜.湖南地区少数民族民间和汉族民间舞[M].北京:蓝天出版社,2015.

[8]李北达.民间舞蹈[M].北京:中国社会出版社,2009.

[9]刘安全.武陵山地区旅游资源开发模式研究与实践[M].北京:经济科学出版社,2015.

[10]刘安全.新型城镇化进程中武陵山民族地区乡村文化传承与发展研究[M].北京:经济科学出版社,2017.

[11]刘卫红,彭小希,况成泉.寻根传舞——重庆舞蹈文化遗产的保护与传承[M].北京:北京理工大学出版社,2015.

[12]卢炎秋,鲁胜平.武陵山地区生态环境与社会经济协调发展研究——以湖北省恩施土家苗族自治州为例[M].北京:中国地质大学出版社,2016.

[13]鲁春晓.新形势下中国非物质文化遗产保护与传承关键性问题研究[M].北京:中国社会科学出版社,2017.

[14]路玉章,路国瑞.木雕法式[M].北京:中国林业出版社,2017.

[15]民族舞蹈研究文集编委会.民族舞蹈研究文集[M].北京:中央民族大学出版社,2009.

[16]潘桂芳.贵阳花溪花苗服饰[M].北京:九州出版社,2017.

[17]桑海波.中国民族器乐乐种教程[M].苏州:苏州大学出版社,2016.

[18]宋俊华.非物质文化遗产保护研究[M].广州:中山大学出版社,2013.

[19]苏日娜.少数民族服饰[M].北京:中国社会出版社,2014.

[20]唐洪祥,程培才.西兰卡普[M].重庆:西南师范大学出版社,2015.

[21]唐利群.传统湘绣文化的转型[M].长沙:湖南大学出版社,2015.

[22]童芸.刺绣[M].合肥:时代出版传媒股份有限公司·黄山书社,2012.

[23]王鸣.中国服装史[M].上海:上海科学技术文献出版社,2015.

[24]王卓敏.土风新设——西兰卡普图案的数字化设计[M].长沙:湖南师范大学出版社,2014.

[25]杨明,王仕佐,张雯妍,杨钊卓曦.贵州文化概论[M].贵阳:贵州大学出版社,2014.

[26]余甲方.简明中国古代音乐史[M].上海:复旦大学出版社,2017.

[27]余甲方.中国古代音乐史[M].上海:上海人民出版社,2014.

[28]张记彪.中国民族风俗[M].北京:企业管理出版社,2014.

[29]张耀天,陈中山.武陵山地区土家族、苗族文化普及读本[M].重庆:重庆大学出版社,2015.

[30]张应军.武陵竹编文化研究[M].成都:西南交通大学出版社,2015.

[31]朱利容,李莎,陈凡.蜀绣[M].上海:东华大学出版社,2015.

[32]单霁翔.城市文化与传统文化、地域文化和文化多样性[J].南方文物,2007(5).

[33]冯骥才.文化遗产日的意义[J].新华文摘,2007(7).

[34]江敏华,王华清.青神精品竹编的艺术价值初探[J].美与时代,2010(7).